1942: O BRASIL E SUA GUERRA QUASE DESCONHECIDA

1942
O BRASIL E SUA GUERRA QUASE DESCONHECIDA

★ NOVA EDIÇÃO ★

JOÃO BARONE

Copyright © 2013 por João Alberto Barone Reis e Silva

Todos os direitos desta publicação são reservados por Casa dos Livros Editora LTDA.

Diretor editorial
Omar de Souza

Gerente editorial
Renata Sturm

Assistente editorial
Marina Castro

Revisão
Claudia Ajuz,
Eduardo Carneiro,
Leticia Cao Ponso,
Rodrigo Ferreira,
Agnaldo Holanda

Revisão técnica e consultoria histórica
João Henrique Barone Reis e Silva

Projeto gráfico de capa e miolo
Elmo Rosa

Diagramação
Abreu's System

Os pontos de vista desta obra são de responsabilidade de seus autores,
não refletindo necessariamente a posição da HarperCollins Brasil,
da HarperCollins Publishers ou de sua equipe editorial.

CIP-Brasil. Catalogação na Publicação
Sindicato Nacional dos Editores De Livros, RJ

B244m
2. ed.

Barone, João
1942: o Brasil e sua guerra quase desconhecida / João
Barone. – 2. ed. – Rio de Janeiro: HarperCollins, 2018.
352 p.: il.

Inclui bibliografia
Inclui caderno de fotos
ISBN 9788595082915

1. Guerra Mundial, 1939-1945 – Brasil. 2. Brasil –
Política e governo – 1930-1945. I. Título: Mil novecentos e
quarenta e dois: o Brasil e sua guerra quase desconhecida.

18-47734

CDD: 981.06
CDU: 94(100)"1939/1945"

HarperCollins Brasil é uma marca licenciada à Casa dos Livros Editora LTDA.
Todos os direitos reservados à Casa dos Livros Editora LTDA.
Rua da Quitanda, 86, sala 218 — Centro
Rio de Janeiro, RJ — CEP 20091-005
Tel.: (21) 3175-1030
www.harpercollins.com.br

Sumário

11		Prefácio
17	1.	A Segunda Guerra hoje
23		ANTES DA GUERRA
25	2.	A guerra não declarada
27		As relações azedam com Hitler
29		Ameaça alemã
31		Amigos, amigos, guerra à parte
36		Balanço da ação do Eixo na Campanha do Atlântico
39		Reviravolta nas operações
41		Combatendo o inimigo
43	3.	Vargas e o namoro com o nazismo
45		Oferta de direitos, mas sem liberdade
47		O projeto de Hitler
49		Alemanha, Itália e URSS, antigos aliados
57	4.	O pêndulo de Vargas
58		Espiões no Leblon
61		Aceno ao Eixo
62		Comércio com os dois lados
66		Alemães no Brasil

68		Protestos alemães
69		Antissemitismo
71		O Schindler brasileiro
73	5.	A política da boa vizinhança
73		O Tio Sam veio conhecer a nossa batucada
76		Relações promíscuas
78		Nações amigas, dinheiro camarada
79		Escalada da influência americana
82		Rota privilegiada
83	6.	A mudança da maré
84		Tensão com os ingleses
85		A guerra se aproxima
86		O arsenal da democracia
89	7.	O fim do namoro com o Eixo
93		O Brasil segue os Estados Unidos
95		Nasce a Força Aérea brasileira
96		Pão de guerra e o *front* interno
98		Roosevelt vem ao Brasil
99		A guerra deu samba
103	8.	Nasce a FEB
106		Compromisso americano
107		Arregimentando (e capacitando) homens
109		Peneira fina para a FEB
109		Os pracinhas
110		Tirando o atraso
113		Fileiras (quase) democráticas
114		A arte do improviso
115		A cobra vai fumar?

117	9.	As labaredas da guerra no Brasil
119		Mudança de rotina
120		A convocação dos "soldados da borracha"
121		Fronteiras em risco
123		Paranoia generalizada
128		Códigos secretos decifrados
129		O "V" da vitória
131		A FEB ganha seu hino

137	NO CAMPO DE BATALHA

139	10.	Os pracinhas se perguntam: Vou partir, mas voltarei?
143		Enfim, o desembarque
144		Uma chegada confusa
147		A FEB se prepara para entrar em ação
150		Desarmando as "armadilhas de bobo"
152		Quem eram os inimigos
153		As tropas fascistas
156		Inimigo heterogêneo
157		Máquinas mortíferas
158		Estratégia militar
159		As mulheres convocadas

161	11.	Senta a Pua!
163		Experiência e coragem
165		A ópera do Danilo
167		ELO
168		Nos céus da Áustria
168		Dois brasileiros entre os nazistas
170		Dois brasileiros entre os Aliados

173	12.	O teatro de operações
174		As primeiras operações
175		O impetuoso general Zenóbio
177		As primeiras conquistas
177		O primeiro revés
178		Assassinatos em massa
179		Cuidando do moral
183		Ficha de sentenças da FEB
184		FEB Futebol Clube
185		Falam os craques expedicionários após a vitória sobre os ingleses
187		Notícias de casa
189		Contracampanha
191		Soldados marcham com o estômago
193	13.	As grandes ações da FEB
194		O treze da sorte de um pracinha
196		Ataques frustrados
198		A última grande operação inimiga na Itália
199		Remoção para a frente, nunca para a retaguarda!
200		A fé move exércitos
201		Guerra, sexo e outros tabus
203		Correção de rumo
203		O dia em que a FEB bateu em retirada
204		Enfim, a tomada de Monte Castello
206		Uma mancada americana
206		Ninguém mais segura a FEB
207		O início da tomada de Montese
208		Heróis são os que morrem em combate
209		A maior glória de um soldado é morrer em combate
210		Os "três bravos" que viraram seis
212		Cai o último ponto de resistência alemã
213		O dia em que o avestruz sentou a pua!
216		O esforço final dos *partigiani*

217		Últimos capítulos
219		Caboclos cercam e rendem uma divisão nazista inteira
220		Nipo-americanos de fibra
220		Alemães de fibra
221		A guerra na Europa chega aos momentos finais

225 — O PÓS-GUERRA

227	14.	O crepúsculo de deuses e demônios
229		A desmobilização
230		Buenos Aires, capital do Brasil
231		Premiando a luta
237		Acidente e intrigas no final da contenda
239	15.	Do triunfo ao silêncio
241		Comemoração Aliada
242		O Brasil no Tribunal de Nuremberg
244		Novos ditadores
245		A retirada estratégica de Vargas
246		O esquecimento dos soldados da borracha
248		Nasce a ONU
250		A falta de apoio aos ex-combatentes
251		Triunfo ou descrédito?
252		Lições para o futuro
257	16.	Viagens ao mundo da guerra
259		Achado surpreendente
263		Posfácio: A lembrança da FEB junto à população italiana
266		"Non dimenticare"
270		O túmulo do soldado conhecido

1942

273	A História da FEB — uma obra inacabada
277	Mais simbologia
278	Quem inventou que a cobra fumou? Você escolhe
279	Guarda-roupa, adereços e alegorias
280	As muitas formas de um uniforme
281	Ministro mandou e a Canção do Expedicionário mudou
283	A versão politicamente incorreta da Canção do Expedicionário
288	Achados e surpresas sobre a FEB
291	Um comboio histórico pela memória da FEB
295	A curta filmografia sobre a FEB
296	Velharias, porém, valiosas
297	*1942* virou documentário de TV
301	O último tiro da FEB
302	Uma agremiação voltada para a História militar nacional
304	Encruzilhadas na guerra e na paz
308	Um empreendedor patriota
308	"Arte degenerada" brasileira contra o Eixo
309	Até o último pracinha de pé
311	Agradecimentos
313	**Referências**
317	Fontes na internet

Prefácio

*S*ob um frio de quase zero grau, o soldado João Silva sentia as mãos enrije-cidas depois de um dia inteiro segurando seu fuzil Springfield. Outro incô-modo, contudo, parecia ainda maior: as placas de identificação continuavam geladas, encostando no peito, mesmo depois de colocá-las várias vezes sobre a camiseta que usava por baixo do uniforme. Não entendia como elas voltavam toda hora a encostar na pele: um cordão metálico e duas placas, um metal gelado que dava vontade de arrancar e jogar longe. Devia ter feito como outros do pelotão, que deixaram as malditas placas no saco B, lá na retaguarda. Mas não, pensou bem e concluiu que, se o pior acontecesse, seria melhor que sou-bessem de quem era o defunto. Sua família teria um duplo desgosto: o primeiro ao receber a carta avisando que o soldado havia sucumbido; o segundo ao não ter notícia do corpo. Esse tipo de pensamento passava rápido pela cabeça. Era melhor continuar repetindo para si mesmo: "Não, eu não! Eu vou voltar!", o que parecia estar funcionando, depois de quatro meses vivo. Ali perto, o tenente Paulo de Carvalho, que fora seu amigo no Colégio Pedro II, recebia pelo rádio ordens de prosseguir com a companhia, demandas que foram ime-diatamente repassadas ao sargento. Logo adiante, o sargento Oca, de olho no cabo esclarecedor Deoclécio, mandava o grupo de combate avançar com cau-tela. Um silvo forte antecipou a explosão que jogou muita terra para cima. Essa passou perto. Outra saraivada veio caindo sem um ritmo definido, pare-cendo com a salva desfechada momentos antes, só que, dessa vez, estava mais próxima. Enquanto a terra que voou com a explosão voltava ao chão, quem podia olhava ao redor para verificar se ninguém do pelotão tinha sumido. Era assustador, difícil de entender e aceitar que, na guerra, quem estivesse do seu lado podia simplesmente desaparecer, evaporar, desintegrar-se num piscar de olhos, caso tivesse a má sorte de estar sob a mira de um morteiro ou na reta de um canhão, como muitos viram acontecer. Não sobrava nem um trapo, nem a maldita placa de identificação. Devia tê-la deixado no saco B!

Tião... Marcos... Souza e Caldato, ao menos esses ficaram inteiros...

Mal os tímpanos se recuperam do barulho e os gritos do sargento Oca mandam a tropa avançar. Era difícil correr, atirar e pensar ao mesmo tempo, pois agora outro tipo de assovio passava pelos ares por entre a tropa. Ao longe, o conhecido som de pano sendo rasgado da metralhadora alemã "Lurdinha" — a MG42 — assustava menos que suas balas zunindo, acertando o chão, galhos e pedras ao redor. Quem conseguiu se protegeu; cada um pulou para um lado, saltando por cima de valas e pousando atrás de troncos ou dentro de crateras de bombas. Em mais uma olhadela ao redor, para ver quem havia conseguido chegar até aqui, Caldato grita:

— O Souza! O Souza ficou pra trás, meu Jesus!

Nessas horas, a gente pensava, no íntimo: "Antes ele do que eu." Não dava mais para se abrigar atrás dos poucos troncos e pedras e dentro das crateras — iguais às milhares abertas ao longo de toda aquela encosta, o que parecia indicar que estávamos nos aproximando da crista do Monte Castello. Éramos várias companhias do 1º e do 3º Batalhões do Regimento Sampaio, avançando para cima do famigerado morro, naquele fim de tarde friorento de 21 de fevereiro de 1945. Dali a pouco ficaria escuro, então atiraríamos em qualquer coisa que se mexesse, inclusive os americanos que poderiam estar subindo pela esquerda. Mais adiante, encontramos um ninho de metralhadora alemão — que momentos antes atirava em nós — atingido pela artilharia divisionária e ainda fumegante. Dele saíram três ou quatro tedeschi — tedescos, como os italianos chamam os alemães — atordoados. Ao verem nossa tropa, trataram de levantar as mãos. A guerra podia ser fácil assim. Depois de despacharem o Souza, agora se rendiam. Deu vontade de mandar os coitados para o inferno, mas a covardia cobra um preço muito maior que a vingança. De repente, a Lurdinha silenciou, os morteiros não estavam mais caindo sobre o avanço das tropas. Um pouco à frente, o pessoal do 1º Batalhão também chegava ao platô daquele morro maldito. A empolgação levou alguns homens a gritar como se tivessem acabado de fazer um gol, mas o receio de um contra--ataque conteve maiores ímpetos. Agora, para firmar posição, era esperar os reforços e a munição, torcendo para que a artilharia alemã desse uma folga. O *soldado João Silva tinha um pensamento comum com aqueles outros praças, sargentos, cabos, capitães e tenentes que ali chegavam: depois de meses tentando, dos companheiros mortos deixados naquelas encostas, ninguém mais iria tirar o Monte Castello dos brasileiros.*

A narrativa anterior poderia bem representar o relato do que meu pai viveu na guerra, o pracinha João de Lavor Reis e Silva. Só que ele nunca contou essa história. O que restou para mim e meus irmãos foi sonhar com nosso pai como aquele herói reservado, que escondia as histórias de suas incríveis passagens pelos campos de batalha italianos. Mas, dos combates mesmo, nos contou pouco, ou o que achava suficiente para marcar a ideia de que, na guerra, tudo é horrível: as pessoas sofrem, especialmente os inocentes, os que não têm nada a ver com aquilo. E esse parecia ser exatamente o caso dos que estavam lutando, qualquer que fosse o lado em que estivessem naquela luta de vida ou morte, forçados a resolver por via das armas os problemas que não eram deles. Existem muitos relatos sobre os brasileiros que estiveram em ação na guerra, mas eles estão sendo esquecidos, por razões ora desconhecidas, ora inaceitáveis. Depois de muito tempo, surge uma esperança ao se constatar que há gente disposta a impedir que essa história se apague.

JEITINHO BOA-PRAÇA

Os brasileiros muitas vezes arranjam uma forma peculiar de resolver tudo na vida, uma espécie de estratégia espontânea para problemas imediatos. Na guerra não foi diferente. Os pracinhas — literalmente o nome de guerra do soldado brasileiro —, numa tentativa de se protegerem do frio, colocavam folhas de jornal ou camadas de feno em suas galochas. Assim, evitavam o congelamento dos pés e hipotermias. Essa é uma das histórias que circulam entre os sobreviventes e que marcam tanto a precariedade da situação quanto a genialidade dos brasileiros no conflito.

A mania dos brasileiros de pôr apelido em tudo foi presente durante a campanha na Itália. Os soldados usavam dois sacos: o A e o B, para guardar seus pertences. Os utensílios de uso mais imediato, como bornal, cantil, cobertor, etc. ficavam no saco A. No B, que era deixado na retaguarda, ficavam os itens que não eram de necessidade premente. Depois de algum tempo, os soldados convocados mas não atuantes na frente de batalha passaram a ser chamados, jocosamente, de Saco B.

Esse é apenas um exemplo, entre vários: "a cobra está fumando" explicava que soldados estavam em ação. "Tocha" era uma escapulida sem autorização. "Lurdinha", o apelido da mortífera metralhadora nazista. "Tedesco" era como chamavam o alemão, e "paúra", o medo de ficar sob fogo; termos em italiano que surgiram por conta da proximidade que os brasileiros construíram com a população italiana.

Meu pai, convocado para servir na Força Expedicionária Brasileira — a FEB —, teve que ir lutar. Largou seu emprego nos Correios, seu violão, as serestas nas ruas do bairro da Consolação (no Centro de São Paulo, onde conheceu minha mãe, com quem se casou depois de voltar da guerra). A história dele é a mesma dos mais de 25 mil integrantes das forças brasileiras, enviados à Itália em meados de 1944 para lutar junto às forças Aliadas em defesa da democracia, contra a personificação do Mal: os nazifascistas.

Eu e meus irmãos sempre vimos nosso pai como um herói solitário e calado. Depois que herdei o capacete e outros equipamentos dele — que meus irmãos, quando crianças, usaram como brinquedos, nos campos de batalha improvisados em nosso quintal —, passei a estranhar seu silêncio sobre a guerra da qual participou. Quando embarcou para a Itália e integrou-se ao 1º Regimento de Infantaria, o famoso Regimento Sampaio, ele sabia tanto quanto nós, seus filhos, o que era uma guerra de verdade.

Convocado enquanto trabalhava nos Correios e Telégrafos em São Paulo, tornou-se o pracinha nº 1929. Numa carta, desmanchou o namoro com Elisa Barone, filha de italianos que conheceu em São Paulo, explicando em poucas palavras que seu destino era incerto. Treinou muito no morro do Capistrano, na Vila Militar, Rio de Janeiro, que passou a ser seu novo endereço. Era apenas mais um rosto entre os 3.442 componentes do Sampaio, daqueles que embarcaram, no dia 22 de setembro de 1944, para um mundo distante, desconhecido, hostil e frio. O homem que seria meu pai veio a conhecer a natureza da guerra logo que chegou a Nápoles. Dali em diante, jamais se esqueceu de duas coisas: da pobreza e do cheiro de gente morta.

Tentei saber dele mais detalhes sobre suas lutas contra os supersoldados nazistas, mas o que meu pai contava era sempre a mesma coisa... Ele dava uns tiros para cima, e um bando de soldados muito jovens, alguns adolescentes, outros muito velhos, levantava os braços dizendo "Kamerad! Kamerad!" (camarada, em alemão). Soubemos, por meio de primos mais velhos, uma história que meu pai contou logo ao chegar da guerra. Certa vez, ao dirigir um jipe de seu pelotão, foi enquadrado pela mira de morteiros alemães enquanto levava um reboque cheinho de munição até um ponto de artilharia de sua companhia. Resultado: um jipe a menos, um tímpano perfurado, uma punição de um tenente que nem conhecia e duas semanas de tratamento na retaguarda. Meu irmão mais velho me disse que pelo menos uma vez ele tentou narrar uma história sobre outro combate: olhar fixo, voz baixa... e acabou se esquivando de terminar o relato, como se saísse de um pesadelo, de um susto.

Se nunca escutamos, de meu pai, narrativas mais detalhadas sobre a guerra, algumas vezes ouvimos, de um ou outro ex-combatente amigo seu, conversas em que apenas se lembravam de amenidades e de algumas durezas e desconfortos que viveram. Certa vez, testemunhei uma situação em que certo cidadão insinuou, na frente do meu pai, que a FEB só tinha ido à Europa para passear. Meu pai não demonstrou qualquer reação. Depois de tanto eu e meus irmãos perguntarmos por que não reagiu às provocações, ele explicou calmamente que sua missão e de todos os outros colegas de guerra foi garantir o direito de um cara como aquele expressar sua opinião em liberdade. Grande lição.

E foi assim que meu pai permaneceu em nossa memória. Empunhando seu fuzil no sopé do Monte Castello, onde passou o carnaval de 1945. Depois, em Montese, logo antes da Semana Santa, desentocando alemães das casas. Em Fornovo, no *gran finale* da campanha da FEB, capturando 15 mil alemães. Mas seu legado foi seu silêncio, e, ao ficar calado, só fez minha curiosidade sobre o que aconteceu com ele e com o Brasil daqueles tempos aumentar. No dia de seu sepultamento, alguns poucos velhos companheiros apareceram. Guardavam um silêncio solene, lembrando o mesmo que meu pai tinha sobre a guerra. Isso pareceu nos dar a certeza de que ele era mesmo aquele herói que tanto imaginamos.

1. A Segunda Guerra hoje

A participação dos brasileiros na maior e mais cruel guerra já vivida pela humanidade foi uma página marcante em nossa história. Mas é surpreendente constatar que, depois de sete décadas, permaneça cercada de tabus e versões errôneas, sofrendo um esquecimento incompreensível, inaceitável.

RECUPERANDO MEMÓRIAS...

Apesar da enorme curiosidade sobre a Segunda Guerra Mundial, poucos brasileiros sabem que:

- **a participação do Brasil no conflito mudou o país;**
- **apesar de ter combatido forças ditatoriais, o Brasil era uma ditadura na época da Segunda Guerra;**
- **cidadãos nascidos no Brasil lutaram dos dois lados da guerra – tomaram partido tanto dos Aliados quanto do Eixo;**
- **apesar da fama de povo pacífico dos brasileiros, os pracinhas rapidamente se destacaram nas ações em campo de batalha.**

Mas o tema vem sendo redescoberto. A publicação de novos trabalhos, teses, livros e outros estudos tem ajudado a desconstruir os mitos e a corrigir versões equivocadas, com pesquisas documentais e novos dados sobre a participação do Brasil na Segunda Guerra. As razões que levaram ao alinhamento com os Estados Unidos, à cessão de parte do território nacional para a construção de bases americanas, à ruptura diplomática com os países do Eixo (Alemanha, Itália e Japão), aos torpedeamentos de navios brasileiros e à declaração de guerra — sem falar da difícil situação dos imigrantes alemães,

1942

italianos e japoneses no Brasil — constituem rico material para as mais variadas abordagens.

Este livro, porém, não tem como objetivo ser um minucioso tratado histórico. Nosso trabalho de pesquisa se compara ao preparo de uma bagagem leve, mas de grande utilidade, para uma viagem em que se deve levar apenas o necessário. Acredito que o resultado final represente uma parcela significativa do que de mais importante se sabe sobre a participação do Brasil na Segunda Guerra Mundial. Pelas mãos dos protagonistas desta narrativa — sejam eles caboclos, gringos ou ditadores — vamos reviver o conflito.

A Segunda Guerra é um dos temas mais procurados na internet, algo espantoso, se pensarmos que foi um evento acontecido há mais de sete décadas. Após incontáveis pesquisas sobre sua conjuntura e seus bastidores, afinal, ainda existe alguma novidade, algo surpreendente sobre a Segunda Guerra Mundial?

Cinquenta anos depois do final, vieram à tona alguns de seus maiores segredos, como a quebra dos códigos secretos alemães e japoneses pelos Aliados e a verdade sobre o pacto secreto alemão-soviético de retalhar a Polônia e o Leste Europeu. O historiador americano Rick Atkinson revela a existência de toneladas de documentos oficiais — muitos dos quais ainda secretos nos arquivos dos Estados Unidos — que talvez algum dia possam mostrar novos e impactantes fatos sobre o conflito. Uma informação desse calibre enche de esperanças a grande massa de pesquisadores e entusiastas do assunto.

No entanto, 95% da população do Brasil ignora que nosso país tenha participado da Segunda Guerra Mundial. Esconde-se, com a desculpa de não valorizarmos nossa memória, a verdade de que a história do país foi escrita com o sangue dos índios exterminados, dos negros escravos, dos que expulsaram os invasores franceses e holandeses, dos insurgentes, dos revoltosos, dos soldados de pés descalços e dos caboclos que lutaram nas montanhas nevadas da Europa, bravos brasileiros esquecidos pelo seu próprio povo pacífico.

Apesar desse suposto esquecimento, existe uma extensa bibliografia disponível sobre o Brasil na Segunda Guerra. São livros escritos por participantes logo após seu retorno, ex-combatentes, militares, enfermeiras, civis e correspondentes de guerra — alguns destes jornalistas enviados para o *front* marcaram a crônica brasileira, como Rubem Braga e Joel Silveira —, e mais recentemente por historiadores dedicados ao tema. São relatos que mostram o espanto, o deslumbramento e o horror da vivência em campo de batalha e nas cidades devastadas. Todas essas obras têm seu valor, desde o mais ingênuo relato de um pracinha, passando pelo pragmatismo dos militares de alta patente que serviram na FEB, até chegar aos mais recentes estudos acadêmicos, baseados em documentos oficiais e depoimentos. Por trás dos fatos contundentes, a história também é construída por acontecimentos aparentemente triviais, que, reunidos, retratam uma época.

É bem possível que a história do Brasil na guerra fosse narrada de forma diferente sob a ótica de cada um dos pracinhas que dela participaram. Alguns eram letrados, profissionais liberais, militares de carreira e da reserva, cidadãos comuns, médicos, engenheiros, jornalistas, advogados e escritores, mas que nem chegavam a formar uma classe média brasileira. Vários fizeram questão de ir para a guerra como voluntários, junto dos que não conseguiram se livrar da convocação. Aqueles tinham alguma noção do que significava a luta, ao contrário da grande maioria dos convocados, gente humilde, trabalhadores braçais, serventes, lavradores, estivadores, peões, presidiários, analfabetos, os que nem sequer sabiam por que iriam lutar. Cada um desses caboclos, mulatos, negros, índios, orientais e brancos teuto-brasileiros seria capaz de oferecer uma visão muito particular do que testemunhou naqueles poucos meses de combate. Uma minoria conseguiu deixar seu relato em reportagens, livros e crônicas, ou mesmo num simples testemunho aos parentes e amigos mais próximos. A grande maioria se calou para sempre. Aos que sobreviveram, ficou a certeza de que suas vidas jamais seriam as mesmas depois da experiência da guerra.

Em 2009, houve uma comoção nacional quando o ex-presidente Lula foi elogiado pelo presidente americano Barack Obama, ao se encontrarem num fórum mundial. Em 2011, a presidente Dilma Rousseff discursou na Organização das Nações Unidas, pedindo mais uma vez que se cumprisse uma antiga demanda nacional: a entrada do Brasil no Conselho de Segurança da ONU, o que não ocorreu. Voltando no tempo, pouca gente sabe que o grande estadista Franklin Delano Roosevelt, quatro vezes eleito presidente dos Estados Unidos, numa de suas visitas ao Brasil, atribuiu ao ditador brasileiro Getúlio Vargas a criação do novo plano econômico para reerguer os Estados Unidos.

Nos anos 1940, dois detentores do Prêmio Nobel da Paz, o general George Marshall, chefe do Estado-Maior americano — criador do plano de reconstrução da Europa depois da guerra — e Cordell Hull — secretário de Estado americano de

1933 a 1944 e fundador da ONU —, estiveram no Brasil (muito antes do Zé Carioca de Walt Disney) para incrementar as parcerias com o país, como parte da estratégica política da boa vizinhança. A guerra possibilitou alguns encontros incomuns, como esse, acontecidos em encruzilhadas improváveis.

A guerra também foi capaz de reunir personagens fascinantes. Alguns quase se esbarraram, outros chegaram a se encontrar de fato. Um brasileiro nascido em Curitiba, filho de franceses, tornaria-se o maior ás da França a lutar entre os pilotos da Real Força Aérea britânica. Outro curitibano também se tornou um ás da aviação, mas lutando pelos nazistas. Um cidadão catarinense se alistou na Marinha americana e morreu nas ações do desembarque Aliado na Normandia, o célebre Dia D. Centenas de voluntários argentinos se alistaram nas forças inglesas para lutar. Um pracinha da FEB encontrou um amigo de sua cidade natal em pleno campo de batalha, mas envergando o uniforme alemão. Alguns destes cruzamentos inusitados nas linhas do destino incluídos neste livro representam o tipo de descoberta tão apreciado por todos os que são atraídos pela Segunda Guerra Mundial.

As lições da participação brasileira vão muito além da velha necessidade de reafirmar a bravura e o heroísmo dos pracinhas em campo de batalha. Talvez a lição mais importante seja a de constatar que o Brasil ainda sofre do mesmo problema que tanto dificultou a formação da FEB: a falta de infraestrutura. Naquela época, foi tão difícil e urgente constituir uma força militar para tomar parte na guerra quanto foi difícil preparar o país para sediar uma Copa do Mundo, uma Olimpíada ou prevenir as enchentes das chuvas de verão (vale lembrar que o total de 916 mortes e 345 desaparecidos com as chuvas de 2011 no Rio de Janeiro — a maior tragédia nacional em perda de vidas — por pouco não superou os cerca de 1.500 brasileiros mortos na Segunda Guerra Mundial). As experiências brasileiras no preparo para a guerra — seus erros e seus acertos — poderiam render muitas lições e evitar maiores reveses na realização de outros tantos importantes projetos nacionais em tempos de paz, o que ajudaria a desfazer a desconfortável constatação de que o Brasil parece nunca aprender com as falhas do seu passado.

ANTES DA GUERRA

2. A guerra não declarada

E star a bordo de qualquer navio na costa brasileira em agosto de 1942 não era uma sensação confortável. As notícias dos ataques de submarinos alemães e italianos em pleno mar territorial assustavam toda a população, em especial os que inevitavelmente dependiam do transporte marítimo para chegar a seus destinos.

O vapor *Itagiba* zarpou do Rio de Janeiro no dia 13 daquele mês, com destino a Recife, fazendo escalas em Vitória e Salvador. A viagem de quatro dias pareceu demorar muito mais, com o medo que tripulação e passageiros tinham de um possível torpedeamento, de terem o mesmo maldito destino dos outros três navios afundados dois dias antes na costa do Sergipe. O velho vapor — lançado ao mar por um estaleiro da Escócia em 1913, com 86 metros de comprimento, 13 de largura e cinco de calado (altura do casco) — chegaria a Salvador na manhã do dia 17. Levava a bordo 181 passageiros, entre eles, o jovem soldado do 7º Grupo de Artilharia de Dorso, Dálvaro José de Oliveira, um dos outros 95 a bordo que tinham Olinda como destino, a sede dessa recém-formada corporação criada para vigiar o extenso litoral nordestino.

Havia um certo alívio, pois já era possível avistar a costa. De repente, no dia 17, uma grande explosão estremeceu todo o navio. Não restava a menor dúvida: foi o impacto de um torpedo, que acertou a velha nau bem no meio. Dálvaro testemunhou o terror causado pelo torpedeamento de um inocente navio mercante por um submarino do Eixo. Não conseguiu concatenar nada, instintivamente procurou apenas escapar daquele pesadelo. Em meio à correria e aos gritos do pânico geral, ainda houve tempo para a tripulação do velho vapor baixar os botes salva-vidas, conhecidos como baleeiras.

Embora o *Itagiba* tenha sido alvejado por apenas um torpedo, o que fez com que não afundasse rápido, vários passageiros desesperados pularam na água e morreram afogados imediatamente. Dos 36 mortos, muitos também foram vítimas diretas dos trezentos quilos de explosivos contidos no torpedo, somados à grande explosão da caldeira de vapor do navio.

Depois que os sobreviventes — alguns muito feridos — conseguiram se reunir nas seis baleeiras que sobraram das oito existentes, permaneceram várias horas à deriva. Era difícil remar até a costa da Bahia, muito distante, mesmo estando visível, e o mar estava revolto, devido aos fortes ventos. Dálvaro ajudava quem podia: tanto seus amigos soldados quanto os outros passageiros do *Itagiba*. Que sorte a dele ter escapado da explosão, do pânico e do afundamento: agora era tentar sobreviver. Naquela rota, não deveria demorar muito até aparecerem outras embarcações. E foi com alívio que viu quatro das baleeiras serem resgatadas pelo iate *Aragipe*, uma embarcação pequena com casco de madeira, que passava perto. Ele não foi atacado, ou porque não foi visto pelo *U-Boot* (do alemão *Unterseeboot*, submarino), ou porque foi deliberadamente poupado por seu comandante.

Depois de uma hora — que pareceu uma eternidade —, outro velho vapor apareceu, o *Arará*, um pouco menor que o *Itagiba*, levando uma carga de sucata metálica até Santos. A tripulação resgatou Dálvaro e os náufragos das duas outras baleeiras do *Itagiba*. Até aquele momento, ele estava certo de que ainda não chegara sua vez.

Dálvaro não suspeitava de que o submarino responsável pelo maior número de afundamentos e mortes na costa brasileira, o *U-507*, comandado pelo jovem porém experiente capitão Harro Schacht, ainda estava à espreita. A sorte dos 18 náufragos das duas baleeiras restantes do *Itagiba* parecia sorrir, quando o *Arará*, fabricado na Inglaterra em 1907, surgiu para resgatá-los. Mas o alívio dos sobreviventes duraria pouco. Ao avistar o vapor se aproximando, o comandante Schacht decidiu afundar mais um navio brasileiro, seguindo as ordens superiores com uma sistemática de militar alemão.

Quando um torpedo acertou em cheio a casa de máquinas do *Arará*, Dálvaro não podia crer que, depois de ter sobrevivido a um torpedeamento, agora era vítima do segundo, que causou enorme explosão e o rápido afundamento da embarcação. Dessa vez, vários dos náufragos resgatados do *Itagiba* não escaparam. Dos 35 sobreviventes resgatados, cinco morreram na hora e apenas 15 chegariam à terra firme.

Àquela altura, aproximavam-se do local aviões e o cruzador *Rio Grande do Sul*, que respondia ao SOS emitido, o que afugentou o submarino nazista. Os duplamente náufragos do *Arará* foram resgatados novamente pelo *Aragipe* e pelo barco pesqueiro *Deus do Mar*. Enquanto via aquela gente sofrendo e contabilizava os amigos perdidos, Dálvaro concluiu que ter sobrevivido tinha um único motivo: poder vingar seus camaradas mortos nos ataques.

O protagonista das ações que levariam ao estado de guerra entre o Brasil e o Eixo foi o submarino *U-507*, do tipo IXC (longo alcance), comissionado em 8 de outubro de 1941. Durante sua terceira patrulha, iniciada no dia 4 de julho, realizou seus seis ataques, que afundaram navios brasileiros e provocaram o maior número de mortos num período de apenas três dias em toda a Campanha do Atlântico Sul. Após 15 meses de operação — tendo afundado e danificado vinte navios mercantes, num total de 83.704 toneladas —, o *U-507* foi afundado no dia 13 de janeiro de 1943, por um PBY-5 Catalina do Esquadrão VP-83 da Marinha americana ao largo do litoral do Ceará. Nenhum de seus 54 tripulantes sobreviveu.

A PRIMEIRA VÍTIMA ENTRE OS BRASILEIROS

O primeiro navio brasileiro a ser atacado pelos alemães foi o *Taubaté*, um cargueiro a vapor que se encontrava na costa do Egito, em 22 de março de 1941, quando o Brasil ainda mantinha relações comerciais com o Eixo. O ataque injustificado foi feito por um avião nazista que metralhou o navio, mesmo com a bandeira do Brasil hasteada e pintada no casco, o que causou a morte do tripulante José Francisco Fraga, primeira vítima brasileira na Segunda Guerra. O *Taubaté* — que não foi afundado — era um dos muitos navios que o Brasil confiscou da frota mercante alemã nos portos brasileiros, durante a Primeira Guerra.

AS RELAÇÕES AZEDAM COM HITLER

A Segunda Guerra chegou ao Brasil através do mar. Em agosto de 1942, depois dos seis afundamentos seguidos, dos dias 15 a 17, centenas de mortos e o clamor do povo nas ruas, o governo Vargas foi forçado a se posicionar quanto ao Eixo. Houve uma enorme repercussão pelo país diante das terríveis imagens, estampadas nos jornais, dos corpos das vítimas que chegaram com a maré nas areias das praias de Aracaju, especialmente mulheres e crianças. Abandonado mesmo depois de ser declarado marco histórico local, o cemitério para enterrar as vítimas dos torpedeamentos existe até hoje na praia do Mosqueiro. Os mortos foram enterrados ali mesmo, uma vez que não havia meios para remover e guardar as centenas de corpos que vieram dar nas areias.

A população ao redor das capitais brasileiras hostilizou alemães, italianos e japoneses, onde quer que estivessem, em suas propriedades e lares. Quase ocorreram linchamentos por conta da revolta geral contra os torpedeamentos.

A grande convulsão das ruas culminou com as manifestações estudantis promovidas pela UNE — a União Nacional dos Estudantes, fundada em 1937 —, que não deixaram outra saída para o governo Vargas a não ser finalmente formalizar o estado de beligerância. Três dias depois das 607 mortes provocadas pelos ataques dos submarinos na costa brasileira, no dia 22 de agosto de 1942, o Brasil entrava de vez na Segunda Guerra Mundial. Em seu discurso realizado na sacada do Palácio do Itamaraty, respondendo à pressão vinda do grande público que se juntava na rua em frente à sede do Ministério das Relações Exteriores, o chanceler Oswaldo Aranha tentava corresponder aos anseios dos brasileiros indignados, mas suas palavras não davam a real dimensão do problema no qual o Brasil estava se metendo:

> A situação criada pela Alemanha, praticando atos de beligerância bárbaros e desumanos contra a nossa navegação pacífica e costeira, impõe uma reação à altura dos processos e métodos por eles empregados contra oficiais, soldados, mulheres, crianças e navios do Brasil. Posso assegurar aos brasileiros que me ouvem, como a todos os brasileiros, que, compelidos pela brutalidade da agressão, oporemos uma reação que há de servir de exemplo para os povos agressores e bárbaros, que violentam a civilização e a vida dos povos pacíficos.

O chanceler brasileiro sabia que entrar na guerra seria uma escolha radical. Agora se tornava mais que urgente o total comprometimento americano de não deixar o Brasil isolado, com seus navios e o comércio marítimo à mercê dos traiçoeiros submarinos do Eixo, o que traria sérias consequências econômicas.

Apenas em setembro de 1942, depois da definição brasileira, os americanos começaram efetivamente a escoltar os comboios mercantes nas rotas marítimas da costa americana. A partir daquele mês, navios da Quarta Esquadra patrulhavam os mares, aviões caça-submarinos operavam ao longo do litoral e as duas primeiras bases de dirigíveis da Marinha americana foram montadas no Recife e no Rio de Janeiro. Em um curto intervalo, os submarinos do Eixo, de caçadores, tornariam-se caça.

Ameaça alemã

Principal causa da entrada do país na Segunda Guerra Mundial, os treze ataques a navios mercantes nacionais, entre fevereiro e julho de 1942, provocaram 742 mortes. O ditador Getúlio Vargas — que não esperava receber um golpe tão duro dos países do Eixo — tinha em mãos seu maior álibi para fechar definitivamente sua aliança com o presidente dos Estados Unidos, Franklin Roosevelt. Getúlio esperou demais para reagir aos fatos, já que 21 navios brasileiros tinham sido afundados até o dia 22 de agosto, data da declaração de guerra ao Eixo.

Em janeiro de 1942, a Marinha alemã começou suas ações no Atlântico Sul, afundando navios em rota para os Estados Unidos, e os cargueiros *Bagé* e *Taubaté*, de bandeira brasileira, que navegavam em águas americanas.

Os submarinos alemães atacavam quaisquer navios que estivessem armados no Atlântico, com exceção dos da Argentina e do Chile, países que ainda não tinham rompido relações com o Eixo. Eles eram reabastecidos nas ilhas do Caribe, até mesmo nos postos de suprimentos em território argentino e chileno.

Antes da entrada do Brasil na guerra, mesmo carente de recursos, a Marinha já desenvolvia planos de defesa contra os submarinos do Eixo, com o objetivo de proteger o litoral e os portos do Brasil, principalmente os situados ao longo do Saliente Nordestino — região estratégica à época, a qual compreende os estados de Alagoas, Paraíba, Pernambuco e Rio Grande do Norte.

Embora desde dezembro de 1941 já houvesse patrulhas americanas lançadas de bases no Brasil, inicialmente a vigilância dessa área foi realizada simbolicamente por três navios de guerra baseados no Recife. A partir de janeiro de 1942, chegava a Divisão de Cruzadores, composta por seis navios. Com a declaração de guerra, a proteção da navegação marítima no litoral do Brasil (em especial do Saliente Nordestino), passou a ser feita pela Força do Atlântico Sul, dos Estados Unidos, mais tarde denominada 4ª Esquadra Americana, com base no Recife.

Ao longo de 1942, nenhum submarino alemão ou italiano foi destruído no litoral brasileiro. Em fevereiro e março, cinco barcos brasileiros foram afundados (*Buarque, Olinda, Cabedelo, Arabutã e Cayrú*), todos ao largo da costa atlântica dos Estados Unidos. Entre maio e julho, sete navios foram perdidos (*Parnaíba, Comandante Lyra, Gonçalves Dias, Alegrete, Paracury, Pedrinhas, Tamandaré, Barbacena e Piave*), na Costa do Caribe e arredores. No último trimestre de 1942, os afundamentos nas costas brasileiras responderam por mais de um terço das perdas no Atlân-

1942   29

tico Sul. A Embaixada do Brasil em Lisboa enviou protestos ao governo alemão pelos afundamentos, sem receber nenhuma resposta formal.

OS CORSÁRIOS ALEMÃES

As águas do Atlântico Sul foram palco de importantes combates navais quando os ingleses afundaram o navio corsário alemão *HSK 2 Atlantis*. Denominados *Handelsstörkreuzer* (cruzadores auxiliares), esses navios eram usados pelos nazistas como embarcações mercantes, mas levavam canhões escondidos no convés. Quando se aproximavam de navios mercantes ingleses ou de outras bandeiras que serviam aos Aliados, a tripulação abria fogo covardemente sobre as indefesas embarcações, sem chance de reação.

Havia uma frota desses corsários alemães em ação nos mares, e o *Atlantis* já havia capturado 22 navios, quando foi afundado na costa de Pernambuco pelo cruzador pesado britânico *HMS Devonshire*, em 22 de novembro de 1941. O caráter traiçoeiro dessas ações justificava as operações da Marinha inglesa feitas dentro da zona de exclusão, um cinturão defensivo com trezentos quilômetros de largura que envolvia a América do Sul, para onde os navios alemães fugiam depois de seus ataques.

Se em algum momento Hitler levou em conta em seus planos de expansão do Reich a grande quantidade de imigrantes alemães em terras brasileiras, depois desses acontecimentos preferiu deixar de lado maiores considerações para apenas retaliar o país que passara a ser aliado dos Estados Unidos. Versões infundadas afirmam que Hitler teria feito uma transmissão pela rádio oficial do governo alemão, em junho de 1942, declarando que haveria retaliação ao Brasil por ajudar aos americanos. Embora jamais confirmado, o boato espalhou o pânico na população do Nordeste, e mesmo os americanos das bases da região tomaram medidas de reforço nas defesas contra um provável desembarque nazista.

Outras fontes afirmam que os dirigentes da Marinha alemã desejavam atacar os portos brasileiros. Isso seria possível se os submarinos torpedeassem navios ainda ancorados, bloqueando os acessos aos portos, o que, num golpe certeiro, inviabilizaria a navegação. Numa contraditória explicação, totalmente desprovida de crédito histórico, a opção teria sido descartada por Hitler, que achava estremado um ataque nesses moldes — configuraria uma agressão ao território brasileiro e culminaria numa reação ainda maior contra a Alemanha. Hitler aprovou apenas o ataque aos navios em rota para o exterior e em portos na costa, ordem repassada para o comandante da *Kriegsmarine* (Marinha de Guerra alemã), Karl Dönitz.

Primeiras tragédias

Os primeiros navios brasileiros torpedeados fora do nosso mar territorial foram:

- *Buarque*: afundado em 16 de fevereiro de 1942 a sessenta milhas náuticas do cabo Hatteras (Carolina do Norte, Estados Unidos) pelo submarino alemão *U-432*, comandado pelo capitão Schultze. Houve apenas uma vítima fatal entre os 11 passageiros e 74 tripulantes, que foram resgatados por navios americanos.

- *Olinda*: afundado por tiros de canhão na costa do estado americano da Virgínia, pelo mesmo *U-432* em 18 de fevereiro de 1942. Todos os 46 tripulantes sobreviveram.

- *Cabedelo*: desaparecido com perda total dos 54 tripulantes depois de zarpar dos Estados Unidos, possivelmente em 25 de fevereiro de 1942. Existe a controvérsia de que foi torpedeado por um dos três submarinos italianos: *Leonardo da Vinci*, *Torelli* ou *Capellini*, ao largo das Antilhas.

- *Arabutã*: afundado ao largo do cabo Hatteras pelo *U-155*, comandado pelo capitão Piening, em 7 de março de 1942. Dos 51 tripulantes, um morreu e dois ficaram feridos, em estado grave.

- *Cayrú*: afundado a 130 milhas náuticas de Nova York pelo *U-94* do capitão de corveta Otto Ites em 8 de março de 1942, causando 53 vítimas (46 tripulantes e 6 passageiros) dos 89 a bordo. Foi grande a repercussão no Brasil pelo número de mortos. Chegou-se inclusive a se estudar a suspensão das viagens aos Estados Unidos.

Amigos, amigos, guerra à parte

A suposta proximidade entre Vargas e o ditador Benito Mussolini não impediu que o primeiro ataque do Eixo a um navio brasileiro em águas territoriais fosse realizado por um submarino italiano. O *Barbarigo* atacou o *Comandante Lyra*, na costa de Natal, em 18 de maio de 1942. O torpedo que atingiu o navio matou dois tripulantes, mas não o afundou, devido ao seu casco duplo, usado para transporte de gasolina ou petróleo cru, que o manteve flutuando. Em seguida foram disparados 19 tiros de canhão e rajadas de metralhadora sobre o navio, o que provocou seu incêndio. Um heroico envio de SOS permitiu que aviões da Força Aérea Brasileira chegassem ao local, afugentando o *Barbarigo*, o que representou a primeira ação de guerra da FAB. Dias depois, o *Barbarigo* foi novamente atacado por um B-25 da FAB, mas conseguiu escapar.

Um fato pouquíssimo conhecido é que o comandante do *Barbarigo*, Enzo Grossi, era brasileiro, nascido em São Paulo. O comandante do submarino italiano — usado como peça de propaganda do Eixo — ainda seria protagonista de uma história novelesca, envolvendo seu rebaixamento a soldado de infantaria por erro premeditado na identificação de navios afundados por ele.

Os tripulantes do *Comandante Lyra* foram resgatados, e o barco, levado até Fortaleza por rebocadores brasileiros e americanos. Os sobreviventes relataram que os disparos de metralhadora pelos italianos tentaram atingir as baleeiras. Essa prática — metralhar náufragos indefesos — era frequente quando tripulações alemãs ou italianas queriam apagar provas da presença do submarino em determinada área, ou mesmo para poupar os sobreviventes de uma morte lenta em alto mar, o que não parecia ser o caso.

A forma de ataque dos submarinos do Eixo começou por uma abordagem que respeitava o seguinte procedimento: os navios indefesos eram obrigados a parar suas máquinas depois de tiros de advertência. Isso permitia que os passageiros e tripulantes escapassem nas baleeiras, e só depois o navio era destruído com tiros do canhão de grosso calibre, posicionado sobre o convés dos submersíveis. Depois do ataque ao *Comandante Lyra*, o governo combinou com os americanos que navios mercantes brasileiros fossem armados com um canhão para sua defesa (o calibre variava entre 75 e 120mm), além de seguirem regras de navegação normalmente não aplicadas aos barcos de bandeira neutra, como pintura cinza (que caracterizava uma camuflagem), navegação em zigue-zague e desligamento das luzes de bordo. Essas medidas levaram o comando da Frota de Submarinos alemães a reconhecer esses navios como alvos militares.

Em agosto de 1942, foram afundados os primeiros navios brasileiros na costa do Sergipe (*Baependi, Araraquara, Aníbal Benévolo, Itagiba, Arará* e a barcaça *Jacira*). A maioria dos navios mercantes da época era antiga, movida a vapor, lenta, com cerca de cem metros de comprimento e também transportava passageiros.

Por medida de economia, os submarinos do Eixo lançavam apenas um torpedo à meia-nau (meio do barco). Mas, para garantir a destruição de seus alvos, realizaram ataques mais agressivos, usando também canhões. De maneira geral, os torpedos alemães, assim como os americanos, não eram confiáveis e, para o desespero da Marinha alemã, o problema persistiu até o final da guerra.

De forma mais objetiva e amplamente mais documentada que seu colega alemão, Mussolini advertiu ao governo brasileiro, desde o primeiro instante do rompimento diplomático, que ainda pagaria caro por esse ato. O *Duce* (título do líder fascista) ainda foi mais explícito sobre a ruptura dos países sul-americanos com o Eixo, ao declarar:

> Se isso acontecer, será o caso de apenas declarar-lhes guerra, assim imporemos aos Estados Unidos a obrigação de defender uma vasta frente. Os latino-americanos querem uma guerra branca, mas terão uma guerra vermelha.

Como Argentina e Chile mantiveram-se neutros, evitando que seus navios fossem atacados pelos submarinos nazifascistas, foi somente o Brasil que viu eclodir pelo seu litoral a guerra vermelha à qual Mussolini se referia. O *Duce* cumpriu sua promessa com o primeiro ataque de um submarino do Eixo em águas brasileiras, realizado pelo *Tazzoli*, que afundou o cargueiro inglês *Queen City*, em 25 de fevereiro de 1942, perto do Maranhão.

Ao contrário dos alemães, que denominavam seus submarinos com a forma abreviada de uma reles letra *U* seguida de um frio número, os italianos batizavam seus submarinos com nomes, que podiam ser de algum ilustre personagem de sua história ou de um militar famoso. Assim, estiveram em ação no Atlântico Sul o *Archimede*, o *Da Vinci*, o *Barbarigo*, o *Calvi*, o *Torelli*, o *Capellini* e o *Tazzoli*.

Tanto os submarinos alemães quanto os italianos tinham em comum serem a mais nova safra dessa arma letal. Eram modernos e ágeis — para se ter uma ideia de seu potencial destrutivo, alguns, como o *U-507*, chegavam a portar até 22 torpedos, e eram armados com um canhão de calibre 105mm. Em geral, o deslocamento dos submarinos na superfície era feito por dois enormes motores diesel com 9 cilindros e potência de 2.172hp, o que garantia um alcance de 18.426km a uma velocidade média de dez nós (18,5km/h). Para navegação submersa, eles possuíam dois motores elétricos com potência de 207 hp cada, alimentados por baterias que permitiam um alcance de apenas 101km numa velocidade de 4 nós (7,4km/h).

Pouca gente se dá conta de que os submarinos da época eram denominados, mais corretamente, "submersíveis", pois não ficavam o tempo todo submersos, mas navegavam a maior parte do tempo na superfície. Assim, apenas se escondiam abaixo da linha do mar, submergindo em profundidade e tempo limitados, para fugir de ataques ou quando atacavam suas presas. Poucos eram dotados de radares, um recurso moderno para a época, que ajudava a encontrar alvos, mas, principalmente, a escapar de ataques. Submarinos eram embarcações muito frágeis: uma rajada de metralhadora certeira poderia comprometer seu funcionamento e colocá-los fora de ação.

> ### "Espero pelo fim da tragédia e — estranhamente desprendido de tudo — não me sinto mais um ator. Sinto que eu sou o último dos espectadores."
>
> *(Mussolini, num depoimento no início de 1945)*

Benito Andrea Amilcare Mussolini nasceu em 29 de julho de 1883 e governou a Itália de 1922 a 1943. É considerado uma figura de destaque na criação do fascismo.

Após um curto período como membro do Partido Socialista italiano e como editor do jornal *Avanti!*, que defendia a neutralidade, Mussolini, como nacionalista radical, lutou na Primeira Guerra Mundial e criou em 1919 o *Fasci di Combatimento* ("Liga de Combate" em italiano), mais tarde transformado no Partido Fascista Nacional, que catalisava sua crença no Manifesto Fascista, publicado em 1921. O símbolo do fascismo — que remete a uma criação nos tempos da Roma Antiga — era um feixe de varas amarrado, formando uma forte coluna.

Logo após a Marcha sobre Roma, em outubro de 1922, Mussolini tornou-se o 40° Primeiro-Ministro da Itália e passou a autointitular-se *Il Duce* a partir de

1925, quando estabeleceu autoridade ditatorial por meios legais e extraordinários. Seu plano de criação do estado totalitário italiano foi apoiado pelo povo e pelo governo imperial.

Em 1936, seu título oficial era Sua Excelência Benito Mussolini, Chefe do Governo, Líder do Fascismo e Fundador do Império. Além disso, criou e assumiu o posto de Primeiro-Marechal do Império. Juntamente com o rei Vítor Emanuel III, Mussolini exercia total controle sobre as Forças Armadas italianas.

Desde sua ascensão ao poder, Mussolini passou a ser admirado pelo chefe do Partido Nacional-Socialista Alemão, um certo Adolf Hitler, que se aproveitou dos sucessos iniciais do fascismo para consolidar o nazismo. Certamente, Hitler aprimorou o exacerbado gestual que o *Duce* exibia em seus discursos, o qual lhe conferia ares de típico figurante bufão de uma ópera italiana.

Mussolini sobreviveu a quatro tentativas de assassinato (uma delas por uma mulher) e levou a Itália para o conflito em 10 de junho de 1940, ao lado da Alemanha, mesmo sabendo que não teria recursos para uma guerra de longa duração.

Como resultado da invasão da Sicília, em 3 de setembro, a Itália assinou um armistício em separado com os Aliados, e Mussolini foi destituído de suas funções. Logo depois ele foi preso e transferido de vários locais até uma estação de esqui nas montanhas do Gran Sasso, de onde foi resgatado por uma equipe de paraquedistas alemães, por ordens expressas de seu amigo Hitler, e levado para Viena. Rapidamente, voltou à Itália para criar a República Social Italiana — conhecida como a República de Saló —, no nordeste italiano, para lutar ao lado dos nazistas. Com a derrota iminente, ao tentarem fugir para o norte, Mussolini e sua amante Clara Petacci foram presos e executados pelos *partigiani* (membros da resistência italiana). Seus corpos foram pendurados no posto de gasolina da praça Loreto, em Milão, onde, um ano antes, 15 civis inocentes foram executados e expostos como retaliação às atividades dos *partigiani*. A recriação do Império Romano sonhada pelo Duce terminou antes do Reich dos mil anos. Os próximos na lista seriam Hitler e o general Hideki Tojo, senhor da guerra do império japonês.

BALANÇO DA AÇÃO DO EIXO NA CAMPANHA DO ATLÂNTICO

Ao longo da campanha terrorista dos submarinos do Eixo no Atlântico Sul, mais de cinquenta navios de bandeiras estrangeiras seriam afundados na costa brasileira. Dessa vez, não foi a mesma história da Primeira Guerra Mundial, quando alguns poucos navios brasileiros foram torpedeados pelos alemães em mares distantes.

Italianos e alemães formaram o Comando Superior da Força Submarina no Atlântico — sediado em Bordeaux, na França —, que operou de setembro de 1942 até setembro de 1943, com 32 submarinos operacionais. Eles partiam das bases na costa francesa, que davam acesso ao Atlântico e cobriam uma vasta área que ia do litoral português até a costa brasileira. Em Bordeaux, funcionava o comando de submarinos da Regia Marina italiana, chamado pelo nome-código Betasom, unidade sob ordens diretas do comandante da frota de submarinos, o almirante Karl Dönitz. Havia planos de um ataque de submarinos italianos ao porto de Nova York, que não chegou a ser realizado.

Durante as ações no Atlântico Sul, cerca de 33 navios brasileiros foram torpedeados e outros 35 foram atacados. A lista de navios afundados pelo Eixo, na qual se incluíram o pesqueiro *Shangri-Lá* e o vapor *Cabedelo,* foi atualizada e corrigida ao longo dos anos posteriores à guerra.

RECUPERANDO MEMÓRIAS: NAVIOS AFUNDADOS

Atualmente, a lista de afundamentos dos navios brasileiros é a seguinte:

- *Parnaíba*: torpedeado pelo *U-162* sob o comando do capitão Wattenberg na altura de Barbados, em 1º de maio de 1942, com sete mortos e 65 sobreviventes.
- *Commandante Lyra*: torpedeado pelo submarino italiano *Barbarigo*, na altura de Fernando de Noronha, em 18 de maio de 1942, com dois mortos e cinquenta sobreviventes.
- *Gonçalves Dias*: torpedeado pelo submarino alemão *U-502*, sob o comando do capitão Rosenstiel, e afundado ao largo de Key West, em 24 de maio de 1942, com seis mortos e 46 sobreviventes.
- *Alegrete*: atacado ao largo de Santa Lúcia pelo submarino *U-156*, comandado pelo capitão Hartenstein, em 1º de junho de 1942, com 64 sobreviventes.
- *Vidal de Negreiros*: torpedeado pelo *U-156*, na mesma data e área do *Alegrete*. Não há informações sobre os tripulantes.

- *Paracuri*: torpedeado em 5 de junho de 1942, pelo *U-159*, no Atlântico Norte. Não há dados sobre a tripulação.

- *Pedrinhas*: atacado pelo submarino *U-203*, sob o comando do capitão Mützelburg, ao largo de Porto Rico, em 26 de junho de 1942, com 48 sobreviventes.

- *Tamandaré*: atacado e afundado pelo *U-66* ao largo de Port of Spain, em 26 de junho de 1942, com quatro mortos e 48 sobreviventes. Provido de um canhão para defesa, chegou a pôr em fuga um *U-Boot*, antes de ser novamente atacado e afundado.

- *Piave* (petroleiro): ao largo da ilha de Tobago, torpedeado pelo *U-155*, em 28 de julho de 1942, com um morto e 34 sobreviventes. O comandante Adolf Cornelius Piening ordenou que os botes salva-vidas fossem metralhados. Mesmo assim, os náufragos escaparam de mais mortes.

- *Barbacena*: atacado ao largo de Tobago, afundado pelo submarino *U-66*, sob o comando do capitão Markworth, em 24 de julho de 1942, com seis mortos e 56 sobreviventes.

- *Baependi*: torpedeado pelo *U-507*, comandado pelo capitão Harro Schacht, em 15 de agosto de 1942. Foi o primeiro alvo da série de seis ataques desse submarino na costa do Nordeste, sendo o navio com o maior número de vítimas de todos os torpedeamentos a brasileiros: 270 mortos. Salvaram-se 36 passageiros e tripulantes.

- *Aníbal Benévolo*: torpedeado pelo *U-507*, em 16 de agosto de 1942, no estuário sergipano, com 130 mortos e quatro sobreviventes.

- *Araraquara*: alvo do *U-507* em 17 de agosto de 1942, 131 mortos e 11 sobreviventes, na costa do Sergipe.

- *Itagiba*: atacado pelo *U-507* em 17 de agosto de 1942, com 39 mortos e 145 sobreviventes, na costa da Bahia.

- *Arará*: no fatídico 17 de agosto, foi afundado pelo *U-507* enquanto salvava os náufragos do *Itagiba*, com 32 mortos e 15 sobreviventes.

- *Jacira*: última vítima do *U-507*, em 19 de agosto de 1942, no litoral baiano, com ao menos seis sobreviventes.

- *Osório*: torpedeado no litoral do Pará a 27 de setembro de 1942 pelo submarino *U-514*, sob o comando do capitão Auffermann, com cinco mortos e 34 sobreviventes.

- *Lajes*: no mesmo dia e local, pela mesma belonave, com três mortos e 46 sobreviventes.
- *Antonico*: atacado a 28 de setembro de 1942 ao largo da Guiana Francesa pelo submarino *U-516*, sob o comando do capitão Wiebe, com 16 mortos e 24 sobreviventes.
- *Porto Alegre*: torpedeado ao largo de Durban, na África do Sul, pelo *U-504*, comandado pelo capitão Poske, em 3 de novembro de 1942, com um morto e quarenta sobreviventes.
- *Apaloide*: atacado pelo *U-163* no dia 22 de novembro de 1942, ao largo da Venezuela, com três mortos e 52 sobreviventes.
- *Brasiloide*: afundado pelo *U-518* a 18 de fevereiro de 1943, a cinco milhas do litoral de Sergipe, sob o comando do capitão Wissmann, com cinquenta sobreviventes.
- *Afonso Pena*: atacado a 2 de março 1943 pelo submarino italiano *Barbarigo*, comandado pelo capitão Rigoli, e afundado no litoral da Bahia, com 125 vítimas e 117 sobreviventes.
- *Tutoia*: afundado no litoral de São Paulo em 31 de junho de 1943 pelo submarino alemão *U-513*, sob as ordens do capitão Guggenberger, com sete mortos e trinta sobreviventes.
- *Pelotasloide*: atacado na foz do rio Pará, a 4 de julho de 1943, foi torpedeado pelo submarino *U-590* sob as ordens do capitão Krueger, com cinco mortos e 37 sobreviventes.
- *Shangri-Lá*: em 22 de julho de 1943, esse pequeno pesqueiro foi afundado a tiros de canhão pelo *U-199*, em Arraial do Cabo, no litoral fluminense. Seus dez tripulantes morreram.
- *Bagé*: no litoral de Sergipe em 31 de julho de 1943, foi posto a pique pelo submarino *U-185*, comandado pelo capitão Maus, com 26 mortos e 106 sobreviventes.
- *Itapagé*: torpedeado no litoral de Alagoas a 26 de setembro de 1943 pelo submarino alemão *U-161*, comandado pelo capitão Albrecht Achilles. Esse submersível seria posteriormente afundado por aviões caça-submarinos da esquadrilha americana VP-74, baseados em Salvador, com 22 mortos e 84 feridos.
- *Cisne Branco*: afundou após algum tipo de colisão descrita pelos tripulantes, em 27 de setembro de 1943, perto de Canoa Quebrada, no Ceará, com quatro

mortos e seis feridos. Embora estivesse prestando serviço para a Marinha brasileira, esse barco não teve registros documentais de que seu afundamento tivesse sido provocado pelo inimigo.

- *Campos*: afundado em 23 de outubro de 1943 ao largo do litoral de São Paulo pela belonave *U-170*, comandada pelo capitão Pfeffer, com 12 mortos e 51 sobreviventes.

- *Vital de Oliveira*: torpedeado em 19 de julho de 1944, pelo *U-861*, perto do Farol de São Tomé, na costa do Rio de Janeiro, com 99 mortos e 176 sobreviventes.

Os números de vítimas ou sobreviventes divergem ligeiramente de livro para livro e, em muitos casos, nem mesmo são citados, chegando à casa dos 1.055 mortos.

REVIRAVOLTA NAS OPERAÇÕES

Assim como o litoral nordeste brasileiro mudou seu foco de importância defensiva para ofensiva, as operações dos submarinos do Eixo também sofreram uma reviravolta no cenário da Batalha do Atlântico. No começo, os submarinos alemães eram os caçadores implacáveis dos mares — destruindo milhares de toneladas de navios. O total dos afundamentos de navios brasileiros entre 1942 e 1943 ultrapassou as 130 mil toneladas.

Com o aumento das operações antissubmarino americanas e brasileiras, os caçadores viraram presas. Os Aliados desenvolveram melhores navios e armamentos — incluindo o aperfeiçoamento de sonares e radares —, assim como o primordial patrulhamento aéreo, que colocou em xeque os planos de ataque alemães. Se antes os submarinos atuavam solitários, passaram a atacar os comboios em grupos, nas chamadas "matilhas" (*wolfpacks*), muito usadas no Atlântico Norte, as quais conseguiam furar as defesas, penetrar nos comboios e acertar os navios desprotegidos.

As estatísticas assustadoras das tonelagens dos afundamentos Aliados passaram a pesar contra os submarinos alemães. De 1943 até os momentos finais da guerra, cada saída de um submarino alemão significava uma sentença de morte para seus tripulantes: dos 842 submarinos lançados pelos alemães, 779 foram afundados. Mais de 28 mil marinheiros e oficiais foram mortos em combate; cerca de

80% do efetivo, incluindo um dos dois filhos do almirante Karl Dönitz, ambos da Marinha, foram mortos em ação.

Além da decifração das mensagens criptografadas utilizadas pela Marinha alemã, os novos radares centimétricos instalados em navios e aviões de patrulha marcavam precisamente as posições dos submarinos do Eixo. Embora os alemães modificassem constantemente sua tática, a estratégia de localização e ataque aos submarinos pelos Aliados chegou a um nível de precisão que não lhes permitia escapar, uma vez localizados. Mesmo assim, o *front* do Atlântico permaneceu como o de maior duração da Segunda Guerra. Os americanos deram mostra de sua capacidade militar ao disponibilizarem um efetivo considerável de homens e máquinas para proteger a navegação no Atlântico Sul, que continuou até o fim da guerra.

RECUPERANDO MEMÓRIAS: FOGO AMIGO OU INIMIGO?

O mito de que os americanos foram os responsáveis pelos afundamentos de navios brasileiros permaneceu, ao longo das décadas, colado aos motivos que levaram o Brasil a declarar guerra ao Eixo. Esse devaneio só pode ser atribuído aos boatos criados na época, originados pelos grupos que não aprovavam o alinhamento com os americanos ou pela ala dos germanófilos ainda presente no governo Vargas.

Nem mesmo a comprovação documental dos registros encontrados nos arquivos de guerra Aliados e alemães, com dados precisos de cada *U-Boot* e seu comandante em ação no Atlântico Sul, foi capaz de apagar de vez essa versão fantasiosa dos fatos. Nos documentos existentes, encontram-se as posições de todos os submarinos alemães afundados no litoral brasileiro. Alguns desses pontos já foram confirmados depois de visitados por mergulhadores profissionais, e a maioria dos locais teve suas coordenadas devidamente arquivadas. Além da inexistência de qualquer prova documental sobre a suposta ação de submarinos americanos no Atlântico Sul — a totalidade dessas armas se encontrava no Atlântico Norte e no Pacífico —, a maior evidência era a de que os próprios americanos seriam os maiores prejudicados, uma vez que, a partir de 1941, o Brasil intensificou o fornecimento de importantes matérias-primas aos Estados Unidos, através do único canal existente: a via marítima.

Combatendo o inimigo

Em julho de 1943, quase um ano depois da declaração de guerra brasileira, um avião *PBY-5 Catalina* afundou o submarino alemão *U-199*, no litoral do Rio de Janeiro. Essa ação teve um sabor especial: tratava-se da primeira tripulação totalmente brasileira de uma aeronave de patrulhamento antissubmarino a afundar uma embarcação inimiga. Quem pilotava o *Catalina* era o ainda aspirante a aviador Alberto Martins Torres, que seria um dos poucos aviadores brasileiros a participar do patrulhamento da costa e depois a integrar o 1º Grupo de Aviação de Caça da FAB. Dias antes, a artilharia antiaérea do *U-199* havia abatido um avião Martin PBM-3 Mariner, do Esquadrão VP-74, demonstrando o quanto cada *U-Boot* podia ser agressivo.

Logo depois do grande feito, em agosto, numa cerimônia popular, o avião foi batizado de *Arará*, nome do navio brasileiro que foi afundado pelo *U-507*, enquanto salvava os náufragos do *Itagiba*.

O patrulhamento marítimo era feito por aviões que partiam das bases ao longo do litoral, e as de Natal, do Recife, de Salvador e do Rio de Janeiro eram as mais importantes. Navios caça-submarinos e dirigíveis (*blimps*) também foram decisivos nesse processo. A observação a olho nu, feita durante voos de média altitude pelas tripulações, muitas vezes era suficiente para identificar um submarino, mas se complementava com o uso de sonares ou mesmo pela interceptação de mensagens de rádio entre os submarinos e suas bases. Foi o caso do ataque realizado durante o encontro entre três submarinos em alto-mar. Eram eles o *U-604*, o *U-172* e o *U-185*. O *U-604*, seriamente avariado depois de sofrer um ataque aéreo dias antes, passaria sua tripulação e combustível para os outros dois submarinos.

Atacados por um bombardeiro B-24, os submarinos abriram fogo com suas metralhadoras antiaéreas e, por incrível que pareça, conseguiram derrubar o quadrimotor americano. O *U-604* foi afundado pelo seu comandante, e os outros dois submarinos conseguiram escapar, depois de salvarem os tripulantes da embarcação sacrificada. Depois de uma longa jornada até a França, o *U-172* foi o único submarino que conseguiu retornar à sua base, de um grupo de dez enviados pelo comando de submarinos em Lorient, em maio de 1943, para uma operação na costa brasileira chamada "patrulha do Rio".

Entre janeiro e setembro de 1943, os submarinos do Eixo foram varridos da costa brasileira, graças ao apoio dado pelos americanos nas patrulhas, com navios,

1942   41

aviões e dirigíveis, o que foi uma importante alavanca para a renovação da Marinha brasileira. Os doze submarinos afundados e devidamente registrados foram:

- *U-164*, 4 de janeiro, perto do Ceará;
- *U-507*, 13 de janeiro, no litoral do Piauí;
- *Archimede*, 15 de abril, a 140 milhas de Fernando de Noronha;
- *U-128*, 17 de maio, no litoral de Alagoas;
- *U-590*, 9 de julho, no litoral paraense;
- *U-513*, 19 de julho, no litoral catarinense;
- *U-662*, 21 de julho, no litoral paraense;
- *U-598*, 23 de julho, no cabo São Roque, Rio Grande do Norte;
- *U-591*, 30 de julho, no litoral pernambucano;
- *U-199*, 31 de julho, no litoral sul do Rio de Janeiro;
- *U-604*, 4 de agosto, destruído pela tripulação perto da ilha de Trindade, a 1200 quilômetros de Vitória, no Espírito Santo, depois de ser avariado por ataque aéreo;
- *U-161*, 27 de setembro, a leste de Salvador.

Mesmo com a grande quantidade de submarinos destruída em 1943, o perigo para a navegação nos mares do Atlântico Sul permanecia, o que causava enorme temor nas tripulações e nos passageiros em rota pelo Brasil. Apenas a rendição alemã determinou o fim das hostilidades nesse dramático cenário da Segunda Guerra Mundial.

3. Vargas e o namoro com o nazismo

O truculento regime ditatorial brasileiro implantado por Vargas durante o Estado Novo (1937-1945) assemelhava-se ao de vários países da América do Sul e da Europa. Ao longo da década de 1930, várias ditaduras se instauram ao redor do mundo, em Portugal, Áustria, Cuba, Japão, Espanha, Argentina, Polônia, Hungria, Bulgária, União Soviética e vários outros países. Muitos foram regimes de extrema direita que se valeram dos ideais anticomunistas para tomar, assumir, concentrar e manter o poder em suas mãos.

Na Alemanha, o clamor do orgulho nacional ferido e as ideias dos criadores do Partido Nacional-Socialista ganharam forte eco junto à população empobrecida e sem perspectivas. Em 1933, após uma série de manobras políticas e acordos escusos, Adolf Hitler elegeu-se líder, sob a promessa de uma nova Alemanha, que reinaria por mil anos sobre as nações inferiores do resto do mundo. O palco para uma das maiores tragédias da humanidade começava a tomar forma.

O Brasil de Vargas também tinha planos de se firmar como uma potência regional na América Latina. Nas primeiras décadas após a Proclamação da República, a qualidade de vida do brasileiro médio deixava muito a desejar com as grandes diferenças entre as capitais, cidades litorâneas e do interior do país. Durante a chamada República Velha, o poder alternava-se entre os latifundiários criadores de gado de Minas Gerais e os latifundiários plantadores de café de São Paulo, na chamada política do café com leite.

Com a desculpa de tirar o Brasil da mão dos cafeicultores e pecuaristas, Getúlio Vargas liderou a Revolução de 1930, tomou e manteve o poder durante seis anos, até instituir a ditadura do Estado Novo, em 1937. Deu início a uma série de grandes obras públicas, reformas na Constituição e nas leis trabalhistas, na tentativa de modernizar uma nação agrícola para elevá-la ao status de principal potência sul-americana.

Seguindo a cartilha das ditaduras, extinguiram-se as liberdades políticas e de imprensa; adversários do regime foram perseguidos, presos e torturados, sob a desculpa da proteção e estabilização da frágil república. Inspirado pela estética totalitária, Vargas implementou o culto à personalidade, centrado na figura do chefe único da nação. Nos moldes fascistas, impôs inúmeras medidas de caráter nacionalista. Uma dessas ações extremadas foi a dissolução dos símbolos estaduais e municipais, cujas bandeiras e hinos foram proibidos, uma vez que deveriam ser substituídos apenas pelo culto à bandeira e pelo Hino Nacional. Numa bizarra cerimônia realizada no Rio de Janeiro, com grande pompa e formalidade, em novembro de 1937, as bandeiras dos estados brasileiros foram queimadas numa pira em praça pública, na presença do chefe da nação, obedecendo-se um típico roteiro da ritualística nazifascista. Atendendo a pedidos, Vargas poupou a bandeira do Rio Grande do Sul, seu estado natal, de ser queimada, mas seguiu com a agressiva cerimônia incinerando todas as outras.

Em suas andanças pelo sul do país, numa passagem por Blumenau — sabendo que o município tinha forte herança da colonização germânica —, Vargas discursou em prol do sentimento nacionalista que seu governo procurava implantar:

> *O Brasil não é inglês nem alemão. É um país soberano, que faz respeitar as suas leis e defende os seus interesses. O Brasil é brasileiro. (…) Porém, ser brasileiro não é somente respeitar as leis do Brasil e acatar as autoridades. Ser brasileiro é amar o Brasil. É possuir o sentimento que permite dizer: o Brasil nos deu pão; nós lhe daremos o sangue!*

Alguns especialistas discutem a definição de ditadura fascista para o governo Vargas, que estaria mais perto do formato do caudilhismo e do coronelismo, tão comuns na história da América Latina e do Brasil. Vargas implantou uma série de medidas populistas, em prol das classes trabalhadoras, enquanto seu ministro da Justiça na época, Oswaldo Aranha, cumpria as determinações do líder nacional: a dissolução do Congresso, das Assembleias Legislativas Estaduais e das Câmaras Municipais de todo o país, um duro atentado contra a democracia. Com o passar do tempo, Aranha se distanciaria do governo, depois de discordar sobre vários aspectos da política de Vargas, e preferiria servir como embaixador brasileiro em Washington.

"A Constituição é como as virgens: foi feita para ser violada."

(Vargas tentando explicar a seu modo as imperfeições da Constituição Brasileira de 1934)

Pouca gente sabe que havia outro político conhecido como "pai dos pobres": era o administrador português das capitanias brasileiras, Luís Diogo Lobo da Silva, nos idos de 1763, em Minas Gerais. Mas foi Getúlio Dorneles Vargas quem ficou mais conhecido por esse apelido, criado pelo seu Departamento de Imprensa e Propaganda, o temido DIP. Advogado, nasceu em São Borja, no Rio Grande do Sul, na fronteira com a Argentina, no dia 19 de abril de 1882. Vargas se tornou o político que esteve mais tempo na liderança do Brasil, depois dos imperadores D. Pedro I e II.

Uma forte oposição ao comunismo e a aproximação com o regime fascista deram ao governo Vargas um teor de extrema direita. Depois de sufocar a Revolução Paulista de 1932 e garantir a Constituição de 1934, Vargas criou a Lei de Segurança Nacional, no início de 1935. Com o Golpe de 1937, instituiu o Estado Novo. Mais lembrado por suas inclinações para o nazifascismo, Vargas instituiu as leis do trabalho no país e promoveu uma política dualista com a Alemanha e os Estados Unidos, fomentando os interesses econômicos desses países com o Brasil.

Mas acabou optando por uma aliança com os americanos, o que trouxe vantagens aos brasileiros. Entre elas, a de obrigar Vargas a aceitar a volta da democracia ao país, quando se deparou com a grande contradição de enviar tropas para a luta contra o totalitarismo além-mar. Foi deposto para voltar ao poder em 1950, eleito pelo povo.

OFERTA DE DIREITOS, MAS SEM LIBERDADE

Durante sua longa permanência no poder, Vargas promoveu uma ditadura implacável, mas teve de lutar contra insurgências internas: a Revolução Paulista de 1932 e as Intentonas Comunista de 1935 e Integralista de 1937. Durante esse período, ocorreram algumas importantes melhorias no Brasil, como as reformas no Código Penal e nas leis trabalhistas (Consolidação das Leis do Trabalho — CLT), muitas até hoje em vigor, depois de receberem pequenos ajustes desde sua implantação. Foram criados ministérios, secretarias, escolas públicas e universidades, e uma grande quantidade de novos municípios surgiu no mapa do país.

Vargas instituiu a carteira de trabalho, o Tribunal da Justiça do Trabalho, o salário mínimo, a estabilidade no emprego depois de dez anos de serviço (revogada só em 1965) e o descanso semanal remunerado. Regulamentou o trabalho dos menores de idade e da mulher e a jornada noturna. Fixou as oito horas de trabalho diárias e ampliou o direito de aposentadoria a todos os trabalhadores urbanos. Foi um enorme avanço na estrutura nacional, apesar da plena vigência de uma ditadura. Esse reconhecimento serviria para seu retorno ao poder, por meio do voto popular, em 1951.

Entretanto, o estado interferia cada vez mais na vida do cidadão. Latifundiários e coronéis ainda exerciam grande influência na política, apesar das prometidas mudanças do novo governo. Os industriais, a embrionária classe média e os militares passaram a participar mais do quadro social. O presidente Roosevelt, em sua visita ao Brasil em 1936, foi capaz de fazer um elogio surpreendente ao ditador brasileiro, ao declarar que ele era um dos responsáveis pela implantação do New Deal (plano econômico para salvar a economia americana): "Duas pessoas inventaram o New Deal: o presidente do Brasil e o presidente dos Estados Unidos."

Esse elogio tentava criar um clima de reciprocidade aos interesses mútuos dos dois países: os Estados Unidos começavam uma jornada para recolocar de pé sua economia industrial, depois da quebra da Bolsa de Valores de Nova Iorque, em 1929. O Brasil lutava para desenvolver sua incipiente indústria. Ambos foram obrigados a buscar acordos com setores sindicais e industriais e suas lideranças, assim como o empresariado e os latifundiários.

RECUPERANDO MEMÓRIAS: A HERANÇA TOTALITÁRIA DE VARGAS

Muito se falou das semelhanças entre o regime de Vargas e o nazifascismo. De fato, houve até um intercâmbio entre a famigerada Gestapo (polícia do Estado nazista) e a polícia política de Vargas, visando principalmente treinamento e colaboração anticomunista. Filinto Müller, chefe do aparato repressor do

regime, promovia a caça, a prisão e mesmo a tortura de opositores do governo. O famoso discurso pró-fascista de Vargas, proferido em junho de 1940, fazia alusões aos grandes feitos das potências do recém-formado Eixo (Alemanha, Itália e Japão) e insinuou legitimar e justificar os direitos das "nações fortes", o que deixou os americanos preocupados quanto a o Brasil se tornar um ponto de expansão nazifascista na América. O efeito colateral imediato desse pronunciamento de Vargas foi a decisão de Washington de intensificar as relações político-econômicas com o Brasil, procurando oferecer mais vantagens que os rivais alemães.

Inspirado pelos afagos de Roosevelt e pelas mudanças de Hitler na Alemanha, Vargas sentiu-se à vontade para realizar o golpe de 1937, estendendo seu período no poder e implantando a ditadura do Estado Novo. Uma das justificativas era a repressão dos movimentos de esquerda que funcionavam no Brasil com apoio direto de Moscou, como foi o caso da Internacional Comunista, organização comandada por Luis Carlos Prestes que pretendia demover Vargas do poder. Ao instaurar o Estado Novo, nome inspirado na ditadura de Salazar, em Portugal, o estado de guerra — que já vigorava desde 1930 — continuou vigente no país.

O PROJETO DE HITLER

Do outro lado do Atlântico, a virada da década de 1930 mostrava ao mundo a nova Alemanha, idealizada pelo regime nazista de Adolf Hitler: uma superpotência regida por uma "raça superior" e conseguindo o necessário "espaço vital", pleiteado pelos alemães e negado durante tanto tempo pelas nações da Europa. Aos que ainda hoje acham que as intenções reais de Hitler para a Alemanha podem ter sido manipuladas e distorcidas para justificar a guerra, basta saber que desde os primeiros exemplares do *Mein Kampf* — sua cartilha do nazismo em dois volumes, lançada em julho de 1925 — já estavam explícitas as evidências da supremacia ariana e do antissemitismo e escravização das raças inferiores, tão necessárias para a formação do III Reich.

Hitler também promoveu o rearmamento alemão, mesmo com as restrições impostas ao tamanho de seu exército pelo Tratado de Versalhes. Secretamente, as fábricas alemãs fundiam novos armamentos. A Liga das Nações fazia vista grossa para as indústrias bélicas alemãs, que ajudavam a gerar renda para reerguer a combalida economia do país. Um poderoso conglomerado de empresas alemãs, conhecido como I.G. Farben, apoiou e sustentou economicamente o partido nazista e a ascensão de Hitler ao poder. Bancos, jornais e outras entidades embarcaram no apoio aos planos do *Führer* de reconstrução nacional. Incontáveis levas de jovens alemães eram doutrinadas para, dentro de poucos anos, servirem como soldados do *Reich*.

Com a retomada dos territórios perdidos na Primeira Guerra, resultado de acordos paliativos assinados pela Inglaterra e pela França, feitos na ilusão de aplacar as demandas alemãs, Hitler seguiu com a expansão do *Reich*, anexou a Áustria, ocupou a Tchecoslováquia e invadiu a Polônia, depois de assinar um acordo secreto para dividi-la com os russos.

O pacto entre Hitler e Stalin foi esquecido depois do fim da guerra, uma vez que os russos sempre aparecem como uma das potências Aliadas. Nos planos secretos entre alemães e russos, estava a divisão do leste europeu em "zonas de influência", o que foi revelado apenas com a liberação de documentos guardados durante décadas, que vieram a público após o colapso soviético, em 1989.

CAMPANHAS DA MENTIRA

Uma das maiores armas das ditaduras é a mentira, usada como artifício para justificar as ações violentas do Estado. Em muitos momentos, os nazistas usaram falácias e ardis para desencadear medidas que causassem espanto e aumentassem os poderes do governo, como o incêndio premeditado do *Reichstag* — o prédio do Parlamento alemão —, cuja culpa foi jogada sobre os judeus, comunistas e opositores de Hitler. Ou quando o *Führer* anunciava em seus discursos que não queria saber da Tchecoslováquia, para dali a pouco ocupá-la militarmente. Até a invasão da Polônia foi baseada na mentira de que tropas polonesas invadiram o território alemão.

No Brasil, um artifício criado para justificar o golpe getulista de 1937 foi a descoberta de um suposto documento secreto elaborado pelos comunistas para a tomada do poder, que recebeu o nome de Plano Cohen. Na verdade, o tal documento foi forjado, arquitetado por integrantes do próprio governo, apenas para justificar o golpe de Estado e assim oficializar a ditadura no país.

Redigido pelo capitão Olímpio Mourão Filho, chefe do serviço secreto da Ação Integralista Brasileira (AIB), a farsa do Plano Cohen seria desvendada apenas em 1945, com o fim do Estado Novo. Mesmo Oswaldo Aranha foi capaz de tramar em favor de sua causa, quando forjou um plano secreto dos nazistas, supostamente redigido por um militar alemão, que revelava pontos de insurgência de grupos do Eixo no Brasil, certamente criado com o intuito de prejudicar a ala germanófila dentro do governo Vargas.

ALEMANHA, ITÁLIA E URSS, ANTIGOS ALIADOS

Se um ditador tem sempre o que aprender com outro, esse foi o caso de Hitler, um ferrenho anticomunista, mas que já admirava Stalin desde sua ascensão como líder soviético — com seus métodos eficazes de centralização e manutenção do poder e perseguição e eliminação dos inimigos do governo —, nos quais os nazistas se inspiraram para criar sua própria máquina de governo, além dos famigerados campos de concentração, onde juntavam inimigos do partido, minorias raciais e religiosas e demais indesejáveis, para depois serem usados como mão de obra escrava ou eliminados de forma sistemática, numa das páginas mais negras da história da humanidade: o Holocausto.

Mais tarde, a traiçoeira invasão da União Soviética pelos nazistas, em 22 de junho de 1941, pôs fim ao cínico pacto de não agressão firmado entre os dois ditadores. Apesar das muitas diferenças, uma grande afinidade entre Hitler e Stalin se resume no fato de que ambos estão no topo da lista de maiores assassinos da história, depois do rastro sangrento de milhões de vidas ceifadas durante seus regimes de terror.

"O Papa! Quantas divisões ele tem?"

(Frase de Stalin numa conversa com o líder comunista francês Pierre Laval, ao criticar a influência do Vaticano, em 1935)

O brasão de armas da extinta União das Repúblicas Socialistas Soviéticas mostrava o símbolo do comunismo — a foice e o martelo — sobre o mapa-múndi.

Depois do colapso da União Soviética e do fim da Guerra Fria, alguns historiadores russos aventaram a hipótese de que a Segunda Guerra Mundial — ou a Grande Guerra Patriótica, como é conhecida na Rússia — foi meticulosamente planejada por Stalin para abalar o capitalismo e espalhar o comunismo pelo mundo. Em se tratando desse personagem ambicioso, astuto e manipulador ao extremo, essa versão para o início da guerra não parece impossível.

De origem humilde, Stalin nasceu na cidade de Gori e estudou em uma escola de padres na cidade de Tbilisi, ambas na Geórgia, hoje uma república autônoma do Cáucaso. Desde cedo, juntou-se aos descontentes com o tsar Nicolau II, quando adotou o apelido de Stalin (homem de aço). Lutou na clandestinidade organizando greves, agitações, manifestações e até um assalto a um banco em Tbilisi, onde quarenta pessoas foram mortas. Essas e outras acusações lhe valeram seis prisões, das quais fugiu quatro vezes, e uma deportação para a Sibéria, em 1913. Aliado de Lenin desde 1903, ajudou no planejamento da Revolução Russa e tornou-se editor do jornal comunista Pravda ("A Verdade").

Em abril de 1917, quando se aproximava do fim a Primeira Guerra Mundial — da qual Stalin escapou porque tinha problemas no pé e no braço esquerdos —, o Império Germânico decidiu incentivar e apoiar a Revolução Russa, permitindo que Lenin cruzasse a Alemanha vindo da Suíça, para onde havia fugido, na esperança de que o levante contra o tsar ajudasse a Rússia a depor armas. Stalin foi eleito secretário-geral do Partido Comunista em 1922. Após a morte de Lenin, em pouco tempo instalou um sistema de governo voltado para o culto à personalidade, num Estado militar e policial que o protegia e lhe garantia mais poder, enquanto a população russa seguia na mais opressiva miséria.

Os tentáculos do regime soviético chegaram até o Brasil, que tinha várias células de propagação do comunismo apoiadas por Moscou. Stalin perseguiu e matou aos milhões opositores do regime, judeus e demais minorias religiosas. Entre 1935 e 1938, temeroso de complôs e conspirações, eliminou quase todo o alto-comando soviético, e 13 dos seus 15 Generais de Exército foram mortos. Grande parte do oficialato foi presa e enviada para campos de prisioneiros, os temidos *gulagui* (instituições soviéticas encarregadas de administrar todos os campos corretivos), para onde iam os inimigos do Estado, isso tudo antes de explodir a Segunda Guerra. Stalin admirava os nazistas. Em agosto de 1939, juntamente com seu ministro do exterior Viatcheslav Molotov, encontraram-se com o enviado de Hitler, Ribbentrop, para formalizar um pacto de não agressão com a Alemanha e que promovia na surdina a divisão do Leste Europeu entre Hitler e Stalin. O acordo durou até a invasão da Rússia pelos nazistas, em 1941. Stalin não acreditou quando seus assessores militares reportaram a invasão alemã. Teve que administrar as questões iniciais da guerra, mas logo depois conseguiu reerguer o Exército Vermelho como uma máquina inquebrável, mantendo a produção de armamentos em plena guerra e virando a maré contra Hitler. Para isso, depois de emitir suas ordens, costumava dizer ao comandado: "Se você falhar, vai ficar uma cabeça mais baixo." Durante os encontros com líderes Aliados, Roosevelt se referia a Stalin como "uncle Joe" (tio José), em suas conversas reservadas com Churchill, que o execrava. Stalin fomentava uma luta de vaidades entre seus generais, e o mais famoso comandante soviético, o general Georgy Zhukov, elevado à categoria de herói pela conquista de Berlim, sofreu uma campanha de difamação, para que não ameaçasse a popularidade do líder supremo no pós-guerra. Morreu em março de 1953, e deixou um ex-companheiro no poder: Nikita Khrushchov.

Já a admiração de Hitler por Benito Mussolini começou com a tomada do poder pelos fascistas na Itália, em 1922. O sucesso do fascismo inspirou o líder nazista a comandar o frustrado *Putsch* (golpe de Estado), numa cervejaria em Munique, em 1923. Hitler foi preso, julgado e condenado a um ano de cadeia, tempo que aproveitou para germinar o manual do nazismo, o livro *Mein Kampf* (*Minha luta*), lançado três anos depois.

Enquanto isso, Mussolini seguiu como líder inconteste dos italianos, tentando reviver o apogeu do Império Romano, aumentando seu poderio militar e invadindo países. Mais adiante, desde o primeiro momento como *Führer*, Hitler aproximou-se e ajudou seu amigo e ídolo fascista em várias circunstâncias, antes e ao longo de toda a guerra.

Em 1940, Alemanha e Itália assinam o Pacto de Aço, base para a formação do Eixo, frente às dificuldades encontradas pelos italianos em manter os territórios que invadiram na Europa Mediterrânea (Albânia, Macedônia e Grécia), pois já estavam perdendo as colônias do leste da África (a chamada África Oriental Italiana: Eritreia, Somália e Etiópia). Depois de perderem estes territórios, tropas alemãs foram envia-

1942

das em socorro aos fascistas. O chanceler italiano na época, o conde Galeazzo Ciano — genro de Mussolini — não apreciava os devaneios belicistas alemães e já alertava o *Duce* do perigo de uma parceria com Hitler. De fato, começada a guerra, com as dificuldades militares italianas na Grécia e no norte da África, culminando com a invasão Aliada à Sicília, houve grande insatisfação de boa parte do governo italiano, a ponto de o próprio Grande Conselho Fascista resolver depor Mussolini.

O marechal Pietro Badoglio assumiu provisoriamente como primeiro-ministro uma Itália dividida entre os ainda fiéis ao *Duce* e os monarquistas do rei Vítor Emmanuel III, que depuseram armas em 1943, depois que negociaram em segredo um armistício com os Aliados, sem dar qualquer satisfação aos alemães. Aumentava o drama italiano, depois dessa afronta ao Pacto de Aço, enquanto os alemães ocupavam o sul do país e os Aliados subiam desde o norte da África, a Sicília e a ponta da bota italiana. Mussolini foi destituído do poder e preso, mas logo libertado da cadeia, numa ousada operação de resgate, realizada por um comando da SS enviado por seu amigo Hitler. Foi após a fuga, que o *Duce* fundou e começou a comandar a República Socialista Italiana (RSI), ou República de Saló, nome da cidade ao norte da Itália escolhida para capital do governo fascista, na região da Lombardia. Nesse cenário foi montada a última resistência entre os antigos parceiros do Eixo contra a ofensiva Aliada, ao longo da cadeia montanhosa dos Apeninos, que seria palco das ações dos brasileiros em combate, no final de 1944.

Outro episódio que colocou lado a lado alguns dos maiores ditadores da história foi o apoio de Hitler a Francisco Franco, durante a Guerra Civil Espanhola. A luta contra o comunismo foi aproveitada pelas forças alemãs para testarem seus equipamentos e táticas, de 1936 a 1939, e apoiarem um golpe militar chefiado por Franco. O sangrento conflito serviu aos alemães como um grande exemplo da propaganda do fascismo contra a democracia.

As forças franquistas, apoiadas pelos nazistas, combatiam as forças republicanas, que eram apoiadas por Moscou e agregavam um sem-número de defensores da causa socialista, provenientes de todos os cantos do mundo, até dos Estados Unidos, da França, da Inglaterra e de demais voluntários na luta contra os franquistas. No final da contenda, o ditador Franco se firmou no poder, e deixou uma dívida, que dificilmente conseguiria pagar, com seu grande apoiador, Adolf Hitler.

De forma surpreendente, o ditador espanhol negou apoio aos nazistas em 1940, durante seu encontro com Hitler, na fronteira com a França já ocupada. O *Führer* tentou convencê-lo de juntar-se ao Eixo, ou que ao menos deixasse as tropas alemãs cruzarem a Espanha para atacar os ingleses no Estreito de Gibraltar, estratégico portão do Mediterrâneo. Franco alegou que não tinha condições de se aliar ao Eixo, uma vez que seu país encontrava-se destroçado, depois dos três longos anos da guerra civil.

Foi sem dúvida uma decisão corajosa a do ditador espanhol, que não teve receios em contrariar Hitler. Se muitos acusam Vargas das ambiguidades de sua política oportunista entre Washington e Berlim, Franco, "compadre" de Hitler, recebeu benefícios dos ingleses, que deram alimentos e dinheiro para que a Espanha continuasse neutra, com os republicanos no poder e repelindo o comunismo, enquanto os nazistas receberam mais de 45 mil voluntários espanhóis para lutar na frente russa, membros da Divisão Azul. O "generalíssimo" Franco, ditador contemporâneo de Hitler, Mussolini, Stalin e Vargas, ao contrário de seus congêneres, permaneceu no poder durante décadas, até sua morte, em 1975.

"Desmoralize o inimigo por dentro, de surpresa, pelo terror, sabotagem e assassinato. Essa é a guerra do futuro."
(Adolf Hitler, em 1939, antevendo os métodos da Al-Qaeda)

Adolf Hitler é reconhecido como o maior vilão da história moderna. Seu bigode ficou mais conhecido entre os ícones populares, muito além do bigode de Carlitos ou das orelhas de Mickey Mouse. Muito se escreveu e muito se criou sobre Hitler, no intuito de desvendar a mente do inimigo número um da humanidade. Mas o aspecto mais assustador do perfil desse homem elevado a categoria de anticristo era o fato de que se tratava de uma criatura de carne e osso, que foi capaz de levar o mundo ao estado de guerra total, aniquilação e morte. Nascido em 20 de abril de 1889, na Áustria, era um dos seis filhos de Alois Hitler e Klara Pölzl. Três de seus irmãos mais velhos morreram ainda crianças, e ao completar três anos sua família foi morar em Passau, na Alemanha. Três anos depois mudaram-se para Hafeld, onde seu pai tornou-se fazendeiro e criador de abelhas. Por ironia, Hitler passou a se interessar por guerra depois de achar um livro sobre a Guerra Franco-Prussiana entre os pertences de seu pai. Frequentou a escola católica num mosteiro beneditino do século XI, onde, curiosamente, o púlpito era decorado com uma suástica estilizada no brasão de um abade. Aos oito anos, Hitler tinha aulas de canto, cantava no coro da igreja e chegou a pensar em ser padre. A morte de seu irmão mais jovem Edmund por sarampo afetou seriamente o desempenho de Hitler na escola, onde era considerado um excelente aluno. Tornou-se insolente e brigava constantemente com seus professores e com seu pai. Apesar de se interessar por arte, Hitler foi obrigado a estudar na *Realschule*[1] em Linz, onde 17 anos mais tarde Adolf Eichmann também estudaria. Nessa época tornou-se obcecado pelo nacionalismo alemão. Junto a seus amigos, usava a saudação típica alemã *Heil!* e cantava o hino nacional alemão em vez do austríaco. Depois da morte súbita de seu pai, Hitler abandonou a escola e viveu uma vida boêmia em Viena, apoiado por sua mãe. Embora trabalhasse casualmente e vendesse algumas de suas aquarelas, foi rejeitado duas vezes pela Academia de Artes de Viena, por sua inaptidão para a pintura, e recomendado para a arquitetura, na qual também não foi bem-sucedido por ter currículo acadêmico insuficiente.

Em 1913 mudou-se para Munique e em agosto de 1914 foi aceito no Exército Imperial alemão. Serviu na 1ª Companhia do 16° Regimento da Reserva Bávara como estafeta (mensageiro). Em 1914, foi ferido na Batalha do Somme e condecorado por bravura com a Cruz de Ferro de Segunda Classe. Durante suas atividades, realizou trabalhos de arte, desenhando cartões e boletins para um jornal militar. Em outubro de 1916, foi ferido na região da coxa e da virilha por estilhaços de artilharia na trincheira onde estava (o que talvez explique o mito de que Hitler não tinha um dos testículos). Foi indicado e recebeu a Cruz de Ferro de Primeira Classe, em 4 de agosto de 1918, condecoração raramente concedida ao posto de soldado (*Gefreiter*). No dia 18 de maio, Hitler também recebeu a Insígnia de Ferimento Negra. Dois meses depois de recuperado, no dia 15 de outubro de 1918, ficou temporariamente cego por um ataque com gás de mostarda e foi de novo hospitalizado. Lá, recebeu a notícia da rendição e sofreu de nova cegueira, dessa vez emocional. Assim como outros nacionalistas, Hitler ficou chocado com a derrota, atribuída aos líderes civis que "esfaquearam pelas costas um exército invencível em combate", e os cha-

---

1 Tipo de escola secundária da Alemanha.

mou de "criminosos de novembro". A vingança viria em breve, no intervalo de alguns anos.

No caos instituído em meio à Alemanha derrotada, Hitler permaneceu no Exército, e em julho de 1919 foi indicado como agente da inteligência do Comando de Reconhecimento para infiltrar-se no Partido dos Trabalhadores Alemães. Ficou impressionado com seu fundador Anton Drexler, cuja retórica nacionalista antissemita, antimarxista e anticapitalista era a favor de um governo ativo e "não judeu". Drexler também se impressionou com a oratória de Hitler e convidou-o a filiar-se ao partido, o que aconteceu em 12 de setembro, como o 55º membro. Mais tarde, aumentando o apelo de associados, o nome foi alterado para Partido Nacional-Socialista dos Trabalhadores Alemães, e Hitler criou o estandarte com uma suástica negra sobre um círculo branco num fundo vermelho. Após sua baixa, Hitler dedicou-se integralmente ao partido, sediado em Munique, e ganhou notoriedade por seus discursos inflamados contra o Tratado de Versalhes. Depois de sua prisão e condenação pela frustrada tentativa de golpe em 1923, escreveu a primeira parte do livro *Viereinhalb Jahre [des Kampfes] gegen Lüge, Dummheit und Feigheit* (Minha luta de quatro anos e meio contra mentiras, estupidez e covardia), quando cumpria a pena em Landsberg. Seu editor encurtou o título para *Mein Kampf* (*Minha luta*), cujo primeiro volume foi publicado em 18 de julho de 1925. Em 1939, tinham sido vendidos mais de cinco milhões de exemplares, o que fez de Hitler recordista e milionário. Até 1945, *Mein Kampf* atingiu mais de dez milhões de exemplares, suplantado apenas pela Bíblia. O *script* do nazismo que apresentava a ritualística de uma ópera wagneriana com Hitler no centro do palco funcionou bem, mas o *Reich* dos mil anos terminou em apenas 144 meses, com seu grande regente encurralado numa ratoeira no subsolo de Berlim, em 30 de abril de 1945. Quase nada se falou dos poucos alemães que resistiram ao nazismo e atentaram mais de vinte vezes contra a vida do *Führer*, mas essa tarefa coube a ele mesmo executar. A recente divulgação de que Hitler supostamente tentou proteger um conhecido seu — um judeu que foi seu comandante durante a Primeira Guerra — da perseguição do regime não diminuiu em nada o caráter monstruoso da política antissemita que liquidou milhões de inocentes durante a guerra.

1942

4. O pêndulo de Vargas

Havia mais de um milhão de descendentes de alemães no Brasil em 1940, o país com o maior número de membros do partido nazista fora da Alemanha, com cerca de três mil integrantes. Se esse número fosse comparado com as dezenas de milhares de integrantes da Internacional Comunista no país, não representaria muita coisa. A maioria dos diretores de empresas e firmas alemãs no Brasil era formada por representantes do partido nazista, mas os imigrantes mais antigos chegados ao país no final do século XIX não tinham uma ligação muito forte com a nova Alemanha.

Antes mesmo do começo da guerra, os consulados alemães receberam um grande número de pedidos de repatriamento, em resposta aos chamados de Hitler para a reconstrução da pátria mãe. O intercâmbio realizado entre a Gestapo e a polícia do Distrito Federal tinha como objetivo a luta contra o comunismo, já que na Alemanha ficava a sede do gabinete *Anti-Komintern*, entidade criada para lutar contra o comunismo internacional.

Havia também entidades do governo alemão criadas para dar apoio às ações de grupos nazistas no exterior, chamadas de *Auslandsorganisationen* ("Organizações Estrangeiras"), além da Frente Alemã de Trabalho, na tentativa de trazer todo e qualquer cidadão alemão ao redor do mundo para o *Reich*. Os temores da influência nazista nos países sul-americanos ganharam provas concretas quando, em várias cidades brasileiras, especialmente em São Paulo, os colégios e entidades culturais alemãs se provaram fortes ferramentas de divulgação nazista.

Depois de 1933, era comum ver o estandarte com a suástica e uma foto de Hitler em todas as escolas e clubes das colônias alemãs. Mas a apreensão de cartilhas pregando o nazismo e filmes de caráter doutrinário justificaram as ações do Estado Novo na proibição da propagação do partido nazista no país. Saber que havia escolas com fotos de Hitler e bandeiras com suásticas (que se tornou a bandeira oficial da Alemanha em 1933) causa espanto nos dias de hoje, principalmente depois de Hitler ter se tornado o grande vilão do século XX, mas também era comum ver retratos de reis, rainhas e líderes nas escolas e entidades culturais de outros países que funcionavam no Brasil.

Espiões no Leblon

Durante a III Reunião de Chanceleres Americanos, no Rio de Janeiro, em janeiro de 1942, as ações contra espiões nazistas, feitas com ajuda do governo americano e da polícia de Vargas, desvendaram um plano para assassinar Oswaldo Aranha, principal personagem da aproximação Brasil-Estados Unidos. Franz Wasa Jordan, um espião nazista, foi preso. Ele recebeu ordens diretas de ninguém menos que Heinrich Himmler, chefe da SS nazista, para matar o chanceler brasileiro que presidiria a reunião na capital federal antes de sua realização, na certeza de que isso causaria grande transtorno, o que cancelaria o encontro e minaria o alinhamento do bloco americano contra o Eixo.

Terminada a conferência, com a ruptura das relações diplomáticas, os membros do corpo diplomático alemão retornaram à Alemanha, alguns seguindo para Buenos Aires, onde continuaram atuando na rede da *Abwehr* (gabinete de defesa e informação nazista). Havia uma extensa rede de espionagem alemã agindo no Brasil, construída com apoio das comunidades de imigrantes que trabalhavam pela difusão dos ideais do regime.

Em algum momento, isso serviria aos interesses expansionistas, ao se alegar que as terras onde viviam esses *Deutschbrasilianer* (teuto-brasileiros) poderiam se tornar possessões alemãs e ser anexadas como território do *Reich*.

A preocupação do governo americano em anular as ações de simpatizantes do Eixo dentro dos Estados Unidos levou à criação de um gabinete especial do FBI, denominado SIS — Special Intelligence Service ("Serviço de Inteligência Especial"), que conseguiu desbaratar as ações de espiões e sabotadores nazistas que agiam nos Estados Unidos.

Os serviços eficientes do SIS se estenderam por todo o continente americano, operando centrais instaladas em vários países, numa complexa rede de informantes e agentes, e chegaram ao Brasil ainda em 1941. De agosto de 1942 em diante, ocorreriam várias operações para desarticular os espiões pró-Eixo, que passavam adiante a posição nos portos, a rota dos navios na costa, o movimento das patrulhas antissubmarinas e qualquer outra informação que parecesse importante.

A Abwehr reportava todo tipo de informação recebida de seus espiões e informantes ao *Oberkommando der Wehrmacht* — OKW ("Supremo Comando das Forças Armadas alemãs"). Quem chefiava esse gabinete era o almirante Wilhelm Franz Canaris, que ficaria famoso por discordar das ações genocidas alemãs, repassar informações secretas aos Aliados e conspirar contra Hitler. Canaris foi preso e condenado à morte em abril de 1945.

A América Latina estava repleta de espiões e agentes duplos pró-Eixo, que vendiam informações e documentos aos nazistas, além de promover sabotagens, especialmente na forma de boatos e intrigas políticas. Os integrantes desses grupos eram chamados de "quinta-coluna". Um dos boatos que conseguiram maior projeção surgiu logo depois dos torpedeamentos de navios brasileiros, que davam os americanos como os verdadeiros culpados pelas ações, para forçar o Brasil a declarar guerra à Alemanha.

Na época, muita gente chegou a acreditar nisso, e, mesmo depois da guerra, os mais afeitos às teorias conspiratórias aceitam essa versão como uma verdade oculta dos fatos oficiais, apesar da existência de inúmeros documentos legítimos nos arquivos alemães, ingleses e americanos que comprovam as ações dos submarinos alemães e italianos no Atlântico Sul.

QUINTA-COLUNA

Esse termo, que denomina os grupos clandestinos que agiam em favor dos inimigos dentro de seu próprio país, surgiu durante a Guerra Civil Espanhola, quando um dos generais de Franco, ao saber que ocuparia Madri com seus homens marchando em quatro colunas, avisou-lhe que uma quinta-coluna já o esperava dentro da cidade. Desde então, qualquer núcleo de espionagem e colaboração clandestina recebe esse nome, como um sinônimo de traidor.

As ações dos espiões do Eixo no Brasil eram de conhecimento de Washington, e, além das operações do SIS, o próprio general George Marshall agiu diretamente sobre seu colega Góes Monteiro, chefe do Estado-Maior brasileiro, apontando a quase conivência e o claro perigo representado pela livre operação da quinta-coluna em território brasileiro, inclusive na própria família do presidente, cujo filho era casado com uma alemã.

As suspeitas americanas faziam referencia à esposa de Lutero, o filho mais velho de Vargas. Em 1939, enquanto completava seus estudos de medicina em Berlim, Lutero conheceu a alemã Ingeborg ten Haeff, de Dusseldorf. Ao mesmo tempo, com os prospectos da guerra cada vez mais evidentes, Mussolini alertou Vargas pessoalmente, recomendando que seu filho voltasse ao seu país. O próprio filho de Mussolini, Bruno, piloto da Força Aérea Italiana, trouxe Lutero de volta ao Brasil, onde esperou um tempo enquanto Ingeborg lutava contra as dificuldades para sair da Alemanha. Ao chegar, casaram-se, em setembro de 1940. Em 1941, tiveram uma filha.

No início de 1942, o casal — depois de investigado pelo Office of Strategic Services (serviço secreto americano durante a Segunda Guerra) e ter afastado qualquer suspeita pró-Eixo — foi convidado para uma temporada nos Estados Unidos, onde Lutero aperfeiçoou seus estudos médicos e Ingeborg se dedicou às artes plásticas. Com a declaração de guerra do Brasil, voltaram ao país, e Lutero serviu no corpo médico do Grupo de Caça da FAB na Itália. Não há qualquer evidência de que Ingeborg tenha sido de fato uma espiã nazista, mas essa foi a versão que surgiu para se explicar a separação do casal, em 1944.

A posição enérgica quanto à espionagem nazista no Brasil foi feita após a captura de espiões inimigos que haviam reportado a rota do navio *Queen Mary* para os submarinos do Eixo. O luxuoso transatlântico que fazia uma escala no Rio de Janeiro foi usado em tempos de guerra para levar tropas, quando rumava para a Austrália com mais de oito mil soldados canadenses a bordo. Caso fosse afundado, seria um enorme golpe a favor do Eixo. Mas o navio foi avisado a tempo e mudou sua rota, enquanto o espião alemão Josef Starzinski era preso num apartamento em pleno Leblon, de onde operava um rádio para enviar coordenadas de navios que zarpavam do Rio de Janeiro.

O general Góes Monteiro e o chefe da polícia política Filinto Müller, enquanto caçavam espiões nazistas, prometiam aos diplomatas alemães que os súditos do *Reich* não seriam importunados no Brasil.

Alguns relatos contam que o chefe da polícia de Vargas, numa viagem a Berlim antes da guerra, foi recebido em pessoa por Heinrich Himmler, de quem era grande admirador. O ministro da Guerra Eurico Dutra também fazia parte deste grupo, que comandava a urgente modernização das Forças Armadas, desde os primeiros momentos do Estado Novo. Dutra conseguiu impor melhorias na indústria bélica nacional, mas sua mais notória atitude foi sugerir a declaração de guerra à Inglaterra, durante a crise na qual os navios brasileiros que traziam armamentos comprados dos alemães foram apreendidos pelos ingleses.

Aparentemente, apenas o estado de guerra declarado e o distanciamento pela ruptura total das relações com o *Reich* foram capazes de baixar o ímpeto dos simpatizantes do Eixo dentro do governo Vargas. A eles só restou serrar fileiras com os americanos, ainda mais com o andamento da tão esperada ajuda para reequipar as Forças Armadas, que seria levada a cabo pelos acordos de Washington.

Aceno ao Eixo

Um dos episódios mais marcantes do governo Vargas aconteceu precisamente no dia 11 de junho de 1940. Discursando a bordo do encouraçado Minas Gerais, no Rio de Janeiro, o ditador brasileiro promoveu o maior exemplo de sua famosa "política pendular". Ao mesmo tempo que se mostrava favorável ao pan-americanismo — o conjunto de políticas de incentivo à integração dos países americanos, sob a hegemonia americana —, Vargas criticou os regimes liberais, defendeu a intervenção do estado na economia e foi mais longe ao expressar um quase literal apoio aos países que estavam em busca do seu devido espaço entre as nações fortes.

Num dos trechos de seu discurso, que em nenhum momento se referiu nominalmente aos países do Eixo ou aos Estados Unidos, o ditador brasileiro mostrava admiração pelos resultados atingidos pelos nazistas: "É preciso reconhecer o direito das nações fortes que se impõem pela organização baseada no sentimento de pátria e sustentando-se pela convicção da própria superioridade."

Mussolini enviou a Vargas um elogioso telegrama, depois de tomar conhecimento de seu discurso. O Departamento de Estado americano receava que o Brasil cerrasse fileiras com o Eixo. Por outro lado, o governo alemão se pronunciou imediatamente, e o embaixador Kurt Prüfer comunicou a oferta de verbas para um complexo siderúrgico, as quais seriam entregues, no entanto, somente depois de terminada a guerra na Europa.

Em decorrência do pronunciamento de Vargas, já em setembro de 1940, os americanos — que relutavam em cooperar com as demandas do governo brasileiro — finalmente decidiram apoiar a implantação da siderúrgica nacional, financiada pelo Eximbank americano, que liberou um empréstimo de cem milhões de dólares e outros duzentos milhões para os planos de renovação das Forças Armadas. Num

1942   61

gesto ousado, o ditador Vargas consagrou o projeto da tão esperada siderúrgica brasileira, e formalizaram-se os planos de cooperação militar entre os dois países, que atingiria seu auge em 1942.

COMÉRCIO COM OS DOIS LADOS

Em 1934, um acordo comercial assinado em caráter informal entre Brasil e Alemanha desencadeou um aumento nos negócios entre os dois países. Os americanos logo propuseram um acordo comercial com o Brasil, assinado em fevereiro de 1935, que previa melhorar as tarifas de vários produtos brasileiros exportados para os Estados Unidos.

Se Roosevelt tinha o *New Deal* ("Novo Trato"), Hitler tinha o *Neuen Plan* ("Novo Plano"). Tanto o líder democrata americano quanto o *Führer* nazista, com suas doutrinas de governo diametralmente opostas, cruzavam alguns pontos comuns. Além do nome parecido, muitos aspectos em cada um do planos econômicos tinham como meta reaquecer a economia, gerar empregos, aumentar suas zonas de influência comercial e superar as graves crises que seus países sofreram na virada dos anos 1920.

Com o bom andamento das reações comerciais com a Alemanha, já em 1936, dentro das prerrogativas do "Novo Plano" econômico, o governo alemão criou um sistema de troca para melhorar a aquisição de matérias-primas, que seriam pagas com o chamado marco ASKI, um recurso para que toda a importação alemã resultasse numa exportação de igual valor.

O Brasil exportava muito tabaco, café, frutas e a maior parte das necessidades alemãs de algodão, o que era primordial para atender a demanda de confecções em geral, especialmente de uniformes e bandagens para uso médico, necessários em grande quantidade para as forças armadas. Muito couro brasileiro também era exportado para os alemães, usado na fabricação de equipamento militar, como coldres, cintos, arreios para cavalos e calçados. Nessa época, quase metade da borracha alemã era proveniente do Brasil.

As exportações brasileiras para a Alemanha retornavam na forma de produtos industrializados dos mais diversos tipos, como máquinas pesadas (prensas e tornos), motores elétricos e mesmo alguns automóveis das marcas Opel e Mercedes Benz. Dentre os produtos alemães comuns nas lojas, destacavam-se os rádios valvulados, que eram muito populares.

Quando aumentaram consideravelmente as relações comerciais com os alemães, Oswaldo Aranha, ministro das Relações Exteriores do governo Vargas, foi chamado pelos americanos para trabalhar na reaproximação econômica entre o Brasil e os Estados Unidos.

O ex-embaixador brasileiro em Washington se tornaria defensor de uma política pró-americana: só faltava desimpedir os canais para que isso acontecesse. Ele teve seu nome associado diretamente à defesa da democracia, mesmo como um dos principais personagens do regime ditatorial vigente no Brasil.

"Peço que me julguem pelos inimigos que fiz"

Nascido no coração de Nova York, em 30 de janeiro de 1882, Roosevelt se tornou o maior defensor da democracia no século XX. Subsecretário da Marinha de 1912 a 1920, ganhou as eleições de 1928 para governador do estado de Nova York, mas contraiu poliomielite, doença que debilitou sua saúde com o passar dos anos. Foi reeleito em 1930, articulando sua candidatura à presidência. Em 1932 foi eleito e assumiu o cargo em 1933. Tornou-se o único presidente americano a ser eleito por quatro mandatos seguidos. Rapidamente tirou o país da indolência socioeconômica com programas arrojados e novas medidas econômicas para aumentar os empregos, e reergueu os Estados Unidos depois da crise de 1929. De caráter forte, autoconfiante e dedicado ao governo, exercia com visão seu papel de líder mundial. Roosevelt sabia tecer acordos e fazer amizades. Com elas, se aproveitou para consolidar os interesses entre os Estados Unidos e o Brasil. Com Winston Churchill, criou uma relação crucial, mesmo antes de os Estados Unidos entrarem na Segunda Guerra, garantindo a ajuda necessária aos ingleses em seu período mais sombrio da luta contra o nazismo. Implantou a política da boa vizinhança nas Américas e transformou os Estados Unidos na maior potência industrial do mundo, tendo como rival apenas a União Soviética. Roosevelt foi o primeiro presidente americano a aparecer na televisão, em 1939, e o primeiro a utilizar um avião presidencial, a visitar a América do Sul por duas vezes, em 1936 e em 1943, e a ter uma estação de metrô de Paris batizada com seu nome. Sua morte antes de assumir o quarto mandato provocou comoção mundial, em 12 de abril de 1945. Hitler achava que a notícia era um presságio da virada decisiva da Alemanha sobre os Aliados na guerra. Roosevelt foi seguido por Harry Truman, que deu o golpe final por meio das duas frentes de combate americanas.

———————————————————————————

Enquanto isso, em 1938, o Brasil ganhava a condição de mais importante parceiro comercial da Alemanha fora da Europa. Em 1936, também houve um acordo com a Itália fascista para a compra de três submarinos, entregues em 1937, uma das poucas iniciativas levadas a cabo para modernizar a Marinha do Brasil. Se o comércio entre o Brasil e os Estados Unidos não parecia incomodar os alemães, o crescimento dos negócios brasileiros com a Alemanha incomodava muito os americanos.

Pouco antes do começo da Segunda Guerra, em 1938, o Brasil começou a exportar sutilmente mais produtos para a Alemanha do que para os Estados Unidos. Os setores militares brasileiros ansiavam pela obtenção de material bélico, e os americanos não ofertavam sua produção nem para o Brasil nem para outros países latino-americanos, conforme determinava a política externa de Washington. Já os alemães — que se reequipavam militarmente — prometiam suprir a demanda brasileira por armamentos e ainda ofertaram ao governo a construção de duas usinas siderúrgicas no país.

O fato de o Brasil não ter quitado sua enorme dívida externa não deixava o setor siderúrgico americano interessado em investir por aqui. Muitos militares do gabinete de Vargas admiradores da nova doutrina alemã — por isso chamados de germanófilos — lutaram e conseguiram a obtenção de materiais necessários às Forças Armadas brasileiras na forma de uma considerável encomenda de armas da companhia Krupp — fabricante do lendário canhão antiaéreo Flak, de calibre 88mm — antes do começo da guerra. Havia planos para o fornecimento de mais de mil unidades de canhões de vários tipos, além de munição e material de apoio, que atingiriam um custo superior a oito milhões de libras na época.

Essa negociação foi usada como argumento pelo maior representante da ala germanófila do governo Vargas, o general Góes Monteiro, em suas conversas com o chefe do gabinete militar americano, o general George Marshall, num exercício de retórica para convencer Washington a liberar a venda de armamento ao Brasil. Valia tudo para atingir o objetivo de reestruturar as Forças Armadas brasileiras.

A política pendular empreendida por Vargas procurava tirar proveito das relações comerciais com os Estados Unidos e com a Alemanha ao mesmo tempo, deixando de lado qualquer favoritismo político e contornando os perigos da dependência de apenas um parceiro comercial.

A escolha de Oswaldo Aranha para comandar as relações exteriores atestava isso, já que era o principal articulador da aproximação com os americanos. Enquanto isso, os germanófilos seguiam firmes com seu namoro nazifascista dentro dos gabinetes do Estado Novo. Mas as decisões finais cabiam ao presidente, que levou adiante essa política até o momento inevitável de escolher um dos lados.

Guerra de bombas e bolas

Em agosto de 1936, enquanto começava a Guerra Civil espanhola, o Brasil participou das Olimpíadas, grande evento preparado pelo regime nazista para mostrar a superioridade da raça ariana ao mundo. A delegação brasileira tinha cerca de noventa integrantes, mas não chegaram ao pódio. Alguns dos nossos melhores atletas da época, como o corredor Sylvio de Magalhães Padilha e as nadadoras Ana Maria Lenk e Piedade Coutinho, não conseguiram nenhuma medalha. Enquanto isso, os argentinos, que enviaram uma comitiva de cinquenta atletas, conseguiram cinco medalhas de ouro, num total de 11, obtidas em algumas modalidades como polo, que ainda era incluído como esporte olímpico, remo, natação e boxe.

Por pouco, os Estados Unidos não participaram dos jogos, pois havia um sentimento de que os nazistas tinham claros interesses políticos com sua realização. Também já era conhecida a alegada superioridade ariana e a perseguição aos judeus e demais "não arianos", o que fez com que muitos americanos atuassem contra a participação dos Estados Unidos na "olimpíada nazi". No último minuto, a delegação americana acabou sendo enviada para Berlim.

De fato, a Alemanha foi a vencedora, com o total de 89 medalhas, 33 de ouro, seguida pelos Estados Unidos, com 56 medalhas, 24 de ouro. Destas, quatro foram ganhas pelo lendário atleta Jesse Owens, o corredor negro americano que desbancou a superioridade ariana numa das provas mais aguardadas dos jogos: os cem metros rasos. Owens ainda ganharia mais três medalhas de ouro, nos duzentos metros, nos quatrocentos metros com revezamento e no salto em distância.

A versão de que Hitler recusou-se a cumprimentar o vitorioso atleta americano tornou-se o grande mito sobre os Jogos Olímpicos nazistas. Na verdade, um dia antes da consagração de Jesse Owens, Hitler deixou o estádio nacional antes de ter a chance de cumprimentar outro atleta negro americano, Cornelius Johnson, que levou o ouro no salto em altura. Antes de se retirar do estádio, o líder nazista recebeu uma parte dos atletas vitoriosos naquele dia, mas foi advertido pelos organizadores de que deveria receber todos os atletas vitoriosos, ou nenhum. Assim, o *Führer* preferiu não cumprimentar mais ninguém ao longo da competição.

O grande público que presenciou as vitórias de Owens, alemães em sua maioria, foi capaz de gritar em coro o nome do grande atleta americano e ovacioná-lo em suas quatro subidas ao pódio. Ao voltar para os Estados Unidos, Jesse encarou a dura realidade da segregação racial em seu próprio país. Decepcionado, certa vez, declarou: "Não foi Hitler quem me esnobou, foi Roosevelt. Não recebi nem mesmo um telegrama do presidente depois de minhas vitórias."

O sucesso das Olimpíadas de 1936 como peça de propaganda nazista teve seu ápice com o filme *Olympia*, realizado pela cineasta Leni Riefenstahl, uma produção de grande força visual. Durante décadas os trabalhos realizados por essa cineasta foram proscritos, como forma de repúdio ao nazismo, mas as técnicas de filmagens arrojadas — posicionamento e movimentação da câmera, enquadramentos, etc. — criadas e utilizadas pela diretora de cinema favorita de Hitler se tornaram referência nas escolas de cinema e marketing atuais.

ALEMÃES NO BRASIL

A semelhança do modelo político de Vargas com o totalitarismo vigente em vários países da Europa não seria motivo para preocupar os americanos, não fosse a grande quantidade de imigrantes alemães no Brasil.

Para eles isso não era novidade, pois, durante a Primeira Grande Guerra, algumas cidades de forte colonização alemã em Santa Catarina chegaram a se manifestar contra a entrada do Brasil no conflito. Pouca gente se lembra, mas o Brasil também foi envolvido na Primeira Guerra Mundial, quando teve sete navios torpedeados por submarinos alemães, em ação no bloqueio naval contra a Inglaterra. Na época, a declaração de guerra contra a Alemanha foi feita após os afundamentos na costa francesa.

A primeira ação organizada pelo partido nazista no Brasil aconteceu ainda em 1928, de maneira quase despercebida, na pequena cidade interiorana de Timbó, em Santa Catarina. E daí suas células proliferaram. O governo Vargas passou a temer que a expansão alemã não se restringisse à Europa. Em 1938, as diretivas do governo extinguiram os partidos políticos e proibiram qualquer atividade política no país. O Estado Novo aproveitou sua política de nacionalização e proibiu manifestações e atividades políticas dentro dos núcleos de imigrantes, especialmente em São Paulo e na Região Sul, onde as atividades dos nazifascistas no Brasil não escaparam dessas proibições.

A proibição frustrou as intenções da Ação Integralista Brasileira (AIB), conhecida como a versão tupiniquim do fascismo, que adaptava a simbologia usada pelos alemães e italianos na sua fachada política: nacionalismo, criação de símbolos e cerimônias, desfiles de integrantes uniformizados — os chamados "camisas-verdes" (apelidados de "galinhas verdes"). Os membros da AIB — que esperavam participar do governo, uma vez que apoiariam Vargas nas eleições previstas para dali a pouco — sentiram-se traídos. Indignados, marcharam até o Palácio do Catete, na intenção de depor Vargas e restituir a AIB, mas foram rechaçados.

As eleições de 1938 não aconteceram devido ao golpe de 1937, que implantou o Estado Novo, mantendo Vargas no poder. O líder integralista, Plínio Salgado, seguiu exilado para Portugal. Uma suposta aliança entre os integralistas e os nazifascistas só aconteceu em parte, uma vez que os grupos nazistas no exterior eram orientados a não se misturarem com os integralistas nem com qualquer partido político. Os nazistas nacionais apoiavam apenas informalmente os integralistas.

Já os italianos apoiavam mais diretamente as ações da AIB, que chegou a receber contribuições financeiras do partido fascista, até o momento em que o governo proibiu suas atividades políticas. Vargas tirou de ação também os comunistas e o restante da esquerda, desde a sufocada Intentona Comunista de 1935. Com os integralistas e a esquerda desarticulados, o Estado Novo reinava absoluto no Brasil.

PROTESTOS ALEMÃES

A decisão do governo Vargas contra os nazistas gerou protestos oficiais por parte das autoridades diplomáticas alemãs. As medidas de nacionalização também proibiram as atividades de clubes e organizações culturais estrangeiras, fecharam as escolas e os jornais em língua estrangeira, além de qualquer atividade de imprensa dirigida às colônias de imigrantes ou estrangeiros dentro do Brasil.

Além dos alemães, as medidas afetaram os italianos — que estavam em número significativo, especialmente em São Paulo —, a grande população de imigrantes japoneses — em São Paulo e no Paraná — e alguns grupos menores, como os poloneses, libaneses e mesmo ucranianos. Os clubes e outras entidades estrangeiras que não fecharam foram forçados a criar uma identidade nacional e tiveram que mudar de nome. Outra medida para desarticular os grupos de imigrantes alemães e italianos mais presentes na Região Sul foi a criação de novos municípios, o que colocava seus habitantes na presença e sob o controle do estado. Agindo assim, o governo evitava que essas comunidades eventualmente pleiteassem terras em nome de seus países de origem.

As ações causaram transtornos com a Alemanha e azedaram as relações diplomáticas com os nazistas. No Rio de Janeiro, o embaixador alemão Karl Ritter protestava pela perseguição deflagrada aos partidários do regime nazista no país, assim como aos núcleos culturais que já funcionavam havia décadas, especialmente nas grandes capitais brasileiras. Em suas audiências no gabinete de Vargas, reclamava de forma veemente sobre as restrições impostas aos cidadãos germânicos no Brasil.

Ritter entrou em conflito com Oswaldo Aranha, que não cedia aos protestos alemães, o que estabeleceu de fato uma crise diplomática, a ponto de o embaixador brasileiro em Berlim, Muniz de Aragão, ser convidado a entregar o cargo, um eufemismo diplomático para expulsão. Em contrapartida, Karl Ritter foi declarado *persona non grata* pelo governo brasileiro e seguiu então para Buenos Aires, onde continuou a serviço do *Reich*. Os governos italiano e japonês também protestaram contra as medidas que recaíam sobre seus cidadãos no Brasil, mas sem maiores consequências diplomáticas.

Entretanto, as relações comerciais entre Brasil e Alemanha seguiram em prática e foram intensificadas, mesmo com o clima vigente. Os alemães não podiam diminuir a demanda das matérias-primas estratégicas brasileiras, ainda mais com o aumento territorial e populacional empreendido pelo *Reich*. Em pouco tempo,

Hitler anexava a região dos Sudetos — o famoso "corredor polonês" — e a devolvia ao território alemão. Vargas, por sua vez, deixava de lado a diplomacia enquanto fosse possível manter comércio e relações exteriores dissociados.

DESPACHANDO OS ALEMÃES PELA PORTA DOS FUNDOS

Um episódio notório serve como exemplo de como o ditador brasileiro estendeu enquanto possível os canais político-econômicos com o *Reich*. Depois que o embaixador Ritter deixou o cargo, foi substituído por Curt Max Prüfer, em setembro de 1939. No ano seguinte, Vargas recebeu em seu gabinete uma pequena comitiva do embaixador Prüfer, para uma reunião reservada. Enquanto confabulavam, o governante brasileiro foi avisado de que Oswaldo Aranha — o grande arquiteto do alinhamento brasileiro com os americanos — chegara de repente ao local. Vargas, tentando evitar um constrangimento geral, requisitou ao embaixador alemão e a seus acompanhantes que se retirassem pela porta dos fundos do gabinete. Em seguida, recebeu seu nobre parceiro em visita-surpresa. Ainda levaria vários meses para que Vargas abandonasse definitivamente suas inclinações para o Eixo, culminando com o famoso discurso a bordo do *Minas Gerais*.

ANTISSEMITISMO

Assim que os nazistas tomaram o poder, levaram a cabo a nova e agressiva doutrina concebida por Hitler em todos os campos políticos, econômicos e sociais. As Leis de Nuremberg, proclamadas em 1935, determinavam claramente a intenção da eugenia, baseada na teoria da limpeza racial e superioridade ariana, quando começaram as medidas que visavam expulsar os "indesejáveis", especialmente os judeus e demais minorias ditas inaceitáveis dentro da nação nazista, como ciganos, homossexuais e integrantes de grupos políticos e religiosos. Houve a implantação da eutanásia, para exterminar doentes e portadores de deficiência, cuja presença era inconcebível dentro da doutrina nazista de pureza racial.

Essas medidas geraram uma enorme onda de refugiados que rumavam para outros países europeus e, de lá, seguiam para as Américas. O grande fluxo migratório fez com que medidas muito duras fossem aplicadas em vários países, inclusive no Brasil. Freou-se a chegada de imigrantes que não fossem de "raça branca", conforme diretrizes do governo Vargas, voltadas especificamente para judeus, negros e orientais. Abriam-se concessões aos mais abastados, que podiam entrar no país se demonstrassem condições financeiras.

Numa página sombria de sua gestão, em 1939, o chanceler americano Cordell Hull teve participação direta na negativa de asilo aos mais de novecentos judeus que tentaram desembarcar no navio alemão *Saint Louis*, primeiro em Cuba e depois nos Estados Unidos. O navio teve que voltar para a Europa, no porto de Antuérpia, onde seus passageiros desembarcados foram internados e terminaram vítimas dos campos de extermínio nazistas.

Entre as muitas vidas que encontraram porto seguro no Brasil estava a do escritor austríaco Stefan Zweig, judeu fugido da perseguição na Alemanha, um dos escritores mais lidos naqueles tempos em todo o mundo. Seus livros arderam nas fogueiras que os nazistas promoviam, alimentada pelas obras de autores "degenerados", perseguidos e banidos pelo regime. Desde sua primeira visita, em 1936, Zweig se encantou com o Brasil, e retornou com sua esposa em 1940, com planos de se fixar. Sua vivência o inspirou a escrever uma de suas obras mais conhecidas: *Brasil, país do futuro*.

O livro descrevia com deslumbre as belezas que o escritor encontrou por aqui, ao mesmo tempo que fazia um retrato muito positivo da índole brasileira. Na época, alguns setores descontentes com o governo acusaram Zweig de ter ignorado o fato de o país estar sob um regime ditatorial e de seu livro estar servindo como instrumento de Vargas, mas a qualidade de seu trabalho contestava a acusação. Criticar a obra de Zweig demonstrava que ousavam questionar o regime de Vargas, mesmo sob risco de serem perseguidos pela polícia de Filinto Müller, o "chefe da Gestapo brasileira".

Zweig também era criticado por não ser favorável ao movimento sionista — que preconizava a criação de um Estado judaico — surgido na Europa Central, no fim do século XIX. Muitos outros judeus ilustres também não eram simpáticos à causa; entre eles, Sigmund Freud e Albert Einstein. Em fevereiro de 1942, com o agravamento da guerra, o escritor e sua esposa se suicidaram em Petrópolis, onde moravam. Um trecho de seu livro dá uma ideia do quanto o Brasil, mesmo com seus sérios dilemas, parecia uma nação afortunada, frente ao panorama sombrio no qual se encontrava a Europa:

(...) hoje, que o Governo é considerado como ditadura, há aqui mais liberdade e mais satisfação individual do que na maior parte dos nossos países europeus. Por isso, na existência do Brasil, cuja vontade está dirigida unicamente para um desenvolvimento pacífico, repousa uma das nossas melhores esperanças de uma futura civilização e pacificação do nosso mundo devastado pelo ódio e pela loucura. Mas onde se acham em ação forças morais, é nosso dever fortalecermos essa vontade. Onde na nossa época de perturbação ainda vemos esperança de um futuro novo em novas zonas, é nosso dever indicarmos esse país, essas possibilidades.

O Schindler brasileiro

Como na história de Zweig, a vida de outro brasileiro oferece uma página riquíssima sobre os dramáticos acontecimentos daqueles tempos. Desde seu início, o Estado Novo implantou uma clara política de controle para a imigração de populações indesejáveis, como negros, judeus e asiáticos, o que se intensificou com o começo da guerra. Antes de Oswaldo Aranha, o ministro das Relações Exteriores era Mário de Pimentel Brandão, que emitiu várias circulares secretas proibindo a entrada de elementos da "raça de Israel", um claro desconhecimento quanto ao fato de os judeus na verdade representarem um grupo religioso. Havia também a preocupação política, já que muitos judeus eram comunistas que fugiam da Rússia, além da perseguição nazista. O ministro da Justiça, Francisco Campos, reconhecido como antissemita e simpatizante da ala germanófila do governo, ficou no controle das ações do Conselho de Imigração e Colonização sobre as imigrações estrangeiras. Na maioria dos casos, foram os judeus mais abastados que conseguiam facilitadores para entrar no país pelos canais oficiais.

Funcionando em Paris desde 1922, depois da invasão e da ocupação nazista em 1940, a Embaixada do Brasil foi realocada para Marselha, ao sul da França, onde funcionava o "governo fantoche" pró-nazista de Vichy (com a ocupação alemã, a França foi dividida em duas zonas: o norte foi ocupado militarmente, e no sul funcionava uma zona livre, mas com o governo colaboracionista). O embaixador Souza Dantas, além de ter previsto que a guerra na Europa iria eclodir, era conhecedor da perseguição nazista aos judeus, e seus relatos da época já incluíam os aspectos mais nefastos do Holocausto: famílias eram separadas, homens, mulheres e crianças deportados para campos de internação na Alemanha e de trabalhos forçados na Polônia. Souza Dantas chegou a reportar em suas correspondências ao

1942

Brasil sobre o que acontecia nesses campos de prisioneiros, segundo ele, "algo pior que o Inferno de Dante".

Ao constatar-se isso, surge a lembrança de como a população alemã e até o alto-comando Aliado alegavam desconhecer a forma encontrada pelos nazistas para o "problema judaico", com o andamento das operações da Solução Final — que veio a ser o assassinato em massa implementado pelos nazistas contra os judeus e demais indesejáveis ao regime —, o que deixa em aberto a questão: se um simples embaixador de um país sul-americano já era conhecedor dessas práticas desumanas, por que não o seriam os integrantes de outras importantes esferas do poder, assim como o povo alemão?

Se muitos alegavam total desconhecimento do que acontecia nos campos de concentração, de trabalhos forçados e de extermínio nazistas, poucos ousaram se levantar contra a barbárie, como foi o caso do embaixador Souza Dantas. Na improvisada embaixada brasileira em Marselha, ele começou um movimento para a salvação de centenas de judeus e pôs a própria vida em risco. Mesmo com a proibição do Estado Novo para emitir vistos, o embaixador continuou a salvar as vidas dos que lhe procuravam. Jamais tirou nenhum proveito disso, segundo inúmeras testemunhas. Quando lhe ofereciam dinheiro, joias e diamantes em troca do visto salvador, ele pedia que doassem tudo para a Cruz Vermelha. Foram salvos cerca de oitocentos homens, mulheres, jovens, velhos e crianças, até que em 1943 a Gestapo fechou a representação brasileira e prendeu todos os integrantes do corpo diplomático, enviados para um hotel-prisão em Godesberg, na Alemanha. Em março de 1944, Souza Dantas e seu corpo diplomático voltaram ao Brasil, como resultado da troca de prisioneiros efetuada pelos dois governos.

O retorno à pátria não teria um desfecho dos mais felizes. Souza Dantas foi perseguido pelo governo Vargas, uma vez que as histórias do embaixador que salvou vidas representava uma forte ameaça no campo da política. Mesmo sendo amigo de Oswaldo Aranha, Souza Dantas não recebeu créditos por seus gigantescos atos humanitários, e a história do "Oskar Schindler brasileiro" (numa referência ao célebre alemão que salvou mais de mil judeus da morte certa) ainda hoje é quase desconhecida. O Brasil mostrava mais uma vez uma especial e cruel capacidade de esquecer os personagens de valor da sua história.

5. A política da boa vizinhança

O Tio Sam veio conhecer a nossa batucada

A estratégia de conquistar os corações e mentes dos países do bloco americano recebeu grandes recursos do governo Roosevelt. Ainda em 1936, três grandes navios de passageiros da Marinha Mercante americana foram designados para compor a Frota da Boa Vizinhança, com mais ofertas de rotas para a América do Sul, batizados de *S.S. Argentina*, *S.S. Uruguay* e *S.S. Brazil*. Com o passar dos anos, para intensificar os laços culturais entre as Américas, o Escritório para Assuntos Interamericanos (*Office of Inter-American Affairs* — OIAA), promoveu uma turnê da Orquestra da Juventude dos Estados Unidos (*All-American Youth Orchestra*), que excursionou por vários países, chegando ao Rio de Janeiro em agosto de 1940, a bordo do *S.S. Uruguay*. A orquestra era regida por um renomado maestro inglês, radicado nos Estados Unidos, Leopold Stokowski, famoso por reger sem usar uma batuta. Stokowski compôs a música para a maioria dos grandes clássicos de cinema criados por Walt Disney, especialmente o aclamado desenho *Fantasia*. A orquestra se apresentou para uma enorme plateia no estádio do Fluminense, nas Laranjeiras. Amigo de Villa-Lobos, o maestro inglês convocou o brasileiro para reunir um time de talentos musicais que representassem a música brasileira, convidados para uma gravação realizada no palco do *S.S. Uruguay*. Assim, Villa-Lobos reuniu a nata dos sambistas populares do Rio de Janeiro, entre eles Pixinguinha, Cartola e Donga — sambista que supostamente gravou o primeiro samba, "Pelo telefone" —, como também grupos folclóricos de cantigas de roda, jongos, batuques e cantos de umbanda, além da dupla caipira (assim chamada na época) Jararaca e Ratinho. Um detalhe: o Jararaca dessa dupla, José Luis Rodrigues Calazans, alagoano, compôs em parceria com o maestro Vicente Paiva a marchinha de carnaval mais conhecida de todos os tempos: "Mamãe eu quero". Esses raros registros foram divulgados num álbum chamado de *Native Brazilian Music*, lançado apenas nos Estados Unidos em 1942, mas que depois ficou perdido nos acervos da gravadora Columbia durante décadas. Somente mais de setenta anos decorridos desde as gravações é que a historiadora americana Daniella Thompson e o jornalista brasileiro Cristiano Bastos fazem um trabalho para reaver e disponibilizar ao público esse precioso acervo da música brasileira daquela época. A política da boa vizinhança foi, assim, responsável por um registro inédito e raro da música brasileira daqueles tempos.

O então já renomado produtor de desenhos animados Walt Disney veio ao Brasil em 1941, acompanhado de sua esposa e alguns de seus desenhistas, com a missão de pesquisar e se inspirar nos costumes dos habitantes e animais brasileiros para compor novos integrantes para o rol de seus famosos personagens. Esteve em Belém e chegou ao Rio de Janeiro, onde participou da concorrida estreia de seu clássico da animação, *Fantasia*, numa sessão em que se sentou ao lado do próprio presidente Vargas e da primeira-dama dona Darcy, num cinema da Cinelândia, no Centro da então capital federal. Em breve, seria lançado com exclusividade no Brasil o desenho animado *Alô, amigos!*, em 1942, que tinha como protagonista o papagaio Zé Carioca — resultado dos trabalhos de Walt Disney nas terras brasileiras. O sucesso do papagaio malandro resultou em mais uma animação, *Você já foi à Bahia?*, já em 1945. Disney também colaborou com vários desenhos animados na propaganda antieixo.

E o que dizer da icônica figura de Carmem Miranda? A já consagrada cantora e atriz luso-brasileira serviu muito bem para incrementar a política da boa vizinhança dos Estados Unidos com o Brasil. A intérprete de grandes sucessos carnavalescos como "Pra você gostar de mim", "Cantoras do rádio", "Mamãe eu quero", "Tico-tico no fubá", "O que é que a baiana tem?" e muitos outros já era uma celebridade no Brasil desde os anos 1930, quando se tornou a mais famosa entre todas as cantoras que assinaram contratos de exclusividade com estações de rádio da época.

A grande estrela dos palcos e filmes musicais brasileiros abriu uma nova fase em sua carreira, ao chegar nos Estados Unidos, quando se tornou a atriz mais bem-paga de Hollywood por um longo período. Em 1939, estrelou musicais nos teatros e fechou contratos para inúmeras produções de cinema americanas. Em 1940, foi convidada para uma apresentação na Casa Branca exclusiva para o presidente Roosevelt. Ao retornar ao Brasil, mesmo com seu grande sucesso e popularidade, foi muito hostilizada por ter se "americanizado", crítica que foi alimentada pelos integrantes do Estado Novo que não gostavam dos americanos.

No auge de sua carreira, Carmem Miranda se comparava em termos atuais com uma celebridade do calibre de Madonna. Emplacou inúmeras marchas de carnaval, estrelou dezenas de filmes e foi a pioneira entre as atrizes mais bem-pagas do *show business*. Apelidada de Brazilian Bombshell (literalmente, a "Bomba Brasileira" — numa época em que "bomba" era uma expressão usada para tudo que fosse de grande sucesso, um "estouro"), Carmem Miranda foi uma das figuras brasileiras mais exploradas no período da política da boa vizinhança americana, mas seu talento e popularidade não dependiam de nenhuma armação política.

Um fato incompreendido foi que, durante a guerra, Carmem Miranda, ao contrário de várias outras grandes estrelas americanas, jamais se apresentou para as tropas brasileiras ou Aliadas, e nem mesmo apareceu nos hospitais americanos onde estavam internados muitos soldados da FEB, removidos da Itália. Curiosamente, sua irmã, Aurora Miranda, que também era cantora, estrelou o *Você já foi à Bahia?*, cantando músicas de Ary Barroso e Dorival Caymmi.

Durante a guerra, um sargento americano chamado Sascha Brastoff se tornou personagem muito conhecido, ao fazer hilárias performances musicais nas quais imitava a famosa cantora luso-brasileira, em inúmeros shows apresentados pelo USO — United Services Organization —, setor das Forças Armadas americanas especialmente dedicado ao lazer e à recreação dos soldados. Não há registros de que a legítima Carmem Miranda tenha sido convidada para shows nos acampamentos Aliados. A artista cuja figura extravagante representava — e ainda representa nos dias de hoje — uma das mais relevantes marcas da cultura brasileira permaneceu durante anos no topo, até sua morte precoce, aos 46 anos, em 1955.

A integração artística se dava também no sentido contrário. Além do círculo governamental, a política da boa vizinhança americana buscava popularizar a cultura dos Estados Unidos no Brasil, como se Hollywood já não fosse um dos maiores canais de divulgação do Tio Sam, com seus inúmeros filmes, atores e atrizes, sempre presentes nos cinemas brasileiros e que faziam homens e mulheres sonharem com suas estrelas favoritas. Para tanto, o governo americano criou um órgão voltado especificamente para essas ações, na forma de uma agência para coordenar os interesses interamericanos.

Sob a chefia de Nelson Rockfeller — membro de uma rica e tradicional família americana —, foi criada em agosto de 1940 a OCIAA (Office of the Coordinator of Inter-American Affairs — Escritório do Coordenador de Assuntos Interamericanos). O órgão estava sutilmente ligado ao Conselho de Defesa Nacional americano, o que comprovava que a influência cultural e econômica era de grande importância nas estratégias de Washington.

As várias atividades da OCIAA nas áreas de imprensa, propaganda, cinema, rádio, saúde, arte, música, literatura e economia contavam com o apoio do Departamento de Imprensa e Propaganda do governo Vargas. Os meios de propagar uma imagem positiva dos Estados Unidos de certa forma serviram para modernizar a imprensa nacional, que passou a utilizar o que havia de mais moderno na época, como a transmissão e a recepção de fotos via rádio, as conhecidas radiofotos, que se tornaram tão importantes nos jornais. Da mesma forma, o rádio e o cinema serviram para propagar a melhor imagem possível dos americanos, que prometiam em retorno divulgar melhor o Brasil para os americanos e o mundo. Ao longo de seu tempo de funcionamento, a OCIAA promoveu inúmeras ações no Brasil, até ser extinta com o fim da guerra.

Em 1942, o jovem e talentoso diretor de cinema Orson Welles foi enviado pelo governo americano para produzir um documentário sobre o Brasil e seus costumes. Durante as filmagens do carnaval carioca, Welles teve que se adequar ao jeitinho brasileiro, ao usar os holofotes do Exército para iluminar o desfile das escolas de samba, já que não havia equipamento adequado disponível. Depois, o diretor americano acompanhou uma viagem de pescadores que saíram em duas jangadas de Fortaleza até o Rio de Janeiro, onde pediriam ao presidente Vargas mais apoio aos pescadores brasileiros. A viagem terminou num acidente em que um dos jangadeiros morreu, ao chegar no Rio de Janeiro. Os filmes não foram concluídos antes do fim da guerra, e o material filmado, que ficou arquivado durante décadas, foi redescoberto e serviu para compor um documentário intitulado *É tudo verdade*, lançado em 1993.

Relações promíscuas

O governo ambíguo de Getúlio Vargas ganhava eco nas relações exteriores. Não que a democracia (ou sua escassez) no Brasil fosse considerada importante pelos outros Estados: a grande questão se situava na escolha de seus parceiros político-econômicos. A posição ideológica do governo brasileiro pouco tinha peso. Em janeiro de 1939, o presidente Roosevelt convidou o ministro das Relações Exteriores brasileiro, Oswaldo Aranha, para um encontro em Washington. Aranha era velho amigo de Vargas, que o convocou para a carreira política na Revolução de 1930. Advogado, foi ministro da Justiça e depois assumiu o Ministério da Fazenda, quando implantou medidas importantes para negociar a dívida externa brasileira. No processo, Vargas decidiu aliar a diplomacia ao necessário desenvolvimento das relações comerciais e político-econômicas no plano internacional.

Não foi à toa que chamou Oswaldo Aranha como seu ministro das Relações Exteriores, pois nele reconhecia as qualidades necessárias para essa missão. Depois de alguns desentendimentos com Vargas ocorridos nos primeiros momentos do governo provisório, a carreira de Oswaldo Aranha rumou para o campo diplomático, quando ele serviu como embaixador brasileiro nos Estados Unidos, até o momento do Golpe de 1937.

Mesmo com a aproximação ocorrida entre Roosevelt e Vargas, os interesses americanos no Brasil passavam ao largo do governo de orientação fascista, e Vargas era considerado um "ditador benevolente" nos boletins internos do embaixador americano Jefferson Caffery.

Pelo lado alemão, não houve nenhuma aproximação da parte de Hitler com Vargas, a não ser por algumas trocas formais de telegramas pelo aniversário do *Führer* e pela data nacional alemã. Os únicos responsáveis de fato por uma proximidade oportunista do Estado Novo com os alemães foram os militares da ala germanófila, que decidiram pela compra de armamento moderno alemão (interagiram com a *Wehrmacht*, as Forças Armadas alemãs), por conta da impossibilidade de obtenção de material bélico americano. Até o chefe do Estado-Maior brasileiro, o general Góes Monteiro, chegou a ser convidado pelo seu equivalente alemão, o marechal Walther von Brauchitsch, para presenciar as manobras militares da *Wehrmacht* em 1939, que não ocorreriam por causa da invasão da Polônia.

Em 1935, o Brasil assinou um acordo bilateral com os Estados Unidos, visando à exclusividade de parceria nas trocas comerciais, redução de taxas, favorecimento de empréstimos e maiores benefícios ao governo Vargas, que precisava de recursos para efetuar os planos populistas de obras e demais modernizações de seu projeto político. Mesmo com o acordo de exclusividade com os americanos, o Brasil continuou realizando seu comércio informal com a Alemanha e em pouco tempo se tornou seu maior parceiro comercial fora da Europa. A política de boa vizinhança não

1942   77

se restringia aos países vizinhos: o governo protofascista de Vargas permitia uma libertinagem comercial que não obedecia a qualquer critério ideológico. Muito como hoje em dia, inclusive nas nações ditas desenvolvidas.

Nações amigas, dinheiro camarada

Ao longo dos anos 1930, deixando de lado a prática das intervenções militares em assuntos internos empreendida em vários países latino-americanos, os Estados Unidos começaram uma nova cruzada para estender sua hegemonia pelas Américas, dessa vez preferindo os canais político-econômicos. Era preciso reerguer a nação depois da Crise de 1929, criando empregos, incrementando suas indústrias e principalmente buscando a abertura de novos mercados.

A princípio, os países latino-americanos foram indiferentes a essas iniciativas, mas a partir de 1933 os americanos realizaram várias negociações para estabelecer relações comerciais recíprocas com a maioria de seus vizinhos, foco principal da política da boa vizinhança criada no governo Roosevelt. Incrementar relações econômicas parecia infinitamente mais rentável para Washington que promover ações militares, em termos de custo-benefício.

O histórico discurso de Roosevelt ao assumir o primeiro de seus quatro mandatos como presidente, em 1933, parecia antecipar os fatos contundentes que aconteceriam dali a alguns anos: "A única coisa que devemos temer é o próprio medo, aquele sem nome, sem razão, o injustificado terror que paralisa os esforços necessários para transformar a retirada em avanço." Roosevelt conclamava a população que o elegeu para um esforço comum rumo à vitória, o que parecia uma convocação dos americanos à guerra. Ele se referia à luta contra a séria crise nacional que deixou o país no fundo do poço, naquele sombrio março de 1933. Começavam os planos da política do New Deal, na tentativa de apagar as marcas da Grande Depressão. Desenvolver boas relações econômicas com seus vizinhos era parte importante dessa estratégia.

Pirâmides e fundos

Em 1940, a Inglaterra recebeu apoio de fundos arrecadados por cidadãos ingleses que moravam no exterior, assim como de simpatizantes da luta britânica contra o Eixo. Entre as muitas iniciativas para o recolhimento de recursos financeiros, como a venda de bônus de guerra e incentivos para a produção bélica, houve a criação do Fundo Spitfire, que angariava donativos destinados à fabricação desse lendário caça inglês, um dos aviões mais famosos da história. A ação encontrou eco além das fronteiras britânicas. Em outubro de 1940, uma entidade começou a funcionar secretamente em Buenos Aires: a Fellowship of the Bellows ("Fraternidade do Fole"), junto à numerosa comunidade britânica na Argentina, levantando grandes quantias e enviando-as para a Inglaterra para financiar a fabricação de mais aviões.

No Brasil, o inglês Tom Sloper, proprietário de uma conhecida loja de departamentos, resolveu divulgar a Fellowship of the Bellows nas cidades onde sua empresa contava com filiais. Foi preciso operar secretamente, uma vez que no Brasil o governo Vargas proibia qualquer iniciativa em prol de qualquer um dos países em guerra. Funcionando nos moldes de uma pirâmide, a associação conseguiu angariar fundos suficientes para financiar alguns aviões, no início de 1942. Mais adiante, com a entrada do Brasil na guerra, os atos da entidade vieram a público e passaram a funcionar livremente em dez estados brasileiros, e os recursos também foram direcionados para a Força Aérea Brasileira. Ao preço estimado de um caça Spitfire na casa de cinco mil libras, a associação conseguiu o incrível feito de custear 25 aviões, sendo 16 Spitfires e, posteriormente, nove unidades do moderno caça-bombardeiro Hawker Typhoon. A iniciativa sem dúvida teve melhores resultados do que a desnecessária arrecadação de metais junto à população, as famosas "pirâmides de lata", promovidas com grande alarde nos bairros das capitais e municípios em todo o país e destinadas ao esforço de guerra, mesmo se sabendo que o Brasil não dispunha sequer de uma única siderúrgica.

ESCALADA DA INFLUÊNCIA AMERICANA

Os Estados Unidos da América têm um longo histórico nas relações com os países latinos, desde o século XVIII, com a Doutrina Monroe ("a América para os americanos") dando apoio à independência de jovens nações do continente, passando pelo intervencionismo econômico e o comércio bilateral e chegando mesmo a promover ações militares em países como México, Cuba, República Dominicana e Nicarágua, acontecidas no fim do século XIX até o início do século XX.

O melhor exemplo dessas intervenções foi na Independência do Panamá, antes território da Colômbia, que serviu aos interesses americanos em concluir as obras — iniciadas e abandonadas pelos franceses — do estratégico canal que ligaria o Atlântico ao Pacífico, em 1903. O canal do Panamá foi controlado pelos Estados Unidos até os anos 1980. Tudo isso era o resultado da política do Big Stick ("grande porrete"), criada pelo então presidente americano Theodore Roosevelt, baseada no ditame "fale manso, mas carregue um grande porrete". O hino dos Fuzileiros Navais americanos relata os grandes feitos militares dessa época de "vias de fato", ocorridos "das salas de Montezuma [uma alusão ao castelo de Chapultepec, na Cidade do México] até as areias de Trípoli [capital da Líbia]", lugares onde os Estados Unidos realizaram históricas ações militares.

De uma maneira geral, a maioria dos países do continente americano estava sob a influência político-econômica dos Estados Unidos, especialmente as nações da América Central, pejorativamente conhecidas pelos americanos como "repúblicas das bananas", uma vez que ofereciam apenas uma tímida produção agrícola como forma de comércio. Os países da América do Sul, que durante muito tempo estiveram sob influência econômica da Inglaterra, passavam por grandes dificuldades financeiras, decorrentes da Crise de 1929, o que gerou um quadro de grande instabilidade política.

Esse era o cenário latino-americano até os anos imediatamente anteriores ao início da Segunda Guerra, quando ocorreram diversos golpes de Estado, como na Argentina, na Bolívia e no Chile. No fim dos anos 1930, com a disseminação do nazismo, havia uma forte presença germânica nas Forças Armadas argentinas. O presidente Ramon Castilho, assim que assumiu o mandato, extinguiu o intercâmbio entre militares argentinos e alemães, o que não impediu a crescente simpatia de grupos locais pelos regimes nazifascistas. No Uruguai, elementos nazistas trabalhavam para a formação de células de propagação das ideias do regime. Isso seria comum em vários outros países sul-americanos, onde quer que se encontrassem pequenos núcleos de imigrantes alemães.

O presidente Roosevelt já articulava as medidas que seriam tomadas para alinhar o bloco pan-americano desde dezembro de 1933, quando aproveitou a Conferência Pan-Americana realizada em Montevidéu para instituir a política da boa vizinhança. Dali a pouco, a economia voltada para a guerra renderia enormes lucros aos americanos, que ainda estavam totalmente despreparados em termos militares para entrar num conflito, meses antes do início da Segunda Guerra. Como os americanos não tiveram que se preocupar com seus vizinhos, suas indústrias e fábricas puderam funcionar sem medo de ataques e ameaças maiores.

Começava a escalada americana no papel de maior potência mundial, o que seria alcançado pelas grandes realizações do seu parque industrial. Este, dentro em breve, iria alimentar o esforço de guerra com uma quantidade inesgotável de armas e materiais, com suas fábricas seguramente distantes do *front* e fora do raio de ação de qualquer bombardeiro inimigo. Isso possibilitou um feito quase impossível: a manutenção da guerra em duas amplas e penosas frentes de combate, no Atlântico e no Pacífico, algo que Hitler não foi capaz de realizar com seus exércitos.

Uma conversa gravada secretamente num encontro entre Hitler e o então comandante do Conselho Supremo de Defesa da Finlândia, o marechal Carl Gustaf Mannerheim, em 1942, já atestava a preocupação do líder nazista quanto aos infindáveis recursos que se juntavam na luta contra o *Reich*: "Qualquer um que me dissesse que um país poderia fabricar 35 mil tanques eu diria se tratar de um louco."

É incontestável que a capacidade quase ilimitada de produção das indústrias bélicas soviética e americana foi decisiva para o desfecho da guerra. A Alemanha seria esmagada em dois *fronts*. Na Europa, a ofensiva Aliada começou subindo pela Itália em 1943, quando ainda se acreditava que essa seria a rota até Berlim. Mais adiante, com o Dia D e a abertura da Frente Ocidental na França, a Itália perderia importância, sendo então considerada *front* secundário. Mas as ações de combate nesse cenário não seriam menos dramáticas nem menos custosas do que nos outros teatros de operações em andamento na Segunda Guerra.

ALIANÇAS DE PROTEÇÃO MÚTUA

Na segunda metade da década de 1930, foram realizadas importantes conferências interamericanas, em especial: as de Buenos Aires, em 1936, onde foi definido que qualquer ameaça a uma nação americana seria considerada uma ameaça ao continente; a do Panamá, em 1939, já depois do começo da guerra, que determinava a neutralidade das Américas frente ao conflito europeu; e a Conferência de Havana, na qual os países americanos se posicionaram contra a ocupação de colônias europeias nas Américas, por considerar esse gesto uma agressão ao continente.

Em 27 de setembro de 1940, formou-se o Eixo, com a assinatura em Berlim do Pacto Tripartite entre Alemanha, Itália e Japão, que também usava as premissas de que um ataque a qualquer um de seus signatários seria respondido em conjunto pelos outros países. Logo adiante, Hungria, Romênia e Bulgária também se tornaram integrantes do Eixo.

ROTA PRIVILEGIADA

Em 1939, com o início da guerra, Alemanha e Itália encaravam sérias restrições econômicas devido ao bloqueio naval empreendido pelos Aliados. O Brasil escolheu a neutralidade e manteve o comércio com os alemães enquanto possível. Nesse momento, o Nordeste brasileiro, rota estratégica na travessia do Atlântico, teve sua importância reconhecida e cobiçada pelos americanos na defesa do continente, quando ganharam a permissão de Vargas para a construção e o uso de bases aeronavais no Recife e em Natal.

Os alemães surpreenderam o mundo ao conquistar quase toda a Europa Ocidental em poucos meses. O êxito das ações militares nazistas causava o temor de que, caso ocupassem as colônias francesas e demais países do norte da África, poderiam invadir o Nordeste brasileiro e ajudar na instalação de um regime pró-nazifascista nas Américas, com o enorme contingente de imigrantes no Brasil e na Argentina, além da presença alemã na Bolívia, na Costa Rica e no México.

Era preciso garantir que esse cenário jamais se concretizasse. Se os americanos tentavam unir as Américas — e tirar partido disso —, haviam ganhado uma razão concreta com o ataque japonês a Pearl Harbor, em 7 de dezembro de 1941. Os Estados Unidos, que já ajudavam os ingleses a resistir aos nazistas, entraram de vez na guerra, e a maioria dos países do continente rompeu relações diplomáticas com a Alemanha e com a Itália.

6. A mudança da maré

Em setembro de 1940, com a guerra em andamento, uma comitiva de militares brasileiros chegou à Alemanha, onde presenciaram testes de campo com os canhões comprados pelo Brasil e realizaram visitas aos fabricantes. Enquanto as tropas alemãs conquistavam a Europa Ocidental, atacavam a Inglaterra e invadiam a Rússia, a comitiva brasileira permanecia na Alemanha, de onde seria chamada de volta ao Brasil em 29 de janeiro de 1942, após o rompimento das relações diplomáticas com o governo nazista.

Dos cinquenta reboques de apoio para artilharia — primordiais para o funcionamento dos canhões Flak 88 — comprados dos alemães pelo Brasil, apenas oito foram entregues desde o momento em que a guerra começou. O mesmo aconteceu com os demais equipamentos comprados entre 1938 e 1940. Os nazistas eram realmente muito meticulosos: os contratos dos fabricantes incluíam cláusulas que suspendiam as entregas em caso de beligerância e a continuação depois de normalizada a situação.

O embargo naval aos nazistas efetuado pela Marinha Real Britânica, iniciado em novembro de 1939, estremeceu as relações entre o Brasil e a Inglaterra, durante a interceptação dos navios brasileiros que traziam material bélico comprado dos alemães em plena guerra. A primeira remessa de armamentos partiu da Alemanha para o Brasil em abril de 1940, mas os ingleses advertiram o governo brasileiro sobre a validade das negociações.

Mesmo assim, uma segunda carga de material comprado pelo Brasil saiu de Gênova, no mês de junho. Os ingleses interceptaram o navio brasileiro em Gibraltar (estratégica possessão inglesa) e exigiram provas do pagamento do material antes do início da guerra. A liberação aconteceu depois que a Inglaterra advertiu que era a última concessão ao comércio de armas com a Alemanha. Mas o governo brasileiro tentou prosseguir com a remessa do material já comprado dos alemães, saindo de Lisboa. Dessa vez, houve uma grave crise diplomática.

O navio *Siqueira Campos* trazia os componentes mais importantes para ativar o armamento já enviado ao Brasil: culatras, ferramentas e peças de reposição. Nele estava o chefe da Missão Militar Brasileira na Alemanha, o coronel Cordeiro de Farias, que dali a algum tempo seria o comandante da Artilharia da FEB. Dois dias depois de zarpar, no dia 11 de outubro, o navio brasileiro foi apreendido pela Marinha Real e novamente levado até Gibraltar, onde toda a carga foi confiscada por não haver o certificado de navegação (Navicert). Da previsão inicial de oito milhões de libras, o Brasil já havia chegado perto de um milhão, com a entrega dos armamentos até aquele momento. Os ingleses dificultaram ao máximo a liberação do navio, exigindo comprovação de que aquele material também já tivesse sido pago, para não gerar fundos aos nazistas.

Tensão com os ingleses

A grave crise diplomática entre os dois países foi finalmente solucionada em dezembro do mesmo ano, após ações diplomáticas dos Estados Unidos junto à Grã-Bretanha, com o compromisso assumido por Oswaldo Aranha de cessar o comércio compensado com a Alemanha.

Em seguida, mais dois navios brasileiros — suspeitos, mas que não transportavam armamentos — foram apreendidos pelos ingleses, sendo o *Buarque* levado para Trinidad e Tobago e o *Itapé*, abordado ao norte do Rio de Janeiro. A ação inglesa foi muito criticada, pois quebrava os protocolos referentes aos navios que navegavam com bandeiras neutras. Os germanófilos do gabinete Vargas chegaram a pedir o rompimento de relações diplomáticas com a Inglaterra. Góes Monteiro declarou que os ingleses estavam fazendo uso de meios fascistas ao interferir no comércio entre Brasil e Alemanha daquela forma. O governo chegou a ameaçar com a nacionalização de empresas britânicas no Brasil, em represália aos navios apreendidos.

O governo inglês fez várias exigências para liberar o navio brasileiro, dentre elas, o fim do comércio com países do Eixo, a proibição de transporte de mercadorias alemãs e o fim das operações aéreas italianas no Brasil.

Ainda em junho de 1941, um último lote de armamento alemão foi novamente apreendido pelos ingleses em Lisboa, no navio *Bajé* — um dos muitos que seriam em breve afundados pelos submarinos do Eixo. Dessa vez, o carregamento foi embarcado num navio americano e encaminhado até os Estados Unidos, de onde um navio brasileiro conduziu a carga até o Brasil. Com a escalada do conflito, ficava cada vez mais claro para o governo brasileiro que os alemães não conseguiriam entregar a quantidade de armas encomendadas.

AVIÃO ALEMÃO MADE IN BRAZIL

Enquanto a comitiva militar brasileira esteve na Alemanha em busca de equipamentos para a modernização dos quadros nacionais, o Brasil conseguiu autorização de um fabricante alemão para produzir um bombardeiro bimotor destinado à Marinha brasileira: era o Focke-Wulf FW 58 B-2 "Weihe", um avião que seria montado na fábrica do Galeão, na capital federal. Entre 1939 e 1941, foram fabricados 25 exemplares da aeronave. O único exemplar preservado desse avião encontra-se em exposição no Museu Aeroespacial do Rio de Janeiro.

A GUERRA SE APROXIMA

O conflito antes distante começava a se aproximar do continente sul-americano. Ninguém poderia prever que, já em dezembro de 1939, o primeiro embate naval entre a poderosa Marinha Real britânica e a Marinha de Guerra alemã aconteceria nas águas do estuário do Rio da Prata, extremo sul do continente, cenário do famoso cerco ao encouraçado de bolso *Graf Spee*. O moderno navio alemão estava em missão contra os navios mercantes ingleses em rota pela África do Sul. Em viagem por águas sul-americanas, foi atacado e avariado por três navios de guerra ingleses e forçado a procurar abrigo no porto de Montevidéu. O navio recebeu um prazo de 72 horas para deixar o porto, devido às leis internacionais. Para não ser capturado, o *Graf Spee* foi então destruído, depois da dramática decisão de seu comandante, que se suicidou em seguida. Uma enorme plateia de populares reunidos em frente ao porto da capital uruguaia presenciou tudo. Esses fatos ganharam grande destaque nos jornais ao redor do mundo na época. A perda do *Graf Spee* representou um duro golpe e um péssimo presságio para as operações da Marinha nazista.

Em fevereiro de 1940, com a guerra em andamento, o Brasil permanecia neutro, como anunciado na Conferência do Panamá, em outubro de 1939. O bloqueio comercial imposto pela Inglaterra e pela França aos alemães, no primeiro minuto da guerra, levou à criação de zonas de exclusão nos mares, onde, em teoria, os navios ficariam protegidos de ações de guerra.

Muitas embarcações alemãs buscaram refúgio nos portos de países neutros da América do Sul, e alguns desses navios acabavam por tentar ousadamente seguir caminho de volta à Alemanha, com suas cargas de matérias-primas importantes para o *Reich*, procurando furar o bloqueio naval, sob risco de serem apreendidos ou mesmo afundados por navios ingleses e franceses.

Um exemplo do que aconteceu na época é a história do vapor alemão *Wakama*. Depois de zarpar do Rio de Janeiro na madrugada de 12 de fevereiro de 1940, o navio enviou um S.O.S. Navios brasileiros partiram em busca de sobreviventes de um suposto naufrágio, mas o vapor alemão sumiu sem deixar vestígios. No dia seguinte, descobriu-se que o cruzador inglês *HMS Devonshire* interceptou o navio alemão, destruído pela própria tripulação, que foi aprisionada. O *Devonshire* atracou no porto do Rio de Janeiro, quando voltava da caçada ao *Graf Spee*, tendo a bordo o almirante Henry Hardwood, que reportou o afundamento do vapor alemão. Como a ação foi realizada em águas brasileiras, houve protestos junto aos ingleses por parte dos países que assinaram o Tratado de Neutralidade do Panamá.

O Brasil estava sendo cada vez mais puxado pelo rodamoinho deflagrado com o início da Segunda Guerra Mundial.

O ARSENAL DA DEMOCRACIA

Na manhã de sexta-feira, 1º de setembro de 1939, a maior parte da população do Rio de Janeiro, então capital federal do Brasil, buscava nos jornais matutinos as notícias sobre o campeonato carioca de futebol. Não eram todos os brasileiros que acompanhavam os preocupantes acontecimentos daquele momento na Europa. Mas, ao menos nas capitais e cidades mais próximas, alguns jornais noticiavam os acontecimentos além-mar para a parcela da população brasileira que podia ler.

Na maioria do país, a imprensa funcionava com edições matinais e vespertinas dos jornais impressos. Havia também as diversas estações de rádio que transmitiam as notícias que chegavam ao Brasil através das cadeias internacionais, como a BBC (British Broadcasting Corporation) e ABC (American Broadcasting Company), além dos telegramas ou mesmo de complicadas ligações telefônicas. A televisão — invenção russa aprimorada pelos alemães, em 1936 — ainda era coisa de ficção científica nos gibis de heróis futuristas daqueles tempos, como Flash Gordon e Dick Tracy.

As rádios da época transmitiam o conhecido programa *A hora do Brasil*, criado pelo governo Vargas como veículo de informações oficial, desde 1938. Era preciso modernizar os canais de propaganda do Estado Novo, mesmo por meio da censura e do controle de informações, implantados de modo abrangente pelo Departamento de Imprensa e Propaganda do governo. As rádios começavam a tocar em sua programação a música que se tornaria um dos maiores símbolos do nosso país: "Aquarela do Brasil", de Ary Barroso. Muito antes da bossa nova e da "Garota de Ipanema", essa canção virou o hino não oficial do Brasil, depois de gravada pelos mais famosos cantores e cantoras mundo afora.

Muito provavelmente, um locutor de rádio deve ter interrompido a transmissão da música, no começo daquela manhã, para anunciar em edição extraordinária a notícia de que a Polônia fora invadida pelos alemães. Outra guerra havia começado. Em seguida, os jornais matutinos exibiam em suas primeiras páginas: "Hitler invade a Polônia!" A manchete causou comoção, mas não foi capaz de abalar a rotina comum da maior parte dos cidadãos brasileiros.

Dois dias depois, a notícia da declaração de guerra à Alemanha pela Inglaterra e pela França — que oficializou o início do conflito na Europa — assustou, mas não mudou o dia a dia dos brasileiros. A guerra estava muito longe e ninguém nem sequer poderia imaginar que, na escalada dos acontecimentos, dali a três anos, o Brasil participaria dela.

No começo de 1942, os nazistas haviam tomado quase toda a Europa Ocidental com a eficiência da *Blitzkrieg* (guerra-relâmpago), mas começavam a encarar grandes dificuldades no vasto *front* russo e também na África, para onde foram para ajudar os italianos na luta contra os ingleses. Os Estados Unidos começavam a lutar no Pacífico e ainda estavam em fase de preparação para a luta na Europa, aonde chegariam via norte da África e Itália. Num cenário de guerra global, com frentes tão amplas e distantes, era preciso muito planejamento e estratégias certeiras. Para chegar à África, os americanos precisariam do Brasil, que tinha o litoral do Nordeste estrategicamente posto nessa rota. Para que isso acontecesse, o presidente da maior democracia do mundo iria se aproximar do ditador de um país periférico. Os acontecimentos decorrentes do ataque japonês, com a entrada dos americanos na guerra, consolidaram a política da boa vizinhança de Roosevelt para os países latino-americanos, em especial para o Brasil.

Em janeiro de 1941, os Estados Unidos continuavam fornecendo apoio crucial à resistência dos ingleses na luta contra os nazistas. No discurso de posse do seu surpreendente terceiro mandato, Roosevelt declarou instaurado o "arsenal da democracia" e deu um recado aos que ameaçavam a liberdade:

> *Deixem-nos dizer às democracias: nós, americanos, estamos vitalmente empenhados, concentrados na defesa da liberdade. Nós estamos colocando todas as nossas energias, nossos recursos e nossos poderes organizados para dar-lhes a força para manterem um mundo livre. Nós colocaremos à disposição um crescente número de barcos, aviões, tanques e fuzis. Esse é o nosso propósito e a nossa promessa.*

A posse do terceiro mandato de Roosevelt foi marcada pelo seu histórico discurso, baseado nas "quatro liberdades", extraídas da Constituição americana e que serviram para compor a Declaração Universal dos Direitos Humanos, um dos grandes apelos da embrionária ONU. As quatro liberdades mencionadas foram:

- Liberdade de expressão, direito à palavra e garantia da livre circulação do pensamento, sem qualquer ato de restrição e tolhimento;
- Liberdade religiosa, garantia de livre culto e respeito a todos os grupos religiosos;
- Liberdade de necessidades, no sentido de que nenhuma nação deverá ser dependente ou escrava de um regime econômico imposto por outra;
- Liberdade do temor, no que diz respeito ao equilíbrio armamentista, redução de armamentos e controle de ameaças de uma nação sobre outra qualquer.

Ao mencionar um pretenso "controle de armas", Roosevelt parecia antagônico face às intenções do total comprometimento do parque industrial americano como fornecedor do arsenal da democracia, em que a grande eficácia alcançada pelas vitórias nazistas na Europa servia para justificar esse esforço. Em breve, os bem-treinados e bem-equipados exércitos alemães seriam suplantados pela enorme quantidade de homens e materiais, representada principalmente pelas Forças americanas e soviéticas, que mudariam a escala da balança até a completa derrota nazista.

7. O fim do namoro com o Eixo

Enquanto a guerra começava na Europa, a expansão do Império do Japão no Oriente já causava protestos entre as nações do bloco ocidental, muitas delas detentoras de colônias no Extremo Oriente, como a Holanda, a França e mesmo a Inglaterra. Os japoneses já haviam invadido vários territórios da China, como a Manchúria, desde 1931. Quando ocorreram o massacre de Nanquim — onde foram assassinados cerca de trezentos mil chineses após a conquista da capital da República da China em dezembro de 1937 — e a ocupação da Indochina Francesa, em 1940, os Estados Unidos impuseram um severo embargo comercial ao Japão, privando o país de matérias-primas essenciais, como metais e petróleo.

Depois da Primeira Guerra, na qual o Japão era aliado da Tríplice Entente, formada pelas forças Aliadas contra os alemães, houve uma grande frustração do governo nipônico por ter sido preterido durante a formação da Liga das Nações (uma organização intergovernamental fundada como resultado da Conferência de Paz de Paris, que terminou com a Primeira Guerra). Um pedido dos japoneses pelo fim do preconceito racial aos orientais foi solenemente ignorado.

Foi assim que, ao longo das décadas seguintes, o governo japonês tomou rumo dos regimes ditatoriais, com seu núcleo dominado por militaristas, liderados pelo ministro da guerra Hideki Tojo, que fazia planos para aliar o Japão à Alemanha, manter relações comerciais com os Estados Unidos e estender o Império do Japão no Sudeste Asiático. Mas o embargo comercial americano não correspondeu aos anseios do líder extremista japonês, que manteve o cargo de primeiro ministro até a derrocada final do Japão, quando seria julgado e condenado à forca.

O imperador Hirohito, líder da religião xintoísta, tinha um papel meramente figurativo nas decisões do gabinete governamental, mas sua importância na tradição nipônica serviu para motivar o senso de lealdade dos soldados japoneses, que lutavam até a morte em honra ao imperador. A fidelidade ao semideus chefe do trono japonês teve consequências até na longínqua comunidade de imigrantes nipônicos no Brasil, durante e imediatamente depois da guerra, nas ações radicais do grupo ultranacionalista Shindo Renmei.

Os japoneses já haviam assinado o Pacto Tripartite, que formou o Eixo em setembro de 1940, e decidiram retaliar o embargo dos Estados Unidos com um ataque à frota americana em Pearl Harbor, no Havaí, em dezembro de 1941, levando o país à guerra.

"Estou muito triste, está demorando muito para eu morrer."

(Primeiras palavras de Hideki Tojo após sua tentativa fracassada de suicídio ao ser preso pelos americanos)

Membro da Taisei Yokusankai, organização parafascista promotora dos objetivos da "Nova Ordem" japonesa e criador do Estado totalitário de um só partido para maximizar o esforço de guerra na China em 1940, o primeiro-ministro Hideki Tojo tentou eliminar as influências dos políticos eleitos em 1942. Entretanto, o Japão jamais se tornou completamente uma nação totalitária. O general Tojo nasceu em 30 de dezembro de 1884, e em 1933 foi promovido a major-general. Tinha formação militarista, nacionalista e fascista, e recebeu o apelido de "navalha" por sua capacidade de tomar decisões críticas rapidamente. Sua escolha como primeiro-ministro foi feita pelo próprio imperador Hirohito, e, no primeiro dia de mandato, Tojo foi apresentado e apoiou os planos de ataque a Pearl Harbor. Ele acumulou os cargos de Ministro do Interior, das Relações Exteriores, da Educação e do Comércio e da Indústria. Apoiou as políticas educacionais militaristas e totalitárias e ordenou várias medidas eugênicas, inclusive a esterilização dos "mentalmente incapazes". Em fevereiro de 1944, para fortalecer sua posição, Tojo assumiu o posto de chefe do Estado-Maior Geral do Exército Imperial, do qual foi forçado a demitir-se após a queda de Saipan em julho do mesmo ano.

Com a derrota do Japão, Tojo foi localizado em sua residência em Setagaya e, quando a Polícia Militar americana invadiu a casa, ele disparou contra o peito. A bala não atingiu o coração, alojou-se no estômago, e depois de uma cirurgia de emergência, Tojo aguardou seu julgamento na prisão de Sugamo. Quando foi entregue sua nova dentadura, o dentista americano gravou secretamente a frase "Remember Pearl Harbor" (Lembre-se de Pearl Harbour) em código Morse nos dentes dianteiros. A sentença do Tribunal Militar Internacional de Crimes de Guerra para o Extremo Oriente foi de culpado, pelos seguintes crimes:

- violação de Leis Internacionais, ao fomentar guerra de agressão;
- fomentar guerra de agressão contra a República da China, os Estados Unidos, a Comunidade das Nações Britânicas, o Reino da Holanda e a República da França;
- ordenar, autorizar e permitir tratamento desumano a milhares de prisioneiros de guerra e milhões de civis nos territórios conquistados pelas forças japonesas.

Em acordo com a promotoria, Tojo garantiu a imunidade do imperador para preservar a governabilidade do Japão. Aceitou total responsabilidade por suas ações durante a guerra e foi condenado à morte por enforcamento, no dia 23 de dezembro de 1948.

Oficialmente, os Estados Unidos entraram na Segunda Guerra depois da invasão alemã à União Soviética, iniciada em 22 de junho de 1941. Mas o "arsenal da democracia" idealizado por Roosevelt — apenas um eufemismo para a consolidação da indústria bélica americana — já funcionava antes mesmo da entrada efetiva dos Estados Unidos no conflito, contornando todos os impedimentos do congresso americano sobre neutralidade, para fornecer vasta quantidade de armas aos países que combatiam o Eixo.

Os comboios que levavam a preciosa ajuda para a Inglaterra — e logo depois para a União Soviética — eram perseguidos por submarinos nazistas, em outubro de 1941, quando ocorreram combates entre navios da Marinha americana e submarinos alemães no Atlântico Norte. Parecia que eles haviam evitado enquanto possível o estado de beligerância, até que o ataque japonês a Pearl Harbor levou os países do Eixo a declararem guerra oficialmente contra os Estados Unidos, em fidelidade ao Pacto Tripartite, também chamado de Pacto de Aço.

1942

O termo Eixo foi criado por Mussolini para definir o alinhamento entre Roma, Berlim e Tóquio. Pensava-se que o pacto que unia os dois países europeus — assinado no passo de Brenner, fronteira entre Áustria e Itália — e a potência oriental certamente faria os americanos pensarem duas vezes sobre entrar numa guerra em dois *fronts*, ou seja, ocupar-se na luta com os japoneses no distante Pacífico e encarar italianos e alemães no Ocidente.

Em seus devaneios estratégicos, Hitler esperava que os japoneses atacassem os russos no Oriente e os enfraquecesse, o que não ocorreu, uma vez que a União Soviética tinha firmado um pacto de não agressão com o Japão, que foi — por incrível que pareça — respeitado. No dia 11 de dezembro de 1941, em seu discurso em que anunciava o estado de guerra com o Eixo, Roosevelt fez um alerta e convocou as nações livres para a luta:

> As forças que se mobilizam para escravizar o mundo por completo se aproximam na direção deste hemisfério. A demora em agir é um convite ao perigo, e os esforços unidos de todos os povos do mundo determinados a permanecer livres vão garantir uma vitória inequívoca das forças da Justiça e do Direito sobre as forças da selvageria e da barbárie.

Franklin Roosevelt sempre esteve ao lado de Winston Churchill ajudando a Inglaterra na luta contra Hitler e a expansão dos nazistas. Churchill sentia-se aliviado com o apoio do "arsenal da democracia", determinante para resistir naquela contenda. Os americanos disponibilizaram recursos para os russos e também para os chineses, enviando armamentos e até assistência militar nem sempre oficial, como foi o caso dos Tigres Voadores, famosa esquadrilha de pilotos americanos em ação na China.

Com a resistência do Congresso americano ao envolvimento direto na guerra da Europa, essa ajuda foi viabilizada por meio de acordos para o fornecimento de armas, como o Cash and Carry e depois o Lend-Lease, que aqueciam a indústria bélica americana e ofereciam armamentos em condições especiais de preço e pagamento.

Incrivelmente, em 1939 os Estados Unidos ainda não tinham Forças Armadas modernas e prontas para entrar em combate. Entretanto, ao longo dos anos 1920 e 1930, tinham investido muito na ampliação de sua Marinha de Guerra e voltado os interesses americanos para o Oriente, com a esquadra americana estacionada na Costa Oeste, no Havaí, em Guam e nas Filipinas. Prevendo o choque de interesses na hegemonia da região, já tinham preparado o Plano Laranja, que reunia os possíveis cenários de confronto com a Marinha Imperial Japonesa, concebido em 1924.

Num curto espaço de tempo, a Marinha americana se tornou tão grande quanto a lendária Marinha inglesa. No final dos anos 1930, os japoneses se constituíram como uma das maiores potências navais do mundo, composta por diversos porta-aviões e dois dos maiores navios de guerra já construídos: os cruzadores *Yamato* e *Musashi*, com mais de 65 mil toneladas e nove canhões de calibre 460mm cada um.

Nenhum dos valiosos porta-aviões americanos estava em Pearl Harbour no momento do ataque, o que gerou inúmeras hipóteses sobre um possível conhecimento prévio do "ataque-surpresa" japonês pelos americanos, não evitado para colocar definitivamente os Estados Unidos na guerra. De qualquer forma, a agressão japonesa terminou com a neutralidade presente no Congresso americano. A maré mudava de forma radical.

Em janeiro de 1942 ocorreu a proclamação da Organização das Nações Unidas, um projeto de Roosevelt e de seu chanceler Cordell Hull que reunia inicialmente os 26 países determinados a lutar contra as forças do Eixo, feito que posteriormente rendeu o Prêmio Nobel da Paz de 1945 ao chanceler americano.

Também em janeiro foi realizada a III Conferência Extraordinária dos Ministros das Relações Exteriores das Repúblicas Americanas, que teve como palco o Rio de Janeiro. Havia uma unanimidade entre os participantes em declarar a ruptura de relações diplomáticas e comerciais com os países do Eixo, uma vez que os americanos cobravam a tão proclamada união pan-americana contra agressores do seu território. As distantes ilhas do arquipélago havaiano, onde ficava a base naval de Pearl Harbor, pareciam ter ficado mais perto, apesar dos mais de 12 mil quilômetros que as separavam da América do Sul, o que servia como evidência da ameaça à soberania dos países do bloco ocidental perpetrada pelos japoneses, parceiros dos alemães e italianos.

O Brasil segue os Estados Unidos

Durante a conferência no Rio de Janeiro, os representantes das potências do Eixo deixaram claro que essa ruptura levaria os países sul-americanos ao estado de beligerância. Houve grande pressão para o Brasil manter sua neutralidade e convencer as outras nações latinas a fazer o mesmo. O chanceler brasileiro Oswaldo Aranha, que presidia o evento, estava certo do rompimento com o Eixo, em sintonia com as decisões de Vargas, que já havia se mostrado solidário a Roosevelt por ocasião do ataque japonês à frota americana. O ditador brasileiro colocou seu ministro da Marinha ao dispor do governo americano, o que já definia um estado de guerra informal. Na ocasião, o embaixador alemão Kurt Prüfer representou a posição dos países do Eixo:

> A ruptura das relações diplomáticas entre o Brasil e a Alemanha significaria, indubitavelmente, o estado de guerra latente, o que acarretaria ocorrências que equivaleriam à eclosão da guerra efetiva entre os dois países, os quais nenhuma divergência de interesse separa e portanto carece em absoluto de sentido.

Oswaldo Aranha, ao falar em prol da democracia — mesmo sendo representante de uma ditadura — e condenar o nazifascismo, levou a cabo as prerrogativas de rompimento com o Eixo e convenceu a maioria dos países americanos a fazê-lo, com exceção da Argentina e do Chile. Anda não havia a ideia de enviar um efetivo brasileiro para a frente de batalha, mas acreditava-se que a cessão das bases aéreas no Nordeste seria suficiente para firmar o alinhamento com os americanos. O Brasil poderia enfim reestruturar suas defesas costeiras e mesmo participar do patrulhamento dos mares, caçando os submarinos nazistas.

Nessa fase da guerra, com as dificuldades iniciais dos alemães na frente russa, ainda era incerto o cenário que se apresentaria na frente ocidental. Enquanto os submarinos do eixo começavam a agir no Atlântico Sul, houve a trágica tentativa de desembarque dos Aliados em Dieppe — importante porto francês —, operação malplanejada e que resultou em milhares de baixas e perdas materiais, um fiasco estratégico até hoje não compreendido pelos especialistas no assunto. Com as ações iniciais dos americanos no Pacífico, ainda se faziam planos de como e onde as forças americanas entrariam em ação na Europa. Roosevelt determinou então que a guerra seria priorizada no *front* europeu, sem deixar de lado as operações em andamento no Oriente.

Em 30 de dezembro de 1942, para levar adiante a interação entre os órgãos militares dos dois países, foi criada a Comissão Militar Mista Brasil-Estados Unidos. Nesse momento, Getúlio Vargas manifestou pela primeira vez sua intenção de enviar tropas brasileiras para lutar junto aos Aliados. O reaparelhamento das Forças Armadas brasileiras já contava com o apoio dos Estados Unidos para de alguma forma equilibrar o poderio militar regional, uma vez que os argentinos estavam muito bem-estruturados (a Argentina possuía um exército bem-equipado e treinado, com cerca de setenta mil homens, proporcionalmente muito maior que o brasileiro).

A criação de uma força militar brasileira apta a entrar em combate pode também ser entendida como estratégia de Vargas para garantir o ingresso do Brasil no seleto clube dos países integrantes da recém-formada Organização das Nações Unidas, além de manter abertos os canais para o tão necessário apoio militar americano. Para isso, não bastava apenas o Brasil conceder o uso das bases aéreas do Nordeste; era preciso um comprometimento maior.

Nasce a Força Aérea brasileira

Em janeiro de 1941, foi criado o Ministério da Aeronáutica com a fusão da Aviação Naval e do Exército, sendo chefiado por um civil, Joaquim Pedro Salgado Filho. Esse gaúcho, civil, advogado, amigo de Vargas, foi incumbido de organizar esse importante ministério, que representava a necessidade de modernização do Brasil. Além de inúmeras medidas de incentivo e organização do setor aeronáutico nacional, Salgado Filho criou as bases aéreas de Recife, Natal e Salvador, assim como iniciou a construção de vários aeroportos. Dentro em breve, Salgado Filho daria o aval para a criação do 1º Grupo de Aviação de Caça e da Esquadrilha de Ligação e Observação, que seriam enviados juntamente com a FEB para combater na Itália.

Ao cerrar fileira com os Estados Unidos, os militares brasileiros conseguiram garantias de que as tão esperadas armas e demais equipamentos para modernizar o Exército seriam enfim fornecidos pelos americanos, bem como o necessário intercâmbio para a renovação da doutrina militar. A recém-criada Força Aérea Brasileira precisava de novos aviões de treinamento e ataque. A Marinha do Brasil precisava de novos navios, necessários para o patrulhamento e ampliação da escolta dos comboios.

Assim, depois da autorização concedida pelo governo brasileiro, as pistas dos aeroportos do Nordeste foram ampliadas e operadas por mais de 15 mil militares americanos. Produtos americanos começaram a chegar, em substituição aos bens industrializados alemães.

Depois que o Brasil entrou em guerra oficialmente, houve um clamor geral por parte do governo para que toda a sociedade contribuísse nos esforços que seriam empreendidos daquele momento em diante. Entidades como a Legião Brasileira de

1942

Assistência (LBA), fundada em agosto de 1942, foram criadas para dar assistência às famílias dos soldados que seriam enviados para lutar. Se existe alguma dúvida sobre a real intenção de Vargas em mandar tropas brasileiras se unirem aos Aliados contra o Eixo, a criação da LBA — presidida pela primeira-dama Darcy Vargas — a sana por completo.

Pão de guerra e o *front* interno

Em julho de 1944, a guerra seguia ao redor do Mundo. No Brasil, o Estado Novo decidiu interferir na indústria têxtil, em decorrência do temor pelo desabastecimento, uma vez que a quase totalidade da produção era exportada. Um ano antes, foram criadas medidas para garantir que 10% da produção seriam vendidos como "tecidos populares", na tentativa de se garantir a oferta no mercado interno. Mesmo assim, houve falta de tecidos no mercado interno. Então, o governo criou a Comissão Executiva Têxtil, que promovia uma intervenção nas fábricas e sindicatos, a maioria em São Paulo, e forçava o aumento da jornada de trabalho, na contramão dos direitos garantidos pela recém-criada Consolidação das Leis do Trabalho. Foi uma tentativa de moralizar os mecanismos de produção, mas que não obteve resultados, já que o preço alto no mercado externo desmotivou os empresários a promover os ajustes impostos pelo governo. Eles preferiram deixar tudo como estava, uma vez que já tinham seu lucro garantido.

Desde 1942, com a declaração de guerra, o governo taxava os funcionários públicos em três por cento de seus salários, uma contribuição compulsória para o esforço de guerra. Era preciso mobilizar os trabalhadores brasileiros em prol do aumento da produção, uma vez que eram as fábricas e o *front* interno que geravam o esforço vitorioso dos soldados na frente de batalha. Mas o Brasil não tinha como promover esse milagre na produção local com apenas 1,25 milhão de trabalhadores na ainda incipiente indústria nacional e com oitenta por cento da população vivendo no campo. Pelo padrão americano, deveria haver uma proporção de cinco a vinte trabalhadores nas indústrias para cada soldado no *front*. O país estava longe de atingir algo perto dessa realidade em 1943.

Com a restrição nas importações e a prioridade no uso militar da gasolina, em agosto de 1940 o governo regulamentou o uso do gasogênio automotivo, além da importação de equipamentos para sua produção. O sistema era um enorme aparato que parecia uma caldeira, com o peso de cerca de 100kg e a utilização de carvão a fim de gerar gás para a combustão dos motores. A ideia se compara, nos tempos de hoje, ao uso do gás natural veicular (GNV), mas o recurso agredia intensamente o meio ambiente, pois queimava carvão vegetal, além de ter um custo muito alto para um baixo benefício. Na verdade, a montagem do sistema gerador de gasogênio nos veículos custava caro, mas driblava o racionamento de gasolina nos tempos da guerra. Quem podia rodava com seu carro adaptado; quem não podia simplesmente não rodava. O famoso piloto Chico Landi venceu várias provas no circuito de Interlagos, onde carros movidos a gasogênio disputavam as corridas. Os veículos adaptados, inclusive de corrida, tinham sua performance bastante alterada — perdiam potência e velocidade, ficavam mais pesados por conta da grande caldeira metálica montada na traseira. Mas o piloto paulista virou o "rei do gasogênio" quando se tornou garoto-propaganda de um aparelho fabricado por sua própria firma. No Brasil, cerca de vinte mil carros foram adaptados para uso deste combustível, durante a guerra.

Se o racionamento e a falta de gasolina aconteciam pela dependência externa do país quanto ao fornecimento e aos altos preços no mercado externo, muitas ações especulativas aconteceram nos anos posteriores à entrada do Brasil na guerra, o que causou confusão na vida dos brasileiros. O mercado imobiliário, a agricultura, a agropecuária, o controle de estoques, tudo supostamente aumentava devido à guerra. Nas capitais, o transporte público piorava, uma vez que os empresários não reinvestiam seus lucros na melhoria dos serviços. Um dos exemplos mais expressivos dessa especulação foi a tentativa de se implantar o chamado "pão de guerra", um tipo de pão feito com farinha integral misturada com outras farinhas mais baratas, como a de mandioca. A ideia foi rejeitada pelo público, que preferia o pão branco, e os estoques de farinha de trigo branca foram retidos pelos produtores, que aumentaram o preço ainda mais. Mesmo assim, o pão de guerra ficou fora da preferência popular. Não foi a guerra que provocou o aumento do preço e das filas para se obter o pão branco, mas a mera especulação. Em dezembro de 1944, em meio a uma crise de abastecimento de gêneros básicos em São Paulo, o governo fechou a bolsa de cereais, e o próprio Vargas fez uma visita ao estado, como medida de coerção aos especuladores.

Com uma guerra em andamento, Getúlio Vargas tentava dar ares mais leves a sua ditadura. Passou a exigir que fosse chamado de presidente Vargas, na tentativa de atenuar as tensões que emergiam sobre a volta do país à democracia. Nos bastidores do poder, numa conversa entre Vargas e um de seus generais de confiança — possivelmente Góes Monteiro —, na qual abordaram os inúmeros percalços decorrentes do envio da FEB para a Itália, o presidente ouviu em retorno: "O problema maior será a volta da FEB." Não era possível que Vargas estivesse alheio ao que significava enviar uma força brasileira para lutar em nome da democracia, o que certamente o levou a fazer planos para um futuro muito próximo, quando o Brasil inevitavelmente retomaria o caminho democrático.

Desde 1940, a UNE já se posicionava contra a ditadura Vargas e contra os regimes nazifascistas. No início de 1942, a UNE liderou a ocupação do Clube Germânia — tradicional agremiação da colônia alemã que funcionava havia décadas na capital federal. Num gesto para apaziguar os estudantes, Vargas permitiu que o clube fosse ocupado e transformado na sede da entidade. Mesmo assim, em 1943, várias manifestações foram realizadas como protesto ao Estado Novo, como a Passeata do Silêncio, organizada pela UNE em São Paulo, os mesmos estudantes que foram às ruas exigindo que o Brasil declarasse guerra aos alemães. Durante o ato, o estudante Jaime da Silva Teles foi morto, o que aumentou a revolta da classe contra o regime de Vargas. Os estudantes realizaram campanhas pela compra de bônus de guerra, pela doação de sangue e contra a quinta-coluna, chegando a conseguir a doação de três aviões de treinamento para a FAB. As tentativas do governo Vargas em subsidiar a UNE, depois das manifestações estudantis pró-Estados Unidos, foram rechaçadas pela entidade, que não aceitava o apoio do ditador.

Roosevelt vem ao Brasil

Em janeiro de 1943, ocorreu o histórico encontro entre Vargas e Roosevelt, em Natal. O presidente americano retornava da Conferência de Casablanca, no Marrocos, entre os líderes Aliados, quando se decidiram algumas das ações mais importantes da Segunda Guerra Mundial: a abertura de uma frente de combate ocidental através da França (mais tarde definida como o Dia D), a determinação de que a guerra só terminaria com a rendição incondicional do Eixo e a definição da invasão da Sicília e do território italiano.

A invasão da Itália — país que Churchill definia como "o ventre macio da Europa", para sugerir sua fragilidade — era sua estratégia para abrir caminho até a vitória final Aliada em Berlim. De fato, os Aliados expulsaram os alemães do norte da África e perseguiram as forças do Eixo até a libertação de Roma, que aconteceu às vésperas do Dia D (desembarque na Normandia).

Os estrategistas de Washington incluíram o Nordeste brasileiro para atingir o norte da África, o que garantiu a continuidade no envio de importantes recursos militares para a ofensiva Aliada naquele teatro de operações. Certamente, o presidente Roosevelt demonstrou considerável importância ao encontro com Vargas, pois mandou um avião americano exclusivamente para levá-lo e a sua comitiva do Rio de Janeiro até Natal. Vargas foi, mesmo diante de uma tragédia familiar: o agravamento do estado de saúde de seu filho mais novo, Getúlio Vargas Filho, o Getulhinho, que morreria no dia 2 de fevereiro aos 26 anos, vitimado pela poliomielite — a mesma doença da qual sofria o presidente americano. Vargas não revelou seu drama quando seguiu na noite de 27 de janeiro de 1943 para o encontro altamente secreto com Roosevelt.

Mais tarde, Roosevelt deu a Vargas outra prova de confiança quando revelou, através de uma carta, os planos ultrassecretos da invasão do norte da África, a Operação Torch (tocha), que seria realizada em novembro de 1942.

Pela primeira vez, durante o encontro em Natal, Vargas expressou diretamente a Roosevelt o desejo de enviar tropas brasileiras para o *front*, assim como a necessidade imperativa da ajuda americana para esse fim. Roosevelt se comprometeu dizendo que gostaria de vê-lo ao seu lado nas mesas de negociações de paz. Agora, seria preciso cumprir as promessas.

A GUERRA DEU SAMBA

Se por meio de jornais e rádios os acontecimentos da guerra ganhavam cada vez mais espaço no cotidiano dos brasileiros, naquela época, grandes cantores e cantoras também marcariam para sempre o panorama da música nacional, com sambas e canções inesquecíveis.

As notícias que chegavam do *front* serviram de inspiração para um sem-número de sambas e marchinhas que caíam na boca do povo, antes e logo depois de o Brasil entrar no conflito, em agosto de 1942. Um exemplo interessante são os versos do samba "Diplomata", composto e interpretado por Moreira da Silva, em 1943:

São conselhos de meu pai, que sempre me assim dizia:

"Só se vence nesse mundo com muita diplomacia."

E aqueles caras lá de fora pensam que isso é covardia.

Nasci no Rio de Janeiro, sou reservista, sou brasileiro.

Minha bandeira foi desrespeitada, foi humilhada e ultrajada.

"Independência ou Morte" é o brado da majestade.

Brasileiros do Sul, do Centro e do Norte, soldados da liberdade,

Unidos seremos fortes, para lutar e vencer,

O Brasil espera que cada um saiba cumprir o seu dever.

Felizmente nessas horas tristes, dolorosas e bem amargas.

Temos um homem de fibra que é o Presidente Vargas.

Debaixo de suas ordens, quero empunhar um fuzil.

Para lutar, vencer ou morrer pela honra do meu Brasil.

Nesse samba, Moreira da Silva enalteceu a figura do presidente Vargas, como gostava de ser chamado o então ditador. Vale lembrar que, como naqueles tempos ser sambista era sinônimo de ser um fora da lei, é possível que Moreira da Silva estivesse tentando limpar a barra da categoria dos sambistas cariocas. Para sorte de todos, o famoso Kid Morengueira não precisou empunhar o fuzil, como prometia no seu samba. Não foi convocado, pois já tinha quarenta anos, o que lhe permitiu melhor contribuição para a música brasileira, ao se tornar o inventor do samba de breque.

Por causa da guerra, uma grande safra de sambas surgiu na forma de sátiras explícitas e ao mesmo tempo ingênuas, que usavam as figuras de Mussolini e Hitler, ou dos traidores da quinta-coluna, com o objetivo de fazer pilhéria aos inimigos declarados. Os valentes brasileiros e a cobra que fuma — a FEB — serviram para enaltecer os valores nacionais e os esforços dos Aliados para a vitória final. Alguns dos melhores exemplos dessa vasta produção foram:

"Sai, quinta-coluna!" — Joel e Gaúcho cantavam a marcha de Nássara e Eratóstenes Frazão, satirizando os simpatizantes do Eixo nas praias cariocas:

Sai, quinta-coluna,

Por sua causa é que vou me alistar

Quando eu botar minha botina no mundo,

Quero ver, quinta-coluna,

Se vai me enfrentar

Um cavalheiro brasileiro ou estrangeiro

Que só vive falando em Roma ou Berlim

Eu vou desconfiando

Que esse cara está bancando

O quinta-coluna pra cima de mim.

- "Tedeschi, Portare Via!" ("Alemão, levou tudo!") — José Pereira dos Santos, sobre a frase que todo italiano mencionava ao pedir ajuda aos pracinhas;
- "Lembrei" — soldado Alcebíades José, que morreu em combate — um pranto de saudade dos soldados no *front*;
- "Pro brasileiro, alemão é sopa" — soldado Natalino Cândido da Silva — ataque à moral dos *tedeschi*;
- "Parabéns à FEB" — sargento Seraphim José de Oliveira — canto que enaltece as tropas brasileiras;
- "Cabo Laurindo" — Wilson Batista e Haroldo Carvalho — o personagem presente em vários sambas volta da guerra como herói;
- "A RAF em Berlim" — Benedito Lacerda e Darci de Oliveira — "samba-reportagem" sobre os bombardeios ingleses na capital do *Reich*;
- "Adolfito Mata-Mouros" — João de Barros e Alberto Ribeiro — conta que os alemães lutaram fácil na Guerra Civil Espanhola, mas agora encaravam um "touro mais bravo", os ingleses;
- "Que passo é esse, Adolfo?" — Adolfo Lobo e Roberto Roberti — satiriza o famoso "passo de ganso" usado pelos nazistas nos desfiles.

A música popular continuou muito presente no dia a dia dos brasileiros ao longo da guerra, e suas temáticas de apoio aos Aliados viraram mania. Na "RAF em Berlim", por exemplo, o heroísmo da Força Aérea Real — RAF —, do Reino Unido, é enfatizado em relação a personagens alemães assustados diante de todo o suposto poderio Aliado:

RAF, RAF, RAF

Vê se tem compaixão de mim,

RAF, RAF, RAF

Por que motivos destruístes o meu Berlim?

8. Nasce a FEB

Em meados de 1943, o jovem soldado Dálvaro José de Oliveira ainda sentia as terríveis lembranças dos torpedeamentos que presenciou. Quando houve a convocação geral para formação da Força Expedicionária Brasileira, Dálvaro, que já estava em serviço, tratou de se apresentar. Treinou nas unidades da Artilharia do Distrito Federal, na Vila Militar, preparando-se para vingar seus amigos que morreram nos torpedeamentos, sentimento que orientou seu espírito por todo o tempo. Mas outro pensamento vez por outra o incomodava involuntariamente: será que dessa vez sobreviveria à guerra, ou sua cota de sorte haveria acabado, após dois torpedeamentos?

A tarefa de organizar a FEB seria um enorme desafio, e o tempo disponível era curto. Havia urgência em aproveitar aquele momento para incluir o Brasil no seleto grupo dos países Aliados. Alguns relatos acusam a existência de planos para a criação de uma força expedicionária brasileira ainda em 1941, mas só no início de 1943 Vargas aprovou a formação de um corpo expedicionário, cuja estrutura logística dependeria diretamente do apoio militar americano.

A partir de junho daquele ano, militares brasileiros foram encaminhados para prestar cursos preparatórios nas várias escolas militares americanas, como a de Comando e Estado-Maior, em Leavenworth; de Infantaria, em Fort Benning; de Artilharia, em Fort Sill; de Engenharia, em Greenville; de Material Bélico, em Aberdeen; de Blindados, em Fort Knox; e de Estado-Maior, em Fort Jackson. O representante militar do Brasil em Washington, general Leitão de Carvalho, reportou ao chefe do Estado-Maior americano, general George Marshall, as intenções brasileiras de formar um corpo expedicionário com três divisões. O alto-comando americano se perguntava por que enviar tropas brasileiras para lutar, uma vez que não havia nenhuma imposição por parte do governo Roosevelt nesse sentido, mas apenas a vontade do próprio governo brasileiro.

O Ministério da Guerra do governo Vargas, chefiado pelo general Eurico Gaspar Dutra, tinha em seus planos a mobilização de cem mil homens para formar três divisões de um corpo expedicionário. O general Dutra tentou obter de todas as formas as garantias americanas de que a FEB seria enviada para lutar, ainda que estivesse constituída apenas no papel.

Bastidores da guerra

Os resultados da aproximação brasileira com Washington foram surpreendentes, especialmente quando analisamos o perfil de alguns dos personagens que dedicaram seu tempo e esforço para atingir essa meta. Roosevelt, representante da maior democracia do planeta, o único presidente americano que conseguiu ser eleito para quatro mandatos, foi capaz de fazer elogios efusivos ao ditador Vargas. Oswaldo Aranha — o grande articulador da aproximação do Brasil com os Estados Unidos, que possibilitou os Acordos de Washington — interagiu em linha direta com o secretário de Estado americano Cordell Hull.

Os militares da comitiva brasileira enviada aos Estados Unidos, entre eles os generais Eurico Dutra e Góes Monteiro — cujos currículos atestavam suas tendências pró-Alemanha —, dialogaram diretamente com um dos mais importantes nomes da história militar americana: o general George C. Marshall. Veterano da Primeira Guerra, responsável pela reestruturação e modernização das forças armadas americanas, Marshall foi promovido ao cargo de chefe do Estado-Maior por Roosevelt, desde o começo da Segunda Guerra, em 1939, até seu fim, em agosto de 1945. Dos bastidores da guerra, de onde partiram as decisões mais cruciais do conflito, foi Marshall que elaborou o plano de desembarque Aliado na Normandia, além de outras ações cruciais. Mas seu maior projeto foi implantado no pós-guerra, quando idealizou o Programa de Recuperação Europeia. Batizado com seu nome, o famoso Plano Marshall lhe rendeu um Nobel da Paz, em 1953.

Muitos atribuem a formação da FEB a uma imposição dos americanos, algo que demonstra um total desconhecimento de causa sobre o tema, parte dos vários mitos que até hoje cercam a história do Brasil na Segunda Guerra. Pelo contrário, a formação efetiva da FEB esbarrava na incapacidade dos órgãos militares em constituí-la e na clara má vontade dos americanos em suprir as necessidades do governo brasileiro nesse sentido. Havia a suspeita, em alguns setores do Estado-Maior em Washington, de que tudo não passava de um ardil do governo Vargas, que estaria ansioso apenas em atender a demanda por armas de seus militares e conseguir o fornecimento, tão insistentemente requerido aos americanos. Estes, por sua vez, estranhavam a inexplicável demora na formação e organização da Força Expedicionária nacional.

"Os benefícios da paz não os consegui recolher para o Brasil, que os perdeu porque depois de ter salvo o país do erro, fui vítima da conspiração palaciana." (Oswaldo Aranha, chanceler do governo Vargas, o "Churchill brasileiro")

O homem certo, na hora certa. Levantou-se contra os países do Eixo, buscou o alinhamento com a democracia de Roosevelt. Parece até uma referência ao primeiro ministro britânico Winston Churchill, mas esse também era o perfil de um dos personagens-chave das articulações políticas acontecidas nos momentos culminantes que levaram o Brasil a entrar na Segunda Guerra Mundial. Oswaldo Aranha simbolizou a esperança democrática do Brasil, em plena vigência do Estado Novo. Respeitado pelo "ditador benevolente" Getúlio Vargas, era seu fiel conselheiro e capaz de contrapor suas opiniões sem medo, considerado quase um segundo-homem no poder. Sem medo também enfrentou o gabinete germanófilo dos militares linha-dura do governo, como Góes Monteiro e Eurico Dutra, que esperavam obter da Alemanha e Itália as armas que os americanos não vendiam e as siderúrgicas que não financiavam. Aranha também batia de frente com o ministro da Justiça Francisco Campos e o chefe da polícia política Filinto Müller, especialmente quando estes implementaram uma política antissemita para impedir a imigração de judeus para o Brasil. O jogo virou quando Aranha teve papel crucial na ruptura de relações diplomáticas com o Eixo, em janeiro de 42, deixando o país num estado de pré-guerra com os nazifascistas. Por conta disso, alinhado aos Estados Unidos, o país finalmente ganharia as benesses que tanto almejava: chegaram as armas e a siderúrgica de Volta Redonda. Dali em diante, até Vargas queria ser chamado de "presidente". A lista de objetivos concebida por Aranha, para o histórico encontro de Vargas com Roosevelt em Natal, atestam uma ambiciosa agenda em prol do desenvolvimento do país:

- Melhor posição política mundial.
- Consolidação da superioridade sobre a América do Sul.
- Relações mais seguras e estreitas com os Estados Unidos.
- Desenvolvimento de uma influência maior sobre Portugal e suas colônias.
- Desenvolvimento do poder marítimo, aéreo e criação de um complexo industrial militar.
- Implementação da indústria pesada.
- Criação de indústrias complementares aos Estados Unidos na agricultura, extrativismo e mineração, essenciais para a reconstrução global pós-guerra.
- Expansão das ferrovias e estradas para fins estratégicos e econômicos.
- Prospecção de combustíveis essenciais.

Sabedor da importância da participação do país na guerra, Aranha cresceu em vulto político e, ao ameaçar até mesmo Vargas com suas realizações e anseios pró-democráticos, foi "fritado" pelo seu amigo de longa data, deixando o governo em agosto de 44. No pós-guerra, voltaria depois que Dutra assumiu a presidência, sendo que seu antigo rival convidou-o como chefe das Relações Exteriores, período em que comandou brilhantemente as primeiras assembleias de importância da recém-criada ONU. Foi indicado ao Prêmio Nobel da Paz, em 48, por conta de suas ações na partilha da Palestina e na criação do Estado de Israel. Ironicamente, depois de tantas realizações, o Churchill brasileiro foi um estadista que não concluiu o tão almejado sonho de liderar o país.

Compromisso americano

Não resta a menor dúvida de que o governo Roosevelt tinha grandes interesses nas relações com o Brasil. Os americanos estavam cumprindo boa parte dos acordos com os brasileiros: patrulhando o litoral, protegendo os navios em suas rotas na costa brasileira, treinando soldados e oficiais e mesmo entregando armamentos. Faltava cumprir a palavra de Roosevelt para com Vargas, o voto de confiança final dos americanos, que proporcionou pela primeira vez na história o envio de tropas brasileiras para combater além-mar. O lendário general Eisenhower — que deixaria o teatro de operações do Mediterrâneo para assumir o comando das operações preparatórias do Dia D na Inglaterra —, no início refratário à participação brasileira, foi quem definiu o envio da FEB para a Itália.

A nova estrutura a ser implantada numa formação do Exército brasileiro previa a formação de um corpo de Exército, que seria constituído por três divisões de infantaria. A mesma estrutura de composição e organização do Exército americano — basicamente uma unidade subdividida em três — seria usada na reorganização de todo o Exército brasileiro, pois, além de modernizar a antiga hierarquia vigente, essa padronização era necessária para harmonizar as tropas nacionais junto às tropas americanas no *front*. Seguindo essa estrutura, cada uma das três divisões brasileiras inicialmente previstas estaria dividida em:

- Quartel-general — centro de comando e de decisões de toda a força militar;
- Estado-Maior — órgão de planejamento que ajuda nas decisões dos comandantes do quartel-general e coordenador das informações entre outras unidades e o alto-comando;
- Três regimentos de infantaria para cada divisão;
- Uma divisão de artilharia composta de quatro grupos;
- Uma esquadrilha de ligação e observação, composta de aviões leves usados para localizar posições e movimentos de tropas inimigas;
- Um batalhão de engenharia;
- Um batalhão de saúde;
- Um esquadrão de reconhecimento;
- Uma tropa especial, na qual se incluíam uma companhia de manutenção leve, intendência, polícia militar, um pelotão de sepultamento e uma banda de música.

Arregimentando (e capacitando) homens

A FEB já existia no papel. Faltava agora cumprir a gigantesca tarefa de preencher as fileiras com homens capacitados. Seria necessário multiplicar por três cada um dos setores previstos na composição de uma divisão, e o alistamento e a seleção de pessoal deveriam entregar ao menos 75 mil homens aptos a ocupar as novas funções. Desse total, mais da metade deveria estar apta para entrar em combate. O contingente das Forças Armadas brasileiras nessa época beirava os setenta mil homens, o que significava no mínimo dobrar a quantidade do efetivo apenas para realizar os planos iniciais de formação da FEB. Dificilmente a meta seria cumprida apenas com o voluntariado, e o alistamento obrigatório dos reservistas estava previsto.

O ministro da Guerra, general Dutra, procurava entre os militares de alta patente quem fosse mais capacitado para o comando da FEB, mas, aparentemente, ninguém se mostrou disposto a encarar tamanho desafio, já que todos recusavam o convite feito pelo chefe militar. Em agosto de 1943, o general João Batista Mascarenhas de Morais aceitou o comando de uma das três divisões de infantaria previstas inicialmente para compor a FEB. Esse militar da ativa era comandante da Artilharia e estava servindo na 7ª Região Militar, sediada em Recife.

Mascarenhas sempre esteve ao lado do governo constituído, durante as revoluções nos anos 1930, quando confrontou Vargas em duas ocasiões. Com isso, foi preso, e depois liberado para reassumir seu posto. Mas, depois de lutar contra o levante comunista de 1935, ganhou a confiança do presidente. Foi enviado aos Estados Unidos para o curso preparatório na Escola de Comando e Estado-Maior de Fort Leavenworth, no estado de Kansas, para onde posteriormente foram mandados 259 militares brasileiros, até fins de 1944. Era um homem reservado, conhecido pela sua personalidade introspectiva, mas cujas qualidades de comando e administração seriam de enorme importância ao longo do seu papel na liderança da FEB.

Da teoria à prática, os militares brasileiros prosseguiam no processo de estruturação da FEB. Os equipamentos militares americanos que chegavam ao Brasil por conta do Tratado de Empréstimo e Arrendamento custaram mais de 350 milhões de dólares, uma fração do preço real, que teve o prazo de pagamento facilitado. As divisões, uma vez treinadas, receberiam seu equipamento funcional ao chegar no teatro de operações determinado.

Depois de vencidas as barreiras políticas para a entrada de uma força brasileira no *front* de combate, o alto-comando Aliado escolheu o teatro de operações do Mediterrâneo para receber o contingente brasileiro. Em novembro de 1943, uma comissão militar chefiada pelo general Mascarenhas foi enviada à Itália e à África para observação daqueles cenários de guerra. Antes de sua volta ao Brasil, o general Mascarenhas foi nomeado comandante da 1ª Divisão de Infantaria Expedicionária.

Peneira fina para a FEB

O processo de seleção para formar a FEB seguiu o roteiro vigente no Serviço Militar brasileiro, ou seja, um sistema anacrônico, defasado e desorganizado, que promovia um grande desconforto e aborrecimento aos cidadãos que se apresentavam. Além de ser um verdadeiro desafio à paciência, o processo expunha os convocados a muitas humilhações e maus-tratos por parte dos militares em serviço nas unidades de seleção do pessoal.

Centenas de homens eram reunidos nas rudimentares instalações dos quartéis, espremidos enquanto aguardavam a chamada para os exames de avaliação física e psicológica, que eram feitos mais como uma praxe. Os médicos olhavam de relance os reservistas, para identificar alguma anomalia ou má-formação aparente.

Depois, os convocados seguiam para um exame de urina. Quem não conseguia urinar pedia uma amostra da urina do convocado ao lado, que era depositada na vasilha recebida para a coleta. Na sequência, um teste psicológico era feito às pressas, para atestar a sanidade do candidato; situação em que o médico nem sequer tirava os olhos do prontuário ao interrogar o entrevistado.

A grande quantidade de candidatos congestionava o sistema, que já era precário, o que fazia com que muitos convocados voltassem diversas vezes aos postos de seleção. Muitas vezes, reservistas eram obrigados a permanecer nos quartéis de um dia para o outro, apenas para não atrasar a lista de exames. Quando isso ocorria, tinham que dormir nas salas de exame, ou mesmo nas celas dos quartéis, impedidos de telefonar para casa ou para o trabalho, a fim de avisar o motivo da demora.

Para lutar pela democracia e pelo mundo livre, os brasileiros eram obrigados a passar por essas agruras, antes de entrar em combate.

Os pracinhas

A população masculina, dividida entre os que se apresentavam voluntariamente e os que tiveram que se alistar compulsoriamente, comparecia nas juntas militares e nos quartéis, em resposta ao chamado das Forças Armadas. Ficou claro que apenas o voluntariado não seria capaz de juntar homens em número suficiente. Por conta da tenra idade dos alistados, surgiu o termo carinhoso que passaria a designar os integrantes da FEB: "pracinhas".

No Brasil, o ato do alistamento é conhecido como "sentar praça". "Praça", além de indicar o local onde fica um quartel, é a designação para soldado raso em serviço. O jovem praça alistado para compor a FEB passou então a ser conhecido como "pracinha".

O termo até hoje não tem uma versão oficial para seu surgimento, mas, em pouco tempo, toda a população, os jornais e as rádios se referiam ao contingente da FEB como sendo composto pelos pracinhas. O nome difundiu-se. Era uma forma terna de se referir ao soldado brasileiro. O termo no diminutivo nunca foi considerado desrespeitoso ou depreciativo aos jovens praças que seriam enviados para a guerra. As mães, os pais, as namoradas, as irmãs, os irmãos, todos se referiam com muito orgulho ao parente que se tornou um pracinha. A imprensa e as autoridades passaram a se referir assim aos representantes da Força Militar brasileira.

Nos dias de hoje, é um pouco difícil entender a escolha de um termo tão singelo para nomear soldados rumo ao combate. Seria mais compreensível um nome rude e agressivo para apelidar nossos guerreiros.

Os soldados americanos, por exemplo, eram conhecidos pela fria e impessoal abreviatura G.I. (*Government Issue*, "Artigo do Governo"), ou pelo apelido recebido em campo de batalha: "*dog face*" ("cara de cachorro"). Muitas vezes os comandantes Aliados se referiam aos seus comandados como "nossos rapazes". Seria comprovado que a aparente ternura ao se referir aos soldados da FEB como pracinhas não combinaria em nada com as durezas que a guerra lhes reservaria, mas o apelido serviu para compor a mítica que envolveu os brasileiros em combate: a de jovens soldados inexperientes.

Tirando o atraso

As dificuldades para a formação e treinamento da FEB continuaram. Os americanos alegavam não dispor de armamentos suficientes para o Brasil, uma vez que, além de fornecer armas para vários países Aliados, ainda precisavam reequipar seu próprio exército, que estava lutando em várias frentes. Os ingleses se opunham ao envio de uma força brasileira para o teatro de operações do Mediterrâneo, onde mais de vinte nacionalidades estavam engajadas nas operações de combate.

Tanto o general Harold Alexander — comandante do VIII Exército inglês — quanto Winston Churchill não viam com bons olhos mais uma tropa estrangeira adentrando aquele estágio da luta, o que poderia aumentar ainda mais os desafios estratégicos e logísticos já existentes. Foi preciso a insistência de Roosevelt para convencer Churchill sobre a importância política de os americanos cumprirem a promessa de que os brasileiros lutariam.

Com a redução do efetivo esperado para compor o corpo expedicionário, já que se provou impossível convocar cem mil homens para três divisões, ficou definido que a FEB teria apenas uma divisão, formada por cerca de 25 mil homens. Dos três centros de treinamento militar previstos, apenas o do Rio de Janeiro foi efetivado. Estava em andamento a total reforma na estrutura militar vigente, com a adaptação do Exército brasileiro para o modelo americano.

A tarefa necessitava, além do completo reaparelhamento, do treinamento da nova doutrina militar, do uso das novas armas e equipamentos, da modernização da cadeia de comando e de outras tantas funções de um exército avançado. Além da formação do novo soldado de infantaria e da revisão do importante papel dos suboficiais, era necessário uma quantidade de novos especialistas dentro da estrutura militar, como motoristas, datilógrafos, rádio-operadores, eletricistas, cozinheiros, engenheiros, médicos e outros. Para tal, foi necessária a tradução de centenas de manuais de treinamento, do inglês para o português.

Entre as mais importantes necessidades de treinamento, estava o manejo de novos armamentos fornecidos pelos americanos. No começo dos anos 1940, o Exército brasileiro ainda utilizava fuzis e canhões alemães, além de metralhadoras francesas, todos da época da Primeira Guerra Mundial. Apesar de ser a segunda nação americana a utilizar carros de combate, comprados dos franceses nos anos 1920, a motomecanização no Exército só aconteceu de fato em 1942, com a chegada dos veículos militares americanos em quantidade, inclusive o lendário jipe, caminhões para transporte de tropas e veículos blindados. Estes já eram modelos obsoletos na época, como o tanque leve Stuart M-3 e o veículo blindado de quatro rodas Scout Car.

A formação do novo soldado brasileiro dependia do treino e do conhecimento das táticas modernas usadas em combate, baseadas na vivência em campo de batalha, que era trazida por soldados que estiveram em ação. Instrutores americanos estavam previstos para transmitir esses conhecimentos, e chegaram no país

1942   III

somente no início de 1944. O chefe da comitiva militar americana no Brasil era o general Lehman Miller, que estranhava o pró-germanismo ainda presente no alto-comando do Exército brasileiro.

CADETES REVOLTADOS REFUGAM IDEOLOGIA NAZI

Se na Argentina havia uma presença marcante de militares alemães treinando as forças armadas locais, no Brasil, algumas tentativas de orientar as forças militares brasileiras pela doutrina alemã até foram arriscadas pelos simpatizantes germânicos do governo Vargas. O relato do brigadeiro Rui Moreira Lima — um dos mais conhecidos integrantes do Senta a Pua! — conta sobre um dia qualquer em 1941 em que uma comitiva alemã chegou ao centro de treinamento de cadetes no Campo dos Afonsos, no Rio de Janeiro, para a exibição de um filme que supostamente mostrava o treinamento e o uso de aeronaves da Força Aérea alemã.

O então aspirante Moreira Lima, juntamente com uma turma de cerca de cinquenta cadetes, esperava pelo começo da sessão, quando um dos militares brasileiros da comitiva passou a demonstrar um claro favoritismo pela doutrina nazista. A turma toda se incomodou com o fato, e, assim que se apagaram as luzes para a exibição, constatou-se que o filme na verdade era uma peça de propaganda nazista.

Foi então que se iniciou uma algazarra, com os cadetes vaiando e insultando os militares e a comitiva alemã que estavam presentes. Os jovens integrantes da aeronáutica naquele momento já deixavam claro que os brasileiros repudiavam o nazifascismo. O cadete Rui Moreira Lima e sua turma receberam as punições cabíveis por parte do comando, na verdade uma reprimenda sobre a cortesia dos cadetes da aeronáutica. Daí adiante, ninguém mais voltou à escola para exibir filmes de ideologia nazista.

O treinamento visava reproduzir situações de combate que se tornaram rotina no preparo de qualquer exército, como transposição de campos minados, progressão em campo sob fogo de metralhadoras, tiro ao alvo, marchas de longo percurso e aperfeiçoamento físico. De início, a seriedade e a rigidez na rotina imposta pelos militares americanos, cujo lema era treinar, treinar e treinar, causou estranheza e encontrou certa resistência por parte dos recrutas e militares de carreira brasileiros, desacostumados com tal nível de exigência. Em pouco tempo, porém, esse entrave foi superado, e o preparo da tropa prosseguiu na medida do possível.

Fileiras (quase) democráticas

Em 1943, o Exército brasileiro tinha menos de cem mil homens em seus quadros. Em julho de 1943, depois da convocação geral, menos de três mil voluntários se apresentaram, e metade foi reprovada nos exames de seleção físicos e sanitários. No momento em que o alistamento voluntário não correspondeu às expectativas, teve lugar a convocação compulsória de reservistas, em grande parte provenientes das classes trabalhadoras — operários e agricultores —, que compunham a maioria populacional do Brasil. Os militares de carreira, os oficiais da reserva e um grande número de recrutas provenientes das capitais brasileiras representavam uma parte mais privilegiada da população. A FEB formava um quadro representativo fiel da sociedade brasileira da época.

Uma das grandes virtudes atribuídas à FEB era o caráter não segregacionista de suas fileiras. De fato, se comparada à política racista vigente nos exércitos inglês e americano, em que tropas coloniais e negros eram abertamente segregados, usados apenas para serviços na retaguarda ou reunidos em tropas separadas, comandadas por oficiais brancos, a FEB era de fato uma tropa miscigenada.

No entanto, dentro da FEB também havia segregação racial, além da social e hierárquica. Mais tarde, constatou-se o estranhamento dos americanos ao verem que os brasileiros não segregavam os negros em seus pelotões, assim como a surpresa dos brasileiros ao notar a existência de tropas compostas apenas por soldados negros. Também se surpreenderam ao ver como os oficiais americanos tratavam bem seus comandados de patente inferior, algo incomum no Exército brasileiro.

Uma das muitas histórias que atestam a existência da segregação racial nas fileiras da FEB conta do dia em que, durante a recepção de uma comitiva americana, um oficial brasileiro determinou que não deixassem soldados negros na primeira fileira da guarda. Os soldados negros perguntaram ao seu comandante se, na hora do combate, os brancos também seriam enviados para a fila da frente.

A ARTE DO IMPROVISO

Os novos equipamentos dos americanos não chegavam em quantidade suficiente para treinar o efetivo da FEB, problema que se estendeu de janeiro até julho de 1944, às vésperas da partida do primeiro escalão para a Itália. O 9º Batalhão de Engenharia, sediado em Aquidauana, no Mato Grosso do Sul, foi obrigado a improvisar no treinamento de prospecção de minas terrestres. Seus integrantes pediram à população da cidade que doasse todas as latas de goiabada disponíveis, que seriam utilizadas para simular minas enterradas para que fossem localizadas pelos novos detectores eletrônicos e, assim, possibilitassem os treinamentos em campo.

A chegada de alguns canhões americanos anticarro de 57 milímetros e obuseiros de 105 milímetros possibilitou o treino de uma parte da artilharia regimental, mas a maior parte dos soldados só teve contato com essas e outras modalidades de armamentos ao chegar na Itália. Os canhões de 155 milímetros, que formavam uma bateria da Artilharia Divisionária, foram entregues apenas na frente de combate.

A FEB tomava forma, e a opinião pública ficava sabendo pela imprensa sobre a mobilização — mesmo com a censura vigente —, ainda sob influência popular para uma resposta à agressão do Eixo. Havia certa empolgação geral, mas logo todos começaram a tomar conhecimento dos muitos problemas materiais e conceituais que se apresentavam nesse processo.

Os integrantes do governo que não gostariam de ver a FEB se tornar realidade deixavam vazar informações para minar os trabalhos necessários à sua organização. Eram os germanófilos em ação, que, mesmo com o distanciamento cada vez maior da Alemanha, ainda tentavam influenciar Vargas a não se alinhar com os Estados Unidos e alertá-lo sobre os perigos da concessão de poder a um grupo pró-democrático no Brasil. Entretanto, para o ditador brasileiro, as vantagens de uma empreitada como essa pareciam superar as desvantagens.

Uma vez firmado o sério compromisso de enviar tropas brasileiras para o *front*, era preciso cumpri-lo e evitar qualquer possibilidade de vexame. Depois da participação simbólica na Primeira Guerra Mundial — quando o Brasil precisou insistir que os ingleses aceitassem receber e treinar dez aviadores brasileiros e a Marinha conseguiu enviar dois navios, que, com muito custo, chegaram ao Mediterrâneo somente no dia em que a guerra acabou — a FEB representava concretamente essa oportunidade. Era preciso naquele momento garantir definitivamente um lugar na nova ordem mundial que se desenhava.

A urgência em acelerar os trabalhos de reunião, treinamento e aparelhamento da FEB provocou os inevitáveis improvisos e adequações, que se tornaram uma marca nacional, o tão propagado "jeitinho brasileiro". A verdade é que a infraestrutura existente estava longe do ideal para uma missão desse porte. Os convocados que chegavam ao Rio de Janeiro eram alojados na Vila Militar, no bairro de Marechal Hermes, onde as instalações dos quartéis não eram suficientes para oferecer acomodação na mesma escala em que se realizaram os alistamentos. Foram construídos galpões de madeira improvisados, desconfortáveis e sem condições sanitárias adequadas.

No que diz respeito à comida, os hábitos alimentares do brasileiro dessa época tinham como base os já tradicionais feijão, arroz, batatas, angu de milho e farinha de mandioca, eventualmente com algum tipo de carne. O desjejum era composto tão somente por café, pão, bananas e laranjas. O rancho (nome da comida oferecida aos soldados) tinha aspecto repugnante; cozinhas e refeitórios eram um atentado contra a higiene, e a alimentação estava longe de suprir as necessidades mais básicas dos homens sob treinamento. As enfermarias ficavam repletas por conta dos alistados que chegavam doentes, embora muitos evitassem o atendimento médico, pelo simples medo de tomarem vacinas e injeções.

Eram comuns os casos de tuberculose, somente diagnosticados quando o alistado passava pela triagem médica dos quartéis. Doenças venéreas e a péssima condição dos dentes da grande maioria completavam o quadro sanitário geral dos homens que eram selecionados para formar a FEB.

A COBRA VAI FUMAR?

Se eram essas as condições oferecidas aos soldados a caminho do campo de batalha, com que disposição lutariam? Nesse cenário, surgiam dúvidas e questionamentos sobre a real possibilidade de o Brasil enviar seus soldados para a guerra, já que as metas a ser superadas se mostravam bastante difíceis. Havia um pessimismo generalizado, algo que resultou na frase que representava o pensamento sobre a FEB: "É mais fácil uma cobra fumar do que o Brasil mandar soldados para a guerra."

Dentro do grande número de histórias criadas por conta da formação da FEB, muita gente acreditou nos boatos de que a famosa frase sobre a cobra fumando teria sido pronunciada pelo próprio Hitler, mas certamente o líder nazista estava mais preocupado com a guerra em andamento — em especial, no sangrento *front* russo — do que com as dificuldades brasileiras em organizar sua força militar expedicionária.

Mesmo com a forte censura, o povo nas ruas tomava conhecimento da insuficiência do alistamento voluntário, da convocação compulsória de reservistas, das dificuldades em deixar o país guarnecido, caso as Forças Armadas fossem enviadas para além-mar, e da patente falta de recursos para equipar os soldados. A participação das associações estudantis nas fileiras de alistamento da FEB era inversamente proporcional às demonstrações por elas organizadas nas ruas das grandes cidades meses antes, quando pediam a declaração de guerra. Na verdade, dentro da FEB, poucos estudantes com idade para alistamento se apresentaram.

9. As labaredas da guerra no Brasil

Quem chega hoje a Natal, capital do Rio grande do Norte, importante polo turístico da Região Nordeste, não faz ideia da importância deste local durante a Segunda Guerra. O Ministério da Guerra americano considerava a cidade um dos quatro pontos estratégicos mais importantes do mundo, juntamente com Gibraltar (entrada do Mediterrâneo), o canal de Suez e o estreito de Bósforo (que ligam a Europa à Ásia). A razão disso era que Natal separa o continente americano de Dacar, na África, por meras 1700 milhas náuticas, pouco menos de três mil quilômetros.

Muito antes da guerra, em 1927, os franceses chegaram ao local para construir a primeira pista de pouso. Ao longo da década de 1930, ocupando a foz do rio Potenji, vieram os italianos, os alemães e os americanos, que operavam os hidroaviões que voavam desde a Europa e os Estados Unidos até a América do Sul. Com o início da guerra e a queda da França, houve a preocupação do governo americano com a possibilidade de os alemães e os italianos usarem as colônias de países ocupados como base (a Guiana Holandesa foi ocupada por forças americanas em novembro de 1941).

Em 1940, com o claro apoio americano aos ingleses, começaram as ações para se utilizar Parnamirim como rota de envio de aviões e demais suprimentos para a luta contra o Eixo no norte da África. Os americanos desalojaram os antigos ocupantes e começaram a operar a companhia aérea Pan American no país, depois de uma barganha com Vargas por armamentos. Ele não queria que os americanos simplesmente ocupassem o campo de pouso e usassem as linhas que eram dos italianos e dos alemães, onde apenas seis aviões americanos podiam permanecer.

No final de 1940, os americanos implantaram o Airport Development Program ("Programa de Desenvolvimento de Aeroportos"), uma fachada para ocultar a construção de bases aéreas em Belém, Parnamirim e Recife. Em dezembro de 1941, com a entrada definitiva dos Estados Unidos na guerra, a construção da base ganhou força total.

Na ilha de Fernando de Noronha, que estava na rota para a costa africana, foi montada uma base aérea americana, sobre um campo de pouso construído nos anos 1920 pela companhia aérea italiana LATI. A base de Natal se tornou um dos aeródromos mais movimentados do mundo na época. Ao Norte, Belém do Pará era escala das esquadrilhas americanas a caminho de Recife e Natal.

O Nordeste brasileiro serviu como rota estratégica para o esforço de guerra Aliado, que não teria chegado à Europa Mediterrânea se não fosse pela conquista dos territórios ao norte da África e pela derrota dos italianos e dos alemães nessa região. Entre 1943 e 1944, Parnamirim se tornaria a base aérea americana mais movimentada do mundo, por onde passaram milhares de aviões, com mais de cem pousos diários.

Natal era escala obrigatória para a travessia aérea até Dacar, com a ilha de Fernando de Noronha servindo de ponto de apoio. De Dacar, os voos seguiam para a Europa. Já no final dos anos 1930, aviões de grande autonomia podiam realizar a travessia sem pousar para reabastecimento em Fernando de Noronha ou nas ilhas de Cabo Verde e Canárias, na costa africana.

Em 1943, chegou ao Brasil a recém-criada IV Esquadra americana, que tinha a missão de patrulhar o Atlântico Sul. Navios de guerra americanos ancoravam nos portos brasileiros, e vários foram incorporados e mesmo doados à Marinha brasileira, o que possibilitou a esperada proteção das rotas entre as capitais.

O vice-almirante e comandante da IV Esquadra Jonas Howard Ingrahm foi nomeado por Vargas chefe das Forças Navais no Brasil, cujo centro de comando era baseado em Recife. O gesto causou insatisfação em alguns setores políticos e militares, que não concordavam com a chegada dos americanos e a concessão de bases operadas por eles em nosso território.

Secretamente, Vargas fez um acordo com o comandante da Marinha americana em que lhe dava plenos poderes e total liberdade de ação dentro do mar territorial brasileiro, como forma de proteger a navegação regional. Esquadrões de dirigíveis operavam em Recife e no Rio de Janeiro com tripulações americanas — uma das muitas formas usadas para um patrulhamento mais eficiente dos mares —, somados aos aviões e aos navios.

De fato, os gringos haviam chegado para salvar a caravana. Ao contrário da gigantesca invasão pacífica que os soldados americanos efetuaram em território inglês — onde se concentraram em massa para a grande operação de desembarque no Dia D —, no Brasil, a presença americana foi proporcionalmente bem menor, mas de grande efeito, para influenciar a sociedade local. Natal e Recife ainda não eram grandes cidades, mas o Rio de Janeiro, Distrito Federal, recebia e repassava as influências dos americanos no dia a dia brasileiro. O que se fazia mais notável era o elevado padrão de produção dos americanos, especialmente a qualidade dos bens materiais, que chegavam em grande quantidade para uso restrito nas bases militares. Muitos desses itens extrapolavam as restrições e acabavam no mercado negro, ao qual a população tinha acesso. Era possível encontrar cigarros, sorvetes, chicletes, bebidas, óculos escuros, remédios como a penicilina e diversas vacinas, culminando com a abertura da primeira fábrica da Coca-Cola no Brasil.

Estava definitivamente alterado o eixo de influência econômica e cultural, que se deslocou da Europa para os Estados Unidos, com a irrefreável força das estrelas de Hollywood e dos expoentes da música americana. O Brasil, dali em diante, rezava pela cartilha do Tio Sam.

Mudança de rotina

O intercâmbio militar com os Estados Unidos finalmente ocorreu quando uma grande quantidade de material bélico americano começou a desembarcar nos quartéis e em bases aéreas brasileiras. Jipes, veículos blindados leves, aviões de treino e patrulhamento do litoral, armamentos dos mais diversos — de armas portáteis até canhões de costa de grande calibre —, munições, equipamentos de comunicação, enfim, um novo aparato militar exigia colocar em prática uma nova doutrina para o soldado brasileiro.

O estado geral das Forças Armadas brasileiras estava longe da empolgação social demonstrada com a declaração de guerra, naquele agosto de 1942. O Estado-Maior brasileiro e os americanos trabalhavam com o cenário de um possível ataque nazista ao continente americano, que poderia ser deflagrado nas praias do Nordeste, partindo do norte da África.

Mesmo longe dos campos de batalha, cidades ao longo de todo o litoral brasileiro foram obrigadas a adotar as medidas de "defesa passiva", como apagar toda a iluminação pública, cobrir as janelas com panos ou mesmo pintar as vidraças de casas e prédios de preto, para evitar que a luz escapasse durante a noite e, assim, prevenir ataques aéreos.

Essas ações foram mais constantemente aplicadas nas capitais nordestinas, mas até São Paulo foi obrigada a apagar suas luzes. Treinamentos defensivos também aconteceram no Rio de Janeiro, quando a praia de Copacabana permanecia na mais completa escuridão. Grupos de socorristas foram formados e treinados para agir no caso de um provável bombardeio sobre a cidade. Houve grande necessidade de formação de enfermeiras, cuja disponibilidade era muito baixa, devido às poucas escolas e cursos ao redor do país. A guerra conseguiu mobilizar uma parcela da população para esse serviço essencial, o que causou até um efeito positivo, frente à total falta de infraestrutura no Brasil naqueles tempos.

A convocação dos "soldados da borracha"

Depois dos acordos do governo Vargas com Washington, houve o compromisso de aumentar a produção de borracha destinada aos americanos, uma vez que as fontes de acesso para essa matéria-prima estratégica no Oriente estavam bloqueadas pela invasão japonesa. Por outro lado, a borracha brasileira correspondia a quase setenta por cento das necessidades dos alemães, para onde o Brasil exportava antes da guerra. Com o bloqueio naval, os nazistas sofreram com a drástica redução dos estoques dessa matéria-prima crucial. Ao mesmo tempo, o governo brasileiro recebeu enormes quantias de dinheiro dos americanos para aumentar a oferta de mão de obra extrativista nos seringais da região amazônica. Vargas adotou atitudes extremas para aumentar a produção de borracha, que se tornou um dos maiores fenômenos de migrações internas do país.

Foi criado o Serviço Especial da Mobilização de Trabalhadores para a Amazônia (SEMTA), que promoveu o engajamento de quase sessenta mil homens para o trabalho na extração de látex, ou borracha *in natura*. Foi um recrutamento compulsório, que utilizou meios agressivos para arregimentar mão de obra: muitos eram "engajados à força".

Milhares de jovens foram praticamente raptados de suas famílias, por grupos de aliciadores, reunidos nas pequenas praças de municípios e jogados em caminhões que partiam rumo à Amazônia.

Outros se apresentavam espontaneamente, atraídos pelas promessas e pela propaganda massiva do governo, que enfatizava o pagamento de bons salários e assistência aos trabalhadores. No ato do alistamento, os candidatos eram obrigados a escolher entre servir nas Forças Armadas — na FEB — ou tornar-se "soldados da borracha".

De certa forma, a "convocação" dos soldados da borracha teve uma campanha mais bem-planejada e foi muito melhor divulgada que a dedicada ao alistamento da FEB. O alistamento dos soldados da borracha servia para a mobilização do *front* interno no esforço de guerra, e ganhou tanta importância quanto a formação da FEB. A maioria dos alistados vinha do Ceará e foi enviada para Manaus e Belém, de onde eram encaminhados para o interior, rumo aos seringais. Entretanto, o que parecia conveniente para os planos do governo no povoamento da Amazônia, por meio da realocação de uma parcela da população nordestina — que sofria as consequências de uma das maiores secas da história do Brasil, ocorrida em 1942 —, para, ao mesmo tempo, aumentar a produção de borracha, acabou como um episódio lamentável.

Os aliciados na verdade serviram de mão de obra aos donos dos seringais, que cobravam hospedagem e tudo mais necessário à sobrevivência dos trabalhadores, desde comida até roupa, o que os deixava endividados no momento em que chegavam.

Os homens passaram por toda sorte de dificuldades: inexperientes na extração do látex, eram malpagos pelos patrões, sofriam com as doenças tropicais, eram atacados por onças e cobras e não dispunham de recursos mínimos de assistência e saneamento nos acampamentos formados no meio da selva amazônica, onde acabariam perecendo em grande número.

Esse era o dia a dia dos soldados da borracha, a versão brasileira da grande mobilização do chamado *front* interno no esforço de guerra, que acontecia em muitos países, mas dentro de pátios e complexos industriais. As consequências dessa saga ainda se estenderiam por muitos anos, depois de terminada a guerra.

Fronteiras em risco

A defesa das fronteiras brasileiras era motivo de grande preocupação no início da guerra, tanto do ponto de vista do nosso governo quanto na visão dos americanos. Se atualmente não se atingiu um estágio próximo do ideal sobre esse importante aspecto da segurança do país, em 1942 o assunto era uma tarefa muito mais complexa e difícil de se realizar.

As defesas litorâneas brasileiras apresentavam um grande problema, tanto para o Estado Novo quanto para os círculos internos do governo Roosevelt, que trabalhavam para construir a integridade do continente americano e, ao mesmo tempo, procuravam manter longe qualquer possível ameaça ao território dos Estados Unidos. Era necessário garantir que a grande nação americana estivesse protegida ao Norte, desde a Islândia — que se tornou área americana por um curto período a partir de 1941 — até o Alasca. Ao Sul, era preciso ampliar a zona de segurança para além da América Central — onde o canal do Panamá já era importante ponto estratégico americano —, até a península do Nordeste brasileiro, ponto mais próximo da América com a África Ocidental.

Os receios do governo americano em relação a um provável cenário de guerra atingindo a América do Sul se justificavam num fato concreto: a forma implacável como a França e os Países Baixos foram invadidos pelos nazistas em 1940, o que levaria inevitavelmente à ocupação das colônias além-mar desses países, no Sudeste Asiático (a Indochina Francesa, hoje Vietnã, e as Índias Ocidentais Holandesas, hoje Indonésia, foram ocupadas pelo Império do Japão) e nas Guianas Francesa e Holandesa (hoje Suriname), na América do Sul. O marechal Pétain, chefe do chamado "governo fantoche" francês de Vichy, liberou para a Marinha alemã o uso das instalações do porto de Dacar, em maio de 1941, assim como a costa oeste francesa e seus portos permitiam aos alemães operar por todo o Atlântico. Enormes ancoradouros na forma de *bunkers* de concreto armado à prova de bombardeios foram construídos em Saint Nazarre, Bordeaux, Lorient e La Rochelle, de onde partiam os traiçoeiros submarinos nazistas para encontrar suas vítimas no Atlântico.

O secretário de Estado americano, Cordell Hull, alertava para esse cenário preocupante:

(...) a situação está mudando com grande rapidez, e a possibilidade de uma agressão alemã contra o hemisfério ocidental está se tornando mais iminente. Na avaliação do presidente e dos chefes de Estado-Maior da Marinha e do Exército, os locais mais vulneráveis sob o ponto de vista da segurança do hemisfério ocidental são: Islândia e Natal, no Brasil. Caso o governo alemão seja capaz, em futuro próximo, de obter controle sobre Dacar, é provável que a Alemanha empreenda um clássico movimento estratégico em forma de pinça, visando à tomada da Islândia e de Natal, o objetivo último sendo, pelo uso de forças aéreas baseadas nestas regiões, isolar a Grã-Bretanha dos suprimentos que no momento lhe chegam via oceano Atlântico.

Paranoia generalizada

Essas declarações do homem que, mais tarde, em 1945, ganharia o Nobel da Paz pelo seu trabalho em formar a ONU serviam para mostrar o clima de paranoia vigente. Bastaria localizar num mapa a Islândia e o Brasil, distantes entre si por mais de nove mil quilômetros, para acalmar um pouco o discurso alarmista. Um ataque alemão para tomar essas regiões seria algo inexequível.

A empreitada necessitaria de que a *Kriegsmarine* fosse maior que a Marinha americana e inglesa juntas, e os alemães nem sequer eram dotados de um porta-aviões operacional. O *Graf Zeppelin*, primeiro de dois porta-aviões encomendados pela Marinha alemã em 1935, foi lançado ao mar em dezembro de 1938, mas nunca entrou em operação, sendo capturado pelos russos no fim da guerra. A demora em seu emprego serviu como exemplo da notória falta de sincronia existente entre a Marinha e a Aeronáutica alemãs, que perdurou durante toda a guerra.

Aproveitando o impacto do ataque-surpresa japonês à base dos Estados Unidos, em Pearl Harbour, ainda em janeiro de 1942, durante a Conferência dos Chanceleres realizada no Rio de Janeiro, os estrategistas e políticos americanos convenceram os setores do governo Vargas de que a distância entre Natal e Dacar oferecia chances de uma ação aérea ou naval dos alemães sobre o território brasileiro, quando estivessem de posse das colônias francesas no norte da África. Esse ataque poderia acontecer dali a um mês.

Esse aspecto reforça o estado de espírito de uma época em que os canais de inteligência, espionagem e contraespionagem ainda não funcionavam com muita precisão. As vitórias nazistas com a *Blitzkrieg* (guerra-relâmpago) até fins de 1941 serviram para aumentar as aflições em relação à possibilidade de qualquer outra ação ousada dos alemães. Não havia precisão quanto ao número de máquinas e homens disponíveis pelos nazistas para dar sequência às suas ações expansionistas. Num exercício teórico, tudo era possível, como já era viável a travessia aérea dos 2.900km entre Dacar e Natal pelo emprego de aviões com autonomia de quatro a seis horas.

Aviadores alemães e italianos que faziam as rotas aéreas de empresas que operavam na América do Sul poderiam oferecer informações estratégicas para futuras operações militares. Informantes do Eixo repassavam as rotas de navios que saíam dos principais portos sul-americanos. A hipótese de um movimento insurgente apoiado pelo Eixo no meio da grande população de imigrantes e descendentes de

1942

alemães, italianos e japoneses fixados no Brasil causava grandes preocupações em Washington. Havia mesmo o temor de que submarinos inimigos pudessem desembarcar clandestinamente armas e munição para grupos guerrilheiros formados em território brasileiro. O sucesso dessas operações colocaria em cheque o controle do canal do Panamá e a navegação no Atlântico entre a América e a África.

Xenofobia e intolerância política

Com a declaração de guerra ao Eixo, ocorreram muitas represálias no Brasil. Alemães, italianos e japoneses que residiam no país tiveram seus negócios fechados, bens confiscados e imóveis depredados. Muitos suspeitos de agir como agentes dos governos inimigos foram presos. Um decreto governamental determinou que qualquer imigrante e mesmo descendentes dos países do Eixo não poderiam permanecer dentro de uma faixa de cem quilômetros do litoral, medida que visava impedir eventuais contatos de espiões da quinta-coluna com embarcações inimigas e, assim, evitar que recebessem armamentos, ordens para sabotagens ou que repassassem informações secretas. A medida levou ao despejo, aprisionamento e internação de alemães, italianos e japoneses em campos de concentração, instituídos em diversos estados brasileiros. Os campos funcionavam como colônias agrícolas, onde os internos eram obrigados a prestar serviços. As condições de alojamento eram precárias e o tratamento destinado aos presos era severo. Alguns desses campos reuniram dezenas de prisioneiros. Muitos dos cativos eram tripulantes de navios alemães confiscados pelo Brasil e imigrantes — na sua maioria, lavradores que não conseguiram refúgio depois de serem despejados.

Alguns desses campos ficavam em:

- Tomé-Açu, no Pará, a duzentos quilômetros de Belém. Recebeu alemães, e a maioria dos internos era japonesa;
- Chã de Estevão, em Pernambuco. Abrigou empregados alemães da Cia. Paulista de Tecidos;
- Ilha das Flores e Ilha Grande, Rio de Janeiro, onde prisioneiros de guerra dividiam cela com detentos comuns, numa violação das leis internacionais;
- Pouso Alegre, Minas Gerais. Recebeu os 62 marinheiros do navio alemão *Anneleise Essberger*;

- Guaratinguetá e Pindamonhangaba, São Paulo, onde fazendas do governo foram adaptadas para receber prisioneiros, como a tripulação do vapor *Windhuk*, que deixou registros feitos durante o período de retenção de quase três anos;
- Santa Catarina, no hospital Oscar Schneider, transformado em colônia penal;
- Curitiba, Paraná, no local em que hoje se encontra a Granja do Canguiri, para onde foram levados cerca de cinquenta imigrantes japoneses, familiares de colonos, mantidos em condições deploráveis.

O Brasil, ao declarar guerra ao Eixo, manteve um distanciamento formal com o Japão, que estava muito longe das ações de combate em andamento no litoral atlântico. Entretanto, houve grande segregação racial em relação aos nipo--brasileiros e japoneses residentes no país. Isso seria um reflexo direto do alinhamento brasileiro com os Estados Unidos, que, depois do ataque a Pearl Harbor, empreenderam uma campanha fortíssima de propaganda antinipônica, na tentativa de rebaixar moralmente os japoneses. Foram necessários muitos esforços para reparar as hostilidades praticadas contra o grupo. Depois da guerra, uma emenda do governo que proibia a imigração japonesa foi derrotada por apenas um voto no Congresso, durante os preparos da Constituição de 1946. Nas décadas seguintes, o Brasil se tornou o país que recebeu o maior número de imigrantes japoneses.

Fica muito fácil nos dias de hoje concluir que nenhum desses cenários aconteceria de fato. Mas naqueles tempos o reconhecimento aéreo não permitia a cobertura das amplas áreas sob suspeita de ocultar formações de tropas e concentrações de equipamentos militares, bases aéreas ou navais. Isso deixava aberta a possibilidade e alimentava temores de que alemães e italianos pudessem estar preparando secretamente, em algum momento, uma grande operação de travessia do Atlântico.

Levando em conta todos os receios e considerando os fatos, algumas hipóteses para uma ação desse tipo acontecer seriam:

1. Se os alemães conseguissem preparar uma força militar considerável para cruzar o Atlântico até a costa brasileira: mesmo os teóricos mais experientes

e preocupados com a expansão nazista na época deviam saber que isso era praticamente inviável. Os recursos necessários para uma operação naval desse porte seriam gigantescos, diametralmente opostos ao tamanho da *Kriegsmarine* — Marinha de Guerra alemã. Considerar essa possibilidade era um enorme devaneio, apenas justificado pela total ausência de um sistema defensivo na costa brasileira, sem navios, aviões e contingente de homens suficientes para vigiar, patrulhar e defender o extenso litoral de um desembarque do gênero. Ainda na época, grandes operações navais de desembarque não haviam sido efetuadas, tanto pelos Aliados quanto pelos alemães.

2. Se os alemães realizassem um ousado desembarque aerotransportado, cruzando o Atlântico: isso também era absolutamente impossível, uma vez que o avião que transportava os paraquedistas alemães — o lendário cargueiro faz-tudo Junkers Ju-52 — não tinha alcance para uma travessia desse porte. Ademais, não haveria apoio naval, aéreo ou terrestre necessário para tal empreitada. Logo após o começo da guerra, as operações aerotransportadas dos *Fallschirmjäger* (paraquedistas) alemães, seriam restritas a ações terrestres por ordem direta de Hitler, depois do grande número de baixas sofridas durante a tomada da ilha de Creta.

3. Se os alemães lançassem ataques aéreos nas cidades litorâneas e em pontos estratégicos na costa do Nordeste brasileiro: cenário também pouco provável, mesmo se os alemães tivessem disponíveis esquadrilhas de bombardeiros pesados e de longo alcance — um aspecto que deu grandes limitações à *Luftwaffe* (Força Aérea alemã durante a Segunda Guerra). Alguns analistas militares Aliados já tinham noção de que a ausência desse tipo de aeronave era motivo de preocupações e críticas dos oficiais da Força Aérea alemã, que confrontavam seu comandante, Hermann Göring. O único bombardeiro alemão fabricado em larga escala era o bimotor médio Heinkel He 111-H, incapaz de atravessar o Atlântico. Sobre esse aspecto, vale mencionar o sério desentendimento que a *Luftwaffe* tinha com a Marinha alemã, o que privou o uso de aviões que ajudariam enormemente nas operações em conjunto com a força de submarinos. O avião adequado para essa missão era o quadrimotor Focke-Wulf Fw 200C Condor — um dos poucos quadrimotores fabricados pelos alemães, que não chegou a trezentas unidades. Concebido como avião

comercial de grande autonomia, também usado pelo Sindicato Condor (companhia aérea alemã) na América do Sul, o Fw 200 Condor foi adaptado para patrulha e eventuais bombardeios navais, embora sua estrutura não permitisse carregar muitas bombas, sobrevoando vastas áreas sobre os mares do Atlântico Norte e Mediterrâneo. O Condor era o avião favorito de Hitler, que chegou a ter três desses aparelhos ao seu dispor, mas seu uso era restrito devido ao seu tamanho, não permitindo o pouso em pistas curtas. Mesmo que esquadrilhas desses aviões pudessem efetuar bombardeios sobre cidades da costa brasileira, onde aterrissariam depois? Com o alcance máximo de 3.560km, uma missão desse tipo não permitiria o retorno ao suposto ponto de partida na costa africana. Seriam missões suicidas, como a realizada no lendário reide sobre Tóquio, chefiado pelo coronel James Doolittle, em fevereiro de 1942: uma resposta moral dos americanos ao ataque a Pearl Harbor.

Antes mesmo de os Estados Unidos entrarem na guerra, esses cenários, mesmo improváveis, serviam como forte argumento dos americanos para mobilizar os países das Américas contra a ameaça expansionista do Eixo. Na virada de 1941 para 1942, a entrada efetiva dos Estados Unidos no conflito diluiu os temores de uma ação alemã no continente americano, especialmente depois que a invasão à União Soviética começou a exaurir os recursos militares alemães. Dali em diante, o Nordeste brasileiro ganhou um novo contexto, dessa vez estrategicamente ofensivo, o que permitia a rota dos americanos até o norte da África, partindo de Natal e Recife. Enquanto no sudeste asiático as colônias francesas e holandesas foram ocupadas pelos japoneses, as Guianas Francesa e Holandesa na América do Sul foram neutralizadas, o que espantou qualquer chance de ocupação alemã. Em breve, os temores de uma ação militar do Eixo no Atlântico Sul seriam renovados, com a entrada em cena da arma que mais simbolizou o terror traiçoeiro alemão: o submarino.

OPERAÇÃO BORRACHA

Os temores dos americanos em relação ao Brasil se tornar um aliado do Eixo levaram ao planejamento da Plan Rubber ("Operação Borracha"), que visava à invasão e à tomada do Nordeste brasileiro e seus estratégicos aeródromos de

Natal e Recife, por meio de um desembarque naval, com data limite para fevereiro de 1942.

Até manobras de treinamento dessa operação foram realizadas em território americano, as quais serviram para mostrar a complexidade da empreitada, assim como comprovaram a inexperiência que ainda reinava nas Forças Armadas americanas naquele período. O plano exigiria enormes gastos logísticos para ser aplicado.

Finalmente, as ações diplomáticas entre Estados Unidos e Brasil foram mais efetivas e deixaram o Plan Rubber na gaveta do Estado-Maior americano. O sucesso dos desembarques americanos no norte da África desalojou os alemães e os italianos da região, afastando qualquer chance de um ataque ao território continental americano proveniente dali, como era suposto no início da guerra.

Códigos secretos decifrados

A quebra dos códigos secretos usados nas comunicações dos países do Eixo pelos Aliados, um dos feitos mais notáveis ocorridos na Segunda Guerra, foi mantida em segredo durante décadas após o seu término. Já em 1932, os poloneses conseguiram decifrar os códigos alemães usados nas máquinas criptográficas Enigma (que já eram utilizadas na transmissão sigilosa de informações comerciais) e repassaram o segredo para os ingleses e os franceses semanas antes do início da guerra.

Em pouco tempo, os Aliados aperfeiçoaram as leituras dos códigos, denominados Ultra, que eram decifrados depois de interceptados pelas transmissões de rádio alemãs. Foi preciso uma sutil estratégia para não demonstrar aos inimigos que seus códigos foram quebrados, o que levaria à criação de novos métodos para manter segredo nas transmissões de ordens, operações e demais informações importantes. A quebra do código Ultra serviu para afastar os comboios Aliados da rota de submarinos e indicar as posições dos alemães em ação no Atlântico Sul. Quanto aos códigos japoneses, antes do início da guerra, o Office of Strategic Services (OSS) já interceptava as comunicações diplomáticas da embaixada japonesa em Washington, o que alimentou a hipótese de que o ataque a Pearl Harbor era conhecido antes de seu desfecho, algo nunca comprovado. Entretanto, a quebra dos códigos japoneses permitiu uma ação ousada por parte dos americanos, depois de interceptada a transmissão de rádio que revelou a rota do avião transportando o almirante Isoroku Yamamoto, comandante supremo da Marinha Imperial, o homem que comandou o ataque-surpresa a Pearl Harbor. Uma esquadrilha de caças P-38 foi enviada numa operação secreta para interceptá-lo, e o mais importante militar japonês foi liquidado.

O "V" DA VITÓRIA

Se durante o Estado Novo os brasileiros não podiam votar para seus representantes na política, ao menos votavam nas melhores marchas de carnaval, nos vários festivais de música popular que eram realizados pelas grandes cadeias de rádios daqueles tempos. Um dos festivais foi promovido pela antiga rádio Tupi de São Paulo, no programa "Canção do Expedicionário", criado especificamente para a escolha do melhor canto de guerra sobre a FEB, uma iniciativa de Assis Chateaubriand, jornalista e homem influente da mídia da época.

A ideia era popularizar as marchas e as canções que enaltecessem o valor e o garbo nacionais e que pudessem representar nossas tropas, algo que parecia um pouco fora de mão na cultura brasileira, desacostumada com cerimônias e tradições do gênero, como ficaria provado em várias ocasiões ao longo da participação de nossos militares na guerra.

Entre os muitos exemplos de canções enaltecedoras, houve o caso de duas músicas com o mesmo nome: "O V da vitória". Uma foi composta pelo popularíssimo Lamartine Babo e cantada por Francisco Alves, uma dupla de peso da música brasileira da época. Era uma marcha, mas uma marcha carnavalesca, que tinha em comum com a marcha militar a ideia de reunir os participantes de um bloco para cantar um tema enaltecedor, fortalecido por uma batida empolgante.

A outra canção era uma toada, algo sertaneja, composta pela dupla Torres e Florêncio. Eram semelhantes apenas no título, pois a de Lamartine, cantada pelo conhecidíssimo Francisco Alves, tinha mais sutilezas e riqueza poética, enquanto a da dupla sertaneja dos anos 1940 mostrava ingenuidade brejeira e enaltecia explicitamente a figura do "presidente" Vargas. "O V da vitória" de Torres e Florêncio mostrava os versos pueris típicos das duplas caipiras:

Com V a gente diz "vamos"
Para a luta e para a glória
Com V daremos um "viva"

Com V diremos "vitória"

Com V um nome que paira

Com V se escreve "valente"

Com V se escreve o valor

Do nosso bom presidente

Com V daremos a vida

Com V iremos lutando

Com V se acerta a vitória

Com V se vive ganhando

Com V temos que varrer

O quinta-coluna imundo

Com V nós logo veremos

A liberdade do mundo

Com V se escreve "vontade"

Com V se escreve "valor"

O nosso V da vitória

Tem Deus, Santo Redentor

Com V se assenta a vitória

Desse povo varonil

Viva o nosso presidente

Viva este grande Brasil

"O V da vitória" de Lamartine Babo tem uma construção poética mais elaborada:

Terra querida és tu, Brasil,

Ser brasileiro é nossa glória

Em nossas veias, em nossas vidas,

Está gravado o V da vitória

Aqui é a terra do cruzeiro

O nosso sangue brasileiro

Os nossos mares, os nossos céus cor de anil

Nossa bandeira és tu, Brasil

Viva o Brasil, viva o Brasil

Brasil, Brasil

Tens o B da Bondade

Tens o R da Riqueza

Tem o A da Amizade

Tens o S da Saudade

Tens o I da Imensidade

Tem o L da liberdade

Viva o Brasil , Viva o Brasil

Brasil, Brasil

A FEB GANHA SEU HINO

Durante a competição da rádio paulista, foi escolhida uma música que tinha o mesmo título do programa: "Canção do expedicionário", com letra de Guilherme de Almeida e musicada pelo maestro Spartaco Rossi, por coincidência, descendente de italianos. O compositor explicou que tentou representar em seus versos as muitas regiões do Brasil e sua gente, ao responder a uma pergunta sobre o primeiro verso da música, "Você sabe de onde eu venho?". A letra é longa e complexa, e o instrumental obedece a todos os clichês que integravam os hinos e canções marciais brasileiras.

O compositor e arranjador Spartaco Rossi estudou música e composição na Alemanha, onde conheceu sua esposa e se casou, em Hamburgo. Isso serviu de motivo para que fosse fichado como simpatizante do regime nazista pela polícia do governo. Mais adiante, ele decidiu ceder os direitos da "Canção do expedicionário" à Cruz Vermelha.

O compositor Guilherme de Almeida fez menções de que sua letra foi inspirada numa canção militar inglesa da Primeira Guerra, chamada "It´s a Long Way to Tipperary", muito conhecida na época, mas não tão famosa quanto a antológica canção alemã "Lili Marleen", apreciada por todos os soldados de qualquer exército daqueles tempos. Ao contrário dos hinos nacionais e das canções militares mais populares, como o hino nacional mais conhecido do mundo, "A Marselhesa" — que dura menos de um minuto nas cerimônias oficiais —, a "Canção do expedicionário", em sua versão completa, se estende por mais de cinco minutos, um desafio para quem se dispõe a cantá-la.

Uma versão de três minutos da canção — tempo de um lado do disco de 12 polegadas de 75 rotações — foi gravada por Francisco Alves e lançada em outubro de 1944, quando a maior parte da FEB já se encontrava na Itália. A música foi razoavelmente divulgada nas rádios e teve uma modesta vendagem, depois de lançada em

1942   131

disco. Os versos são um compêndio de famosos poemas e canções nacionais, um mosaico da brasilidade, digno de um enredo das escolas de samba da atualidade:

I

Você sabe de onde eu venho?

Venho do morro, do engenho,

Das selvas, dos cafezais,

Da boa terra do coco,

Da choupana, onde um é pouco,

Dois é bom, três é demais.

Venho das praias sedosas,

Das montanhas alterosas,

Do pampa, do seringal,

Das margens crespas dos rios,

Dos verdes mares bravios,

Da minha terra natal.

[Estribilho]

Por mais terras que eu percorra,

Não permita Deus que eu morra

Sem que volte para lá;

Sem que leve por divisa

Esse V que simboliza

A vitória que virá:

Nossa vitória final,

Que é a mira do meu fuzil,

A ração do meu bornal,

A água do meu cantil,

As asas do meu ideal,

A glória do meu Brasil.

II

Eu venho da minha terra,

Da casa branca da serra

E do luar do meu sertão;

Venho da minha Maria

Cujo nome principia

Na palma da minha mão.

Braços mornos de Moema,

Lábios de mel de Iracema

Estendidos pra mim!

Ó minha terra querida

Da Senhora Aparecida

E do Senhor do Bonfim!

[Estribilho]

III

Você sabe de onde eu venho?

É de uma pátria que eu tenho

No bojo do meu violão;

Que de viver em meu peito

Foi até tomando jeito

De um enorme coração.

Deixei lá atrás meu terreiro,

Meu limão, meu limoeiro,

Meu pé de jacarandá,

Minha casa pequenina

Lá no alto da colina

Onde canta o sabiá.

[Estribilho]

IV

Venho de além desse monte

Que ainda azula o horizonte,

Onde nosso amor nasceu;

Do rancho que tinha ao lado

Um coqueiro que, coitado,

De saudade já morreu.

Venho do verde mais belo,

1942

Do mais dourado amarelo,

Do azul mais cheio de luz,

Cheio de estrelas prateadas

Que se ajoelham, deslumbradas,

Fazendo o sinal da cruz.

[Estribilho]

Um aspecto curioso da letra é constatar que, surpreendentemente, não se menciona em nenhum momento o termo "FEB", assim como "pracinha" ficou de fora, logo os dois elementos-chave daquele período. Enquanto a FEB nem mesmo estava pronta para entrar em combate, seu hino oficial já havia sido escolhido, em março de 1944. Faltou apenas avisar aos pracinhas...

No campo
de batalha

10. Os pracinhas se perguntam: Vou partir, mas voltarei?

Estava chegando a hora do embarque da FEB, e os treinamentos seguiam com o contingente já reunido na Vila Militar, no Rio de Janeiro. Havia uma ligeira apreensão, pois já não era certo que o Brasil fosse conseguir entrar em combate, depois que os jornais anunciaram a libertação de Roma, em 4 de junho de 1944. Logo em seguida, outra surpreendente notícia, de que os Aliados desembarcaram na França, em 6 de junho de 1944, fez com que todos acreditassem que a guerra estava em suas rodadas finais, com promessas de que o cessar-fogo chegaria antes do Natal de 1944. A repercussão da ofensiva na França rendeu até uma homenagem no Brasil, quando o município de Barreiros, ao lado de João Pessoa, capital da Paraíba, teve seu nome mudado para Bayeux, primeira cidade francesa libertada pelos Aliados, fato ocorrido em 22 de junho de 1944, por sugestão do ilustre jornalista paraibano Assis Chateaubriand. Depois de tantas dificuldades, de tanta demora nos canais oficiais, só faltava a FEB não embarcar para o *front*, o que causaria enorme frustração aos brasileiros.

Porém, após muito trabalho, disposição, frustrações, intrigas e problemas de toda espécie, a FEB estava pronta para embarcar. A operação de transporte dos mais de cinco mil homens do 1º Escalão da Divisão de Infantaria Expedicionária saiu da Vila Militar em direção ao cais da praça Mauá, no centro do Rio de Janeiro, na noite do dia 29 junho. Tudo, em teoria, envolto no mais alto segredo.

Na verdade, muita gente já tinha conhecimento de que os pracinhas estavam prestes a embarcar. Foi impossível manter em absoluto segredo a partida do 1º Escalão da FEB, por mais que se tentasse. Transferidas dos alojamentos da Vila Militar em comboios de caminhões até os armazéns da zona portuária, chegavam as várias levas de pracinhas, com seus sacos A e B. Vê-se em fotos da época que muitos levavam pandeiros, outros, violões em punho, o que causa certa estranheza: estariam mesmo indo para a guerra?

Embarcados desde o cair da noite do dia 29 de junho de 1944, somente no dia 2 de julho zarpou o navio-transporte americano *USS General W.A. Mann*, e levava pela primeira vez na história uma força militar de sul-americanos para lutar em plena Europa. Na madrugada do dia 30, o presidente Vargas visitou o navio e fez um discurso utilizando o sistema de som:

Soldados da Força Expedicionária! O chefe do governo veio trazer-vos uma palavra de despedida, em nome de toda a nação brasileira. Sei quanto nos custa, a todos, este momento transcendente em que vos separais dos vossos lares, do calor e do carinho dos entes amados. O destino vos escolheu para a missão histórica de fazer tremular, nos campos da luta, o pavilhão auriverde e responder com a presença do Brasil às ofensas e humilhações que nos tentaram impor. Dedicai-vos de corpo e alma à vossa gloriosa missão. A nação vos seguirá com o pensamento ungido pelas mais fervorosas preces de Deus, certa de que a vitória será o apanágio das vossas armas. O governo não se descuidará um instante, no desvelo pelas vossas famílias. Estejais tranquilos. É com emoção que aqui vos deixo os meus votos de pleno êxito. Não é um adeus. É, antes, um "até breve", quando ouvireis a palavra da pátria agradecida.

O rebuscado discurso de despedida aos pracinhas guarda em si a essência de tudo que significou o envio da FEB para a guerra. Muitas das razões para lutar, das justificativas, dos apelos emocionais e das promessas que naquele momento foram feitas não seriam cumpridas pela "pátria agradecida". Vargas esteve presente nos embarques seguintes do contingente brasileiro para a Itália. O 2º e o 3º Escalões — que partiram em setembro em dois navios — chegariam em Nápoles nesse mesmo mês. O 5º e último Escalão chegaria à Itália no fim de fevereiro de 1945.

Durante a viagem, ainda havia o temor de que algum ataque ao comboio pudesse ser realizado por submarinos do Eixo, mesmo com a escolta de navios americanos e brasileiros e a cobertura aérea enquanto possível, ao longo da travessia do Atlântico. Todos a bordo tentavam equilibrar o rigor com os horários de refeições — e se acostumar ao cardápio americano com feijão doce, ovos, bacon e suco de *grapefruit* (toranja) — ocupando-se em atividades diversas de leitura, carteado com apostas, xadrez, dama ou apenas tomar sol pensando em como seria a guerra que aguardava os brasileiros. Os horários de recolhimento eram muito rígidos, e os relatos dos pracinhas contam da grande movimentação nos banheiros, onde muitos acabavam devolvendo toda a comida por conta do enjoo a bordo. Até mesmo um barril era deixado perto das camas nos alojamentos, para facilitar o serviço dos que passavam mal.

Nos navios, havia sessões de cinema, um conjunto musical da Marinha americana que se apresentava conforme um programa distribuído para os viajantes. Os pracinhas que levavam seus instrumentos na jornada — violões, gaitas, pandeiros e até cuícas — acabaram promovendo concorridos saraus a bordo, que conseguiam agregar todos num grande coral a cantar sambas e outros temas populares, o que afastava maiores preocupações e o tédio da viagem. A passagem pela linha do Equador sempre exigia uma tradicional e engraçada cerimônia, encenada com alguém fantasiado de rei Netuno e autorizando o cruzamento dos mares, o que acabava em samba entre os brasileiros.

Os pracinhas e todos a bordo eram obrigados a realizar treinos para evacuar o navio inúmeras vezes ao longo da viagem. Muitos se assustavam com os exercícios de tiro que eram eventualmente realizados pelos navios do comboio. Em certa altura da jornada, um avião americano, rebocando um alvo para instrução de tiro antiaéreo, causou confusão quando muitos pensaram que o navio estava sendo atacado.

Essa foi a rotina básica de todos os traslados das tropas brasileiras até o *front* do Mediterrâneo. Quando o general Mann adentrou o mar Mediterrâneo pelo estreito de Gibraltar, ocorreu um fato no mínimo insólito: a rádio BBC anunciou abertamente pelo seu serviço de transmissões ao redor do mundo que um navio com um contingente militar brasileiro estava chegando ao teatro de operações italiano. A transmissão, recebida pelo rádio do navio, que reproduzia a programação pelos alto-falantes a bordo, causou um grande susto. O comandante do navio determinou imediatamente o estado de prontidão, e soaram alarmes. Ninguém estava autorizado a ficar no convés, e equipes da artilharia antiaérea tomaram posições. A mobilização era total. Em seguida, contatos de rádio das bases Aliadas na região alertaram sobre aviões alemães, rastreados ao norte da Itália, que estariam em rota para atacar navios Aliados no Mediterrâneo. Da mesma forma, o Comando Aéreo Aliado foi posto em ação, aparentemente impedindo que os aviões inimigos se aproximassem do comboio brasileiro.

Depois de alguns momentos de tensão, passado o susto, ficou o mistério sobre as razões de tamanho descuido da tradicional rádio britânica, que colocou em risco toda a operação de chegada da FEB à Itália.

TREINO É TREINO, JOGO É JOGO

Uma parcela dos soldados que lutaram na FEB era composta por militares da ativa, que já estavam em serviço no momento em que houve a convocação.

Esse era o caso do 3º sargento Divaldo Medrado, natural de Belo Horizonte. Com apenas 21 anos, Medrado seguiu para a reunião do efetivo mineiro que se concentrava no quartel da então Companhia de Caçadores, em São João del-Rei, em Minas Gerais, de onde saiu grande parte do efetivo do 11º Regimento de Infantaria, batizado de Regimento Tiradentes, mas que ficou mais conhecido entre as fileiras da FEB como "o Onze". De lá, o sargento seguiu para treinos complementares nos campos da Vila Militar, no Rio de Janeiro, onde aprimorou seus conhecimentos e funções como sargento, no comando de um grupo de combate, conforme a nova cartilha militar americana. O sargento foi reconhecidamente um militar especializado no comando em batalha, uma espécie de capataz da tropa, que fica em linha direta com seus comandados — os 13 homens que formam um grupo de combate — preparando-os e sabendo precisamente se estão aptos para realizar uma missão. O sargento tem que repassar ao seu grupo de combate as ordens recebidas do seu superior imediato, o tenente. Esse processo é uma das funções mais importantes em campo de batalha, assim como fazer a tropa progredir no terreno, tomar uma posição do inimigo, trazer prisioneiros, enfim, realizar a maioria das missões que formam o retrato mais realista das ações de combate. Os treinos procuravam reproduzir situações de combate, mas, assim como diz a velha máxima do futebol, "treino é treino, jogo é jogo": treinamento é uma coisa; na hora do jogo, tudo é diferente.

O sargento Medrado seguiu para a guerra no 3º escalão da FEB, em setembro de 1944. Depois de mais um curto período de instrução na Itália, as recém-chegadas tropas do Onze e do Regimento Sampaio foram rapidamente postas em ação para substituir os homens do 6º Regimento de Infantaria, que estavam na frente desde agosto. Além dos alemães, com suas minas, artilharia, armadilhas e a sempre temida Lurdinha, os pracinhas brasileiros começavam a ter noção do inverno rigoroso que se aproximava da cordilheira dos Apeninos — em nada parecido com o que era frio para eles no Brasil —, com sua neve branca, que depois virava lama preta, escorregadia como sabão e que jogava a favor do inimigo encastelado naqueles morros.

O sargento Medrado esperava cumprir sua função na 1ª Companhia, dentre as três que integravam o 1º Batalhão do Onze. Ainda antes de a neve chegar, seu grupo de combate era um dos que tomou parte numa ação em Guanella, nos arredores do Monte Castello, na nova frente de combate da FEB. Era madrugada do dia 2 para o dia 3 de dezembro de 1944, quando as unidades do Onze subiram as colinas daquela localidade. O avanço cuidadoso deixava um clima de suspense no ar, e cada passo era dado como pisar sobre ovos, num silêncio que se ampliava com a escuridão da madrugada.

Um espocar seguido de rajadas de todos os lados cortou os ares. Num relance, houve a certeza de que os alemães estavam em total superioridade naquele setor, o que levou alguns pelotões a bater em retirada. Terror e desorganização levaram todas as unidades a retroceder morro abaixo, alguns chegaram até Porretta Terme, no posto de comando da FEB. Naquele momento, o 1º Batalhão do Onze sofreu seu mais duro golpe na campanha da Itália. Mas o sargento Medrado ainda haveria de acertar suas contas com os tedescos.

ENFIM, O DESEMBARQUE

Finalmente, no dia 16 de julho de 1944, o 1º Escalão da FEB desembarcou em Nápoles. Paul Macguire, o comandante do general Mann, saudou a tropa brasileira em sua despedida: "Nosso navio já transportou milhares de tropas e ainda muitas mais terá que transportar, mas nenhuma delas deixará, por certo, melhor impressão que a vossa."

Antes de se provarem em combate, ao menos os soldados brasileiros receberam essa boa nota pelo seu comportamento durante a viagem até os portões da guerra. Já na chegada, o que saltou aos olhos de todos os pracinhas quando desembarcaram num dos principais portos do Mediterrâneo foi o estado de total destruição no qual não só o porto mas toda a cidade se encontrava. Esqueletos de navios destruídos e encalhados, ruínas de prédios e de instalações portuárias e montanhas de escombros compunham o cenário de uma cidade fantasma. Muitos relatos falam do frio na espinha que percorreu cada um dos que se depararam com aquela cena. Finalmente viram a guerra, de que tanto falavam, dando uma mostra de seu perfil devastador.

A tropa brasileira, composta por 5.800 homens, foi encaminhada ao ponto de reunião na localidade de Agnano, 25 quilômetros distante do porto. No trajeto até a estação ferroviária, os soldados brasileiros, desarmados e um tanto desancados depois da longa viagem de navio, não chegavam nem perto do garbo e do alinho esperado das tropas libertadoras Aliadas.

Uma vez que o uniforme do Exército brasileiro lembrava um pouco os uniformes alemães e italianos, tanto no corte quanto na coloração esverdeada, no bibico (casquete militar) e nos muitos botões na parte da frente das jaquetas, aconteceu de os cidadãos locais suspeitarem de que se tratava de um contingente de prisioneiros alemães sendo transladados, o que gerou algumas demonstrações de hostilidade por parte da sofrida população local. Alguns apupos, vaias e ações mais impetuosas de um ou outro italiano mais exaltado, que pensava estar indo à forra de algum *"tedesco maledetto"* (alemão maldito), foram incluídos nos relatos bem-humorados dos pracinhas, mas serviram também como argumento ao se tentar menosprezar a participação do Exército brasileiro já na sua chegada à guerra. Os relatos ganhavam ares de crítica e de humilhação, certamente distorcidos por aqueles que ainda não se conformavam com a entrada do Brasil no conflito.

Uma chegada confusa

Somente na chegada ao local do acampamento — situado numa ampla área que ficava dentro da cratera do extinto vulcão Astronia — constatou-se uma séria gafe cometida por parte da organização logística da FEB e do comando americano na região: a tropa estava desprovida de tendas coletivas, e foi obrigada a pernoitar ao relento, já que também não havia alojamentos, galpões ou qualquer prédio que permitisse o acantonamento (acampamento feito em uma área coberta).

A hierarquia militar na Itália

O 1º Escalão da FEB chegava à Itália já devidamente configurado com a nova estrutura militar ternária (com subdivisões em três unidades), baseada no modelo americano. A escala a seguir, que vai do comandante da divisão, o general Mascarenhas, até o grupo de combate, formado por 13 soldados, ajuda a compreender melhor essa estrutura.

- *1ª Divisão de Infantaria Expedicionária*
  Comandante: general de divisão João Batista Mascarenhas de Moraes;
  Estado-Maior da Divisão de Infantaria Expedicionária: general de brigada Olímpio Falconière da Cunha e demais componentes;

Comandante da infantaria: general de brigada Euclídes Zenóbio da Costa;

Comandante da artilharia: general de brigada Cordeiro de Farias;

- *Unidades de Infantaria (RI)— Três regimentos de 3.256 homens*

1º RI, Regimento Sampaio, Rio de Janeiro — Comandante: coronel de infantaria Aguinaldo Caiado de Castro. Essa é a mais antiga unidade do Exército brasileiro, batizada com o nome do brigadeiro Antônio de Sampaio, herói da Guerra do Paraguai.

6º RI, Regimento Ipiranga, Caçapava, São Paulo — Comandante: coronel de infantaria João Segadas Viana.

11º RI, Regimento Tiradentes, São João del-Rei, Minas Gerais — Comandante: coronel de infantaria Delmiro Pereira de Andrade. Formado em 1920 no antigo 51º Batalhão de Caçadores.

Cada regimento era composto por três batalhões (BI) de 871 homens cada, comandados por um major. Cada batalhão era subdividido em três companhias, com 193 homens cada, e uma companhia de petrechos pesados (basicamente, uma quarta unidade que se encarregava do uso de metralhadoras pesadas de calibre .50 e morteiros M1 de 81 milímetros), com 166 homens. Cada companhia era liderada por um capitão e subdividida em Grupos de Combate, em geral formados por 13 homens cada, chefiados por um tenente. Eram estas pequenas unidades que realizariam a maior parte das ações em combate da FEB durante seu período em batalha. (A origem do termo "infantaria" remete aos tempos da Roma Antiga, e indicava a reunião de muitos infantes — designação de um jovem soldado — organizados para formar um exército.)

As unidades de frente da FEB ainda contavam com o Grupo de Artilharia Divisionária, o Esquadrão de Reconhecimento e o 9° Batalhão de Engenharia.

O Grupo de Artilharia Divisionária era dividido em quatro grupos de obuses. O 1°, o 2° e o 3° usavam 12 canhões de 105 milímetros do tipo *howitzer* (termo em inglês para canhão de cano curto). O termo usado no Brasil para designar essas armas veio da herança militar francesa, em que esses canhões eram chamados de *obusier* (obuseiro). O 4° Grupo de Obuses tinha 12 canhões M1 de calibre 155mm. Cada grupo era subdividido em três baterias de quatro canhões.

1942

Alguns soldados estavam de posse de suas diminutas tendas individuais e trataram de montá-las. A tropa precisou lançar mão das rações de combate americanas, as famosas rações K, uma vez que o rancho, normalmente preparado na cozinha de campanha dos acampamentos, também não pôde ser preparado. Até as latrinas foram improvisadas, naquela recepção um tanto quanto confusa aos brasileiros, no solene teatro de operações do Mediterrâneo.

Por outro lado, causou grande efeito aos soldados brasileiros a constatação da capacidade logística dos americanos, que tinham uma infindável quantidade de equipamentos ao dispor das tropas em ação. Os relatos dos pracinhas são enfáticos e superlativos quanto ao grande número de aviões, tanques, jipes, caminhões, canhões, ambulâncias e todo tipo de material que se encontrava reunido nas bases de fornecimento. O Estado-Maior da FEB se encaminhou aos depósitos americanos para requerer todo o material necessário às tropas recém-chegadas ao *front*. Cada bala, material cirúrgico, lata de comida, fardas, armas, veículo e capacete foi pago aos americanos pelo governo brasileiro.

Nesse momento, a companhia de manutenção começou a operar, tentando dar conta da enorme tarefa de receber os equipamentos, montar veículos, preparar os armamentos de todos os tipos e distribuir os aparelhos de rádio, as pontes modulares Bailey, máscaras contra gases e materiais diversos para hospitais de campanha, devidamente encaminhados para suas respectivas unidades de comunicações, engenharia, guerra química e saúde.

Os acampamentos da FEB na retaguarda contavam com enormes chuveiros coletivos, montados em tendas, que proporcionavam aos soldados banhos quentes, sabão, aparelhos de barbear e toalhas. Ao redor das cidades, vários pontos de abastecimento de gasolina para as viaturas eram encontrados; bastava apenas parar o veículo e abastecer. Era notável a abundância de recursos oferecida pelos americanos, enquanto as tropas alemãs e italianas sofriam total penúria, principalmente com a falta de combustível para os poucos veículos ainda em operação. Carroças puxadas por cavalos eram utilizadas com muita frequência, tornando-se alvos fáceis para os caças do Senta a Pua!. Muitos deslocamentos de unidades alemãs empregaram bicicletas, em sua maioria confiscadas da população nas cidades italianas. Mesmo assim, os inimigos continuavam lutando.

FRENTE A FRENTE COM CHURCHILL

No início de agosto, o contingente brasileiro, deslocado de Agnano, chegou em Tarquinia, numa jornada de 350 quilômetros feita em comboio de caminhões. O estacionamento das tropas ficava a cerca de 25 quilômetros da linha de frente. Nesse local, no dia 18 de agosto, a FEB foi incorporada ao IV Corpo de Exército (um corpo era um grupamento tático formado de duas a cinco divisões, usadas de forma complementar, de acordo com as necessidades de batalha de um exército), um dos braços do V Exército americano.

No dia seguinte, o local de estacionamento das tropas recebeu a visita do primeiro-ministro inglês Winston Churchill. O homem que fez duras objeções sobre o envio de tropas brasileiras agora passava em revista o contingente da FEB, perfilado ombro a ombro com os soldados americanos. Os caboclos brasileiros tiveram a chance de ver em carne e osso o grande estadista inglês, um dos maiores personagens do conflito, que transformou aquele simples ato num momento solene, ao dirigir algumas palavras às tropas presentes: "Soldados brasileiros e americanos: eu vos trago a confiança na vitória!"

O discurso entusiasta do grande líder britânico traduzia o clima do momento. Àquela altura do conflito, o fiel da balança havia despencado totalmente a favor dos Aliados. Esperava-se que a ofensiva através da França depois do Dia D chegaria em Paris em menos de uma semana. Renovavam-se as expectativas de que a guerra acabaria antes do Natal de 1944. Aconteceu que o otimismo desenfreado trouxe péssimos resultados, sempre que aflorava entre as forças Aliadas.

O mundo ainda estaria em guerra no Natal de 1944. Mas, antes de a guerra acabar, os brasileiros queriam entrar em ação. Dentro em breve, teriam a noção clara e cruel do que era a guerra, em todo seu escopo.

A FEB SE PREPARA PARA ENTRAR EM AÇÃO

A FEB estava incorporada ao XV Grupo de Exércitos Aliados, onde se incluía o V Exército americano e o lendário VIII Exército Inglês. Essas unidades lutavam desde o começo das operações no norte da África, no fim de 1942, quando alguns dos grandes personagens da história militar moderna entraram em ação: George

1942 147

Patton, Dwight Eisenhower e Bernard Montgomery, contra Erwin Rommel e Albert Kesselring, entre outros renomados militares alemães. Um grande contingente de outras nacionalidades já se encontrava em combate junto aos Aliados no teatro de operações italiano, assim como as tropas coloniais inglesas — indianos, canadenses, sul-africanos e neozelandeses — poloneses e franceses, estes também presentes com suas tropas coloniais, na maioria argelinos e marroquinos.

Uma parcela das tropas coloniais francesas — os chamados *goumiers* argelinos — promoveu diversas atrocidades nos vilarejos italianos de Ciociaria e Esperia, no vale do rio Liri, destruindo, pilhando e estuprando civis. A população italiana começou a sofrer as consequências da guerra, na medida em que as tropas Aliadas desalojavam os alemães, ao custo de bombardeios aéreos, de artilharia e ofensivas terrestres, que não poupavam as cidades e seus habitantes. Muitas vezes, para destruir um ponto da artilharia alemã, era preciso destruir tudo ao redor. Bombardeios Aliados destruíam quarteirões inteiros. Assim como outras cidades europeias, as cidades italianas não foram exceção. Os alemães, parceiros de Mussolini na formação do Eixo, haviam ocupado a Itália sem disparar um tiro, mas naquele momento o avanço Aliado inevitavelmente causava aos italianos o tipo de destruição que os invasores nazistas não haviam causado.

Os soldados Aliados, dentro das prerrogativas de disciplina e controle fora das operações militares, recebiam ordens para não interagir com a população local, ordens que não eram cumpridas ao pé da letra. Havia sempre quem se dispunha a ajudar crianças e idosos, sem contar as inúmeras situações em que os soldados arranjavam tempo para namoradas, ou a fácil oferta de serviços sexuais, uma trágica consequência da cruel realidade da guerra. No geral, os italianos receberam tratamento indiferente ou mesmo rude por parte da maioria das tropas de ocupação Aliadas, mas, a esse respeito, os brasileiros seriam responsáveis por um enredo muito diferente junto à população italiana.

O objetivo principal das forças Aliadas naquele segundo semestre de 1944 era atingir o norte da Itália, para então se juntar à ofensiva da Frente Ocidental, com as tropas que progrediam pela França. Se as operações continuassem naquele ritmo, isso aconteceria antes do inverno. Mas a maré mudou radicalmente quando a ofensiva italiana foi retida e o VI Corpo de Exércitos americano, com suas três divisões de infantaria, juntamente com as sete divisões do Corpo Expedicionário francês, foram retiradas dessa frente de combate e enviadas para a invasão do sul da França.

A FEB seria assim integrada ao IV Corpo de Exército, comandado pelo general Willis Crittenberger, que respondia ao general Mark Clark, comandante do V Exército americano. O general Clark se tornaria um grande apoiador da FEB, tornando-se responsável pela entrada da força brasileira em combate, depois de completados os treinamentos complementares e uma vez que o efetivo fosse provido de todo o material necessário.

O POLÊMICO CLARK

Mark Clark foi um comandante Aliado envolto em certa polêmica. A evolução da guerra diluiu a importância de seu maior triunfo no comando, quando adentrou Roma, a primeira capital europeia a ser libertada dos alemães, no dia 4 de junho de 1944.

Dois dias depois, o mundo tomava conhecimento do desembarque Aliado na Normandia, abrindo o *front* oeste, auxílio tão aguardado pelos soviéticos para aliviar a frente de combate da Europa Oriental. A magnitude da operação efetuada no lendário Dia D praticamente anulou a importância da queda de Roma nas manchetes dos jornais. Clark ficaria marcado por algumas controvérsias e decisões polêmicas durante a ofensiva para quebrar a Linha Gustav, as fortes defesas alemãs formadas no centro da bota italiana. Foi atribuído a ele o bombardeio da secular abadia no topo do Monte Cassino, que não serviu para remover os alemães daquele ponto estratégico. Na verdade Clark recebeu ordens superiores, baseadas em supostas provas de que os alemães ocupavam o local. Numa conversa tensa com o comandante em chefe das Forças Aliadas na Itália, general *Sir* Harold Alexander, Clark afirmou que não desejava a destruição do local histórico. Depois, transferindo a responsabilidade a Alexander, propôs: "Você me dá uma ordem direta e nós o faremos." E assim foi feito, ao custo de 55 mil baixas Aliadas: foram tropas polonesas que finalmente venceram a resistência dos alemães, que permaneceram lutando entre os escombros da abadia destruída.

Mais tarde, o general Clark enviou a 36ª Divisão "Texas" para a travessia do rio Rapido, na verdade, um ataque diversionário (ação feita visando enganar o inimigo quanto ao objetivo primordial de uma operação) para encobrir o desembarque Aliado nas praias de Anzio. Dois dos três regimentos dessa divisão, mais de mil homens, foram praticamente aniquilados pelas fortes defesas alemãs posicionadas na outra margem do rio. Essa ação também se deveu ao fraco reconhecimento Aliado, que não previu a real força defensiva alemã deslocada para a região.

Os conflitos entre Clark e seu superior imediato, o general inglês *Sir* Harold Alexander, continuaram, dessa vez sobre a decisão de tomar Roma, e não explorar o êxito, aproveitando a brecha nas forças alemãs depois da ruptura da Linha Gustav, o que permitiu que escapassem para formar outra linha defensiva ao norte de Roma, a Linha Gótica, que a FEB conheceria bem. Os altos-comandos americano e inglês viviam em constante choque de estratégias e tinham visões distintas no campo de batalha. O general Mark Clark e seus subordinados — Critemberger e Lucian Truscott — trabalhariam bem com a FEB, demonstrando grande respeito pelo seu comandante: o general Mascarenhas de Moraes, que era o oficial general mais idoso (61 anos) atuando naquele teatro de operações. O general Truscott substituiu Mark Clark no comando do V Exército, em dezembro de 1944, quando Clark assumiu o posto de comandante do 15º Grupo de Exércitos Aliados.

Desarmando as "armadilhas de bobo"

O 9º Batalhão de Engenharia era comandado pelo tenente-coronel José Machado Lopes. As ações dessa unidade, com 655 homens, foram importantíssimas nos planejamentos e realizações da FEB. Embora cada unidade de infantaria fosse dotada de especialistas em minas, eram os sapadores do 9º Batalhão (especialistas em localizar e desativar as temíveis minas terrestres plantadas pelos alemães) que limpavam o terreno com detectores de minas, bastões ou baionetas, possibilitando o avanço das patrulhas. Muitas vezes os sapadores eram chamados para salvar algum pelotão que se encontrava preso num campo minado, uma das ocorrências mais assustadoras e frequentes na rotina da FEB.

Muitos pracinhas foram mutilados ou morreram por conta dessas armas que espalhavam o terror, especialmente as que eram feitas com materiais não metálicos, como madeira, vidro e concreto, mais difíceis de se detectar. Uma pequena mina antipessoal, no formato de uma caixa de madeira, recebeu dos pracinhas o singelo apelido de "quebra-canela", uma vez que era a maior causadora de mutilações nos terços inferiores das pernas daqueles que tivessem o infortúnio de pisá-la.

Se já não bastasse a ameaça constante dos campos minados, os especialistas do 9º Batalhão ainda se encarregavam de desativar as traiçoeiras armadilhas explosivas deixadas em campo pelos alemães, as famosas "*booby traps*" ("armadilhas para bobo"). Esses aparatos eram cargas explosivas presas por um fio ou dispositivo de disparo a um chamariz qualquer, uma pistola, um capacete, um binóculo ou qualquer outro objeto que atraísse a atenção dos incautos, que detonavam o explosivo ao tocá-lo.

Muitas vezes as armadilhas eram colocadas nas casas semidestruídas, nos vãos das portas, em armários, gavetas, torneiras e até dentro de um piano, esperando pela visita dos incautos que buscavam algum valor ou uma simples lembrança de guerra.

Num ato de extrema crueldade, os alemães chegaram a plantar explosivos nos corpos insepultos de soldados Aliados — inclusive em muitos brasileiros —, que acabavam por matar seus próprios companheiros. Dependendo da carga explosiva, a vítima perdia a mão, os olhos, ou morria em decorrência da explosão.

Os sapadores do 9º Batalhão delimitavam as áreas onde se podia pisar em segurança, marcando o terreno onde ainda se encontravam minas com bandeirolas e fitas brancas presas a pequenas estacas, que literalmente separavam o espaço entre a vida e a morte.

Outra atividade empreendida pelo 9º Batalhão era a construção das pontes Bailey, uma engenhosa invenção dos ingleses melhorada pelos americanos. Eram pontes modulares, compostas de longarinas de metal e pranchas de aço e madeira, montadas e depois estendidas sobre vãos e gargantas nas estradas, ou mesmo colocadas em cima de pontões flutuantes para a transposição de leitos de rios.

O ARMAMENTO DO PRACINHA

A arma-padrão do soldado brasileiro na Itália era o fuzil Springfield (mesmo fabricante do primeiro fuzil produzido em larga escala pelos americanos, em 1795), usado na Primeira Guerra e provido de um ferrolho para engatilhar cada tiro. Apesar de obsoleto, se comparado ao fuzil automático Garand, era uma arma confiável, a preferida dos atiradores de precisão (*snipers*).

O Garand tinha uma vazão de tiro melhor, e sua enorme demanda era voltada para as tropas em ação na Frente Oeste, depois do desembarque na Normandia, assim como para os fuzileiros navais que operavam no Pacífico. Os pracinhas receberam mais Springfields do que Garands, mas o primeiro era mais fácil de manusear devido a sua semelhança com os fuzis de ferrolho alemães usados no Exército brasileiro.

Outras armas empregadas pela FEB foram as submetralhadoras Thompson e a pequena M3, apelidada de "engraxadeira" (*"grease gun"*), ambas de calibre .45. Havia também armas de calibre .30, como a carabina leve M1930 e o pesado fuzil automático Browning 1918, que oferecia grande poder de fogo ao grupo de combate. Os pelotões de petrechos leves operavam os morteiros de sessenta milímetros e as metralhadoras de calibre .30. Os pelotões de petrechos pesados eram encarregados de usar os morteiros maiores de 81 milímetros, além das metralhadoras pesadas de calibre .50.

As pontes eram necessárias para manter operantes os comboios e as linhas de transporte naquele cenário de luta, sempre entrecortado por rios de várias profundidades, pois substituíam as pontes destruídas, fosse pelos alemães em retirada, fosse pelos Aliados ao impedir a retirada do inimigo. Essas vias precisavam ser reconstruídas com urgência, e as pontes Bailey se tornaram imprescindíveis para esse fim. Inúmeras operações realizadas pelos soldados do 9º Batalhão foram feitas sob fogo inimigo, durante os ataques a Monte Castello e Montese.

Quem eram os inimigos

Uma unidade que serviu de ponta de lança em inúmeras operações da FEB foi o Esquadrão de Reconhecimento, a única tropa brasileira de cavalaria que esteve em ação na Itália. Sua denominação já sugeria os objetivos da unidade: identificar posições e fazer contato com o inimigo. Seus integrantes realizaram manobras nos centros de treinamento americanos, onde foram apresentados a um novo veículo blindado para esse tipo de operação: o M-8 Greyhound.

Dotado de três eixos, com tração integral (6x6), motor de seis cilindros com potência de 110hp, o veículo veio substituir os obsoletos blindados de quatro rodas M-3 Scout Car (muitos deles enviados para equipar o Exército brasileiro, como parte dos Acordos de Washington, antes do fim da guerra). O M-8 era veloz, silencioso, dotado de uma torreta aberta, armado com um canhão de 37 milímetros, uma metralhadora de calibre .30 coaxial e eventualmente uma de calibre .50, montada num suporte externo. O Esquadrão de Reconhecimento da FEB recebeu 13 desses veículos, além de cinco Half Track M-3 blindados de meia-lagarta usados no apoio às operações.

Mas contra quem lutariam os brasileiros, uma vez no *front*? Quem eram os inimigos que os pracinhas encontrariam na guerra? Muito se falava da fibra e da capacidade de luta do soldado alemão, bem-treinado, preparado e equipado, que tinha a seu favor a mítica da disciplina e a tradição militar germânica.

Naquele momento, as forças alemãs já tinham perdido quase totalmente seu poder ofensivo, e retratavam o estado geral da guerra na Europa: os nazistas batiam em retirada em todos os *fronts*. Em breve, estariam lutando na defesa do *Reich*, esmagados entre duas frentes de combate, bombardeados dia e noite pela aviação Aliada, que destruía as fábricas de armamentos e ao mesmo tempo vitimava a população civil, já que os alemães se negavam a pedir o cessar-fogo. Mesmo com as cruéis perdas infligidas aos habitantes das cidades em chamas transformadas em escombros, seguiam cegamente a determinação do *Führer* em resistir e lutar até o fim, na proclamada *Totale Krieg* (guerra total), até que Berlim fosse reduzida a cinzas.

O norte da Itália representava uma salvaguarda defensiva dos nazistas, mantendo longe da Áustria as forças da coalizão Aliada, que ameaçavam chegar até Berlim, caso as defesas das últimas linhas fossem rompidas nesse teatro de operações. E lá estavam os alemães, lutando em um país que não era deles, enquanto o Terceiro *Reich* desmoronava.

Ao seu lado, estavam os remanescentes das tropas italianas fiéis a Mussolini compondo um contingente razoavelmente bem-preparado, uma vez que pelo menos três regimentos da República de Saló foram enviados aos centros de treinamento da *Wehrmacht*, na Alemanha.

As tropas fascistas

Uma piada que ficou famosa entre as forças alemãs no começo da guerra contava uma conversa entre dois generais da *Wehrmacht*.

— Mussolini entrou na guerra! — diz um general.

1942

— Tudo bem, precisamos de apenas dez divisões para acabar com ele — comenta o outro.

— Mas ele está do nosso lado!

— Nossa, então vamos precisar de vinte divisões para contê-lo... — conclui, finalmente, o preocupado general.

Se a má reputação do soldado italiano, em geral classificado como "de baixa combatividade", acompanhava-o desde as derrotas sucessivas no norte da África e na Grécia, as tropas fascistas que ainda lutavam contra os Aliados em 1944 fugiam à regra, pois eram consideradas de alta qualidade, especialmente as *bersaglieri* (infantaria leve) e os soldados das *alpini*, especializados em ações no terreno montanhoso da região dos Apeninos.

A má fama dos italianos na guerra pode ser atribuída ao péssimo preparo da cadeia de comando fascista, na qual o maior atributo dos militares de alta patente colocados no cargo era tão somente a fidelidade a Mussolini, o líder que levou o país à guerra contra a vontade geral da população. Constatou-se que, quando os italianos lutaram sob o comando de seus generais, sofreram retumbantes derrotas, mas, sob comando dos alemães, obtiveram resultados satisfatórios e elogiados até pelo próprio Rommel.

Os mais de cem mil italianos que lutaram junto aos alemães durante a invasão da Rússia também foram lembrados por sua bravura, mesmo com a derrota imposta pelas tropas soviéticas, que elogiaram a valentia dos italianos em combate. Talvez esse elogio se devesse ao fato de os russos terem conhecimento de que os integrantes da resistência — os *partigiani* — eram comunistas.

As tropas alemãs que chegaram à Itália deviam sentir-se aliviadas ao deixarem para trás a luta encarniçada no *front* russo, de onde muitos homens foram deslocados, mas aquela não seria uma viagem de férias ao Mediterrâneo. Em 1944, a Itália era um país dividido e se encontrava em plena guerra civil, propagada entre os muitos grupos de guerrilheiros comunistas, socialistas e nacionalistas cristãos, que engrossavam o caldo das forças que lutavam contra a *Wehrmacht*.

O comando das forças alemãs no *front* italiano ficou a cargo de um de seus militares mais renomados: o marechal Albert Kesselring. No início de sua carreira, foi chamado por Hermann Göring para a reconstrução da *Luftwaffe*, quando organizou as tropas de terra da força aérea alemã.

Desde o início da guerra, Kesselring foi um dos poucos comandantes alemães a participar de todos os *fronts* da luta, na Polônia, Países Baixos, França, União Soviética e norte da África. Naquele *front*, era o comandante em chefe das forças alemãs, desentendendo-se constantemente com o lendário general Erwin Rommel, que só aceitava ordens diretas de Hitler. Durante as operações, Kesselring alertou Rommel sobre o perigo de estender demasiadamente suas linhas de suprimento, tornando-se uma das causas da derrota do Deutschen Afrikakorps — as forças alemãs no norte da África —, em maio de 1943.

Em seguida, após uma rápida passagem pela Itália, onde planejou as defesas do território, Rommel foi enviado para preparar as defesas da Muralha do Atlântico, na França, enquanto Kesselring, italianófilo declarado, apaixonado pela arte, pelos vultos históricos italianos e pela arquitetura renascentista, assumia o comando do Grupo de Exército C na Itália, segurando a frente que significava a maior ameaça imediata ao *Reich*.

Levou um certo tempo para que Kesselring fosse reconhecido pela sua grande capacidade estratégica, e sua campanha na defesa italiana é atribuída pelos historiadores como uma das mais bem-sucedidas da história militar. Recuando da Sicília até o território continental italiano, o marechal alemão criou várias linhas de defesa, estendidas de um lado ao outro da bota italiana, que conseguiram frear o avanço Aliado de forma mortalmente eficaz.

A lendária Linha Gustav — formada por pontos de observação privilegiados, defesas fixas, trincheiras, campos minados, casamatas e obstáculos diversos — defendeu o território central da Itália por meses a fio, até que a coalizão Aliada conseguiu superá-la no verão de 1944, chegando a Roma. Isso tudo — apesar de Kesselring ser da Força Aérea nazista — quase sem nenhum apoio aéreo, uma vez que ela tinha sido rapidamente varrida dos céus da Itália.

As forças da *Wehrmacht* foram empurradas ao Norte, para então formarem a Linha Gótica, nos arredores de Bolonha. Em outubro de 1944, Kesselring sofreu um grave acidente de carro na Itália, e passou o posto de comando para o general Heinrich von Vietinghoff, com quem revezaria o comando por mais uma vez, depois de seu restabelecimento e retorno à Itália, em janeiro de 1945, quando desobedeceu ordens de Hitler para destruir os tesouros de arte e construções históricas das cidades italianas. Sua transferência em março de 1945 para comandar o OB West (Comando do Exército Oeste) sediado na França, trouxe von Vietinghoff de volta ao comando supremo da *Wehrmacht* na Itália. Coube ao seu representante assinar a rendição das forças alemãs na Itália, em 2 de maio de 1945, no quartel-general inglês em Caserta, no setor leste italiano.

Inimigo heterogêneo

Longe das referências mais conhecidas sobre os comandantes e militares alemães de alta patente estavam os homens que formavam as tropas nazistas em ação na Itália. Remanescentes de anos a fio em ação nos muitos *fronts* da guerra, os soldados alemães enviados para a defesa do território italiano misturavam a experiência dos que lutaram na frente russa e o frescor de jovens recém-lançados em combate. As unidades alemãs formadas e encaminhadas para o *front* italiano eram compostas por partes de várias grandes unidades, desfeitas para serem redistribuídas em novas formações.

Havia um efetivo de homens trazidos do Leste Europeu, russos lutando do lado dos alemães, que formavam o 616º Batalhão, inserido na 232ª Divisão de Infantaria alemã. Sem outra opção a não ser a de lutar no limite de suas capacidades físicas e materiais, as forças do Eixo conseguiram resultados surpreendentes para frear a quantidade muitas vezes maior de tropas que compunham a coalizão Aliada, até sua derrota inevitável e rendição incondicional.

Nos muitos relatos sobre as ações da FEB, as referências aos inimigos alemães davam a impressão de que os brasileiros lutavam contra uma grande força homogênea, resultado da propaganda antieixo: os super-homens da raça ariana, louros de olhos azuis, integrantes da lendária SS, com seus uniformes pretos e botas engraxadas.

Mas, na verdade, essa imagem não se assemelhava ao perfil das tropas alemãs em ação na Itália. Os muitos prisioneiros que a FEB conseguiu obter em suas patrulhas ou nos combates mostravam que o super-homem ariano não era nada mais que um mito. Mesmo bem-treinados e dispostos a combater, àquela altura do conflito pareciam ter uma noção clara de que a guerra estava perdida e de que restava apenas lutar pela honra em campo de batalha, e não pela causa nazista.

O grupo de exércitos C alemão era composto pelo 10º, pelo 14º e pelo Exército da Ligúria (região da fronteira da Itália com a França). O 14º era composto pelo 51º Corpo de Montanha e pelo 14º Panzercorps (infantaria mecanizada). Inte-

156   JOÃO BARONE

grando o 51º Corpo estava a 232ª Divisão de Granadeiros, uma unidade de infantaria que era comandada por um veterano de Stalingrado: o general Eccard von Gablenz. Essa foi a unidade alemã que mais esteve em confronto com a FEB, com seus 1043º, 1044º e 1045º regimentos, cada um com apenas duas companhias, um batalhão de reconhecimento e um de artilharia, dividido em quatro grupos. Cada companhia alemã era composta por até 142 homens e cerca de 15 metralhadoras MG-42 — arma que marcou um grande avanço, pela sua facilidade de produção e eficiência em campo — ou MG-34, usadas em quantidade pelos alemães.

Embora exigissem rigorosa manutenção, estas metralhadoras tinham grande vazão de tiro, o que dava alto poder de fogo às unidades, operando em posições fixas ou podendo ser rapidamente movidas para outro ponto de tiro, evitando a descoberta da origem dos ataques. A pólvora aprimorada usada na munição dos alemães emitia menos fumaça, e um difusor na ponta do cano espalhava a chama durante as rajadas, para dificultar a identificação dos disparos em campo.

Máquinas mortíferas

Não foi à toa que a "Lurdinha" alemã era respeitada entre os Pracinhas da FEB; o som característico da MG-42 alemã trouxe terror aos soldados em todas as frentes de luta, e os soldados brasileiros não foram exceção. Em seus relatos, o ruído de "pano rasgando" das rajadas era capaz de assustar qualquer um.

O motivo pelo qual os pracinhas apelidaram a MG-42 de "Lurdinha" permanece um mistério. A versão que se tornou mais aceita para explicar o apelido foi de alguém que associou o som das rajadas com o de uma máquina de costura usada por uma certa Lurdinha, namorada de um pracinha que era costureira. Em pouco tempo, a história se espalhou, e, ao escutarem as rajadas da MG-42 ecoando sobre as montanhas da Itália, os pracinhas passaram a comentar: "Olha a Lurdinha costurando!"

Outra arma tão mortífera quanto a Lurdinha era o morteiro médio de 81 milímetros (Granatwerfer 8cm GrW 34), que ganhou tanta notoriedade quanto o canhão 88 ou os tanques Tigre, junto aos soldados Aliados. O morteiro, com alcance de 2.400m, disparava um tipo de granada de fragmentação de 80 milímetros, com poder letal num raio de vinte metros. Foi muito usado no cenário de guerra nas montanhas e vales italianos, onde os tiros precisavam "cair" atrás das cristas de morros e elevações. O som dos projéteis de morteiro também assustava, com seu assovio característico antes da explosão.

Algumas unidades alemãs tinham um morteiro em cada pelotão, operado por uma equipe de três homens. Uma evolução dos morteiros pesados produzidos pela França antes da guerra, ele tinha o mesmo calibre e formato dos utilizados pelos Aliados, e os pracinhas muitas vezes chegaram a usar munição capturada de morteiros alemães.

ESTRATÉGIA MILITAR

Quanto ao cenário da luta, as montanhas e vales da cadeia dos Apeninos proporcionavam às tropas do Eixo uma vantagem presente nos manuais de guerra desde os tempos da China Antiga: o domínio do terreno elevado. Nessas condições, uma tropa, mesmo em inferioridade numérica, seria capaz de impedir o avanço do inimigo.

Esse era o desafio que se encontrava diante dos exércitos Aliados na Itália naquele momento: os alemães e italianos estavam encastelados nos cumes dos morros, onde a geografia tratava de oferecer o melhor terreno defensivo e o pior terreno para progressão de tropas. Depois de subirem a bota italiana, a coalizão Aliada se deparava com as dificuldades de avançar nas condições oferecidas pelo terreno montanhoso daquela região, os Apeninos — em italiano, termo diminutivo ("pequenos Alpes") que denomina a cadeia montanhosa onde nascem os Alpes europeus. Do topo dos morros, os alemães e os italianos podiam observar todos os movimentos das tropas e preparar as linhas defensivas da maneira mais eficaz possível.

Outra antiga verdade absoluta sobre batalhas, comprovada ao longo das ações durante a Segunda Guerra, é a de que apenas a infantaria é capaz de conquistar uma posição inimiga e manter o domínio do terreno. Mesmo com os recursos da guerra moderna, de nada adiantava a superioridade aérea, a precisão da artilharia e o poder e a mobilidade de fogo dos tanques para debelar o inimigo se o soldado de infantaria não pudesse tomar e firmar território.

Enquanto houvesse recursos materiais, tanto os soldados alemães quanto os italianos estariam prontos para o combate. Mesmo com as dificuldades em manter os meios para lutar, as muitas linhas férreas e estradas que serpenteavam a rica região industrial do norte da Itália permitiram a chegada de equipamentos, munição, mantimentos, combustíveis e tropas para suprir as linhas de defesa do Eixo no território italiano.

A maioria desses deslocamentos era feita durante a noite, por trens e comboios de veículos militares, nas linhas férreas e estradas ainda operacionais. Assim, os soldados poderiam se esquivar dos ataques aéreos dos "*Jabos*", apelido pelo qual os alemães chamavam os temíveis caças-bombardeiros ("*Jagdbomber*", em alemão) Aliados, dentre eles, os P-47D Thunderbolt do Senta a Pua!, o 1º Grupo de Aviação de Caça da FAB. De dia, apenas com tempo ruim ou com cobertura de névoa artificial — recurso que os alemães também usavam — era possível o deslocamento, muitas vezes perigoso, pois a visibilidade era nula. Esse foi o motivo do acidente que quase matou o marechal Kesselring, numa estrada perto de Bolonha, quando seu veículo bateu num canhão rebocado na sua frente, obrigando-o a entregar o comando ao general Vietinghoff.

Depois da queda de Roma e do Dia D, o Senado americano realizou uma investigação para determinar se ainda era válido manter a guerra na Itália. Desde as ações na Sicília e a invasão do território continental italiano, uma vasta quantidade de recursos foi destinada aos Aliados em ação no *front* italiano, conforme a determinação de Churchill para avançar através do ponto que ele chamava de "ventre suave" europeu, até atingir Berlim.

Senadores americanos visitaram as frentes de combate na Itália, acompanhados por jornalistas e fotógrafos, além do próprio general George Marshall, e ficou decidido que seriam mantidos os meios necessários para a continuidade das operações. Mesmo com a estabilização dos combates no fim de 1944, a frente italiana ainda era considerada de grande importância estratégica, pois mantinha ocupadas 27 divisões alemãs, o que evitava seu deslocamento para ajudar na defesa de Berlim e em outros pontos do *Reich*.

Algumas das unidades de elite do Exército americano foram enviadas e mantidas na Itália, como a 1ª Divisão Blindada e a 10ª Divisão de Montanha, criada na época. Um grupo de oito militares da FEB foi enviado para estagiar nesta divisão blindada americana, onde seviram de janeiro de 1945 até o fim da guerra, sendo que dois destes foram feridos em combate durante as operações. O V Exército foi a primeira unidade americana a ser formada para operar fora do país. Ao contrário de muitas unidades que foram extintas depois da guerra, a 10ª de Montanha e a 1ª Divisão Blindada se mantém operacionais ainda hoje nas Forças Armadas americanas.

As mulheres convocadas

Durante os acertos da estruturação do contingente brasileiro, os americanos alertaram sobre a necessidade de se integrar um contingente de enfermeiras no Desta-

1942   159

camento de Saúde, uma vez que seria difícil contar com o insuficiente número de enfermeiras nos hospitais de campanha Aliados.

Em tempo, foi criado por meio de um decreto em 15 de novembro de 1943 o Quadro de Enfermeiras da Reserva do Exército no Serviço de Saúde, assinado por Getúlio Vargas e o ministro da Guerra Eurico Gaspar Dutra. O número de enfermeiras profissionais no Brasil era escasso, o que gerou a aceitação de socorristas, integrantes de entidades assistenciais e qualquer mulher com alguma noção de enfermagem para compor o contingente necessário, previsto entre setenta e oitenta enfermeiras com o mínimo de qualificação para integrar a FEB.

As voluntárias que atenderam à convocação pela imprensa deveriam obedecer aos seguintes requisitos: ter alguma experiência com enfermagem, ser solteira, viúva ou separada e ter entre 18 e 36 anos. Foi o caso da estudante do primeiro ano de enfermagem Virgínia Portocarrero, vinda de uma família de tradição militar. Seu irmão, o capitão Hélio Portocarrero, serviu na FEB e foi gravemente ferido durante a tomada de Montese. O dia a dia da guerra era cruel com as enfermeiras, que se deparavam com os quadros mais graves de queimaduras, amputações, perfurações e toda sorte de ferimentos.

Das voluntárias que se apresentaram, 67 foram aprovadas no Curso de Emergência de Enfermeiras de Reserva do Exército, criado tardiamente, em janeiro de 1944. Essa passagem marcou a entrada de mulheres pela primeira vez nos quadros das Forças Armadas Brasileiras, designadas como Enfermeiras de 3ª Classe do Círculo de Oficiais Subalternos do Exército Brasileiro.

Dentro da estrutura funcional, era preciso que as primeiras mulheres no Exército brasileiro ostentassem uma patente militar. Para tanto, o general Mascarenhas concedeu a elas o posto de segundo-tenente.

Um contingente denominado Destacamento Precursor chegou à Itália em julho de 1944, por via aérea, composto por cinco enfermeiras e um major médico. Posteriormente, chegariam as demais componentes, que seriam então distribuídas pelos vários hospitais ao redor do teatro de operações italiano, tanto próximos à frente de combate, onde ficava o 32nd Field Hospital-Platoon B, em Valdibura, quanto na retaguarda, onde ficavam os hospitais de evacuação, em Pistoia, Livorno e Nápoles. A atuação do Corpo de Enfermeiras foi essencial no amplo quadro formado pelos setores necessários para o funcionamento da FEB.

Esta rara foto colorida de janeiro de 1941 mostra uma imagem mais afável do "presidente" Getúlio Vargas, antes de o Brasil entrar em guerra.

O então embaixador brasileiro Oswaldo Aranha (esq.) assina tratado de comércio com os Estados Unidos, sentado à mesa com Roosevelt (centro) e o secretário de Estado Cordell Hull (dir.), ainda em 1935.

Em sua visita oficial ao Brasil em 1936, Roosevelt desfila com Vargas em carro aberto pelas ruas do Rio de Janeiro, capital federal.

Um pequeno jornaleiro nas ruas do Rio de Janeiro, em 1940, trazia as últimas notícias da guerra que se ampliava na Europa.

Durante a Conferência Panamericana de Ministros, no Rio de Janeiro, o secretário de Estado americano Sumner Welles chega ao Palácio Tiradentes sob aplausos da população, em 20 de janeiro de 1942.

Durante as patrulhas sobre a costa brasileira, dois esquadrões de dirigíveis, VP-41 e VP-42, operavam em bases espalhadas do Nordeste até o Rio de Janeiro.

Um outro instantâneo do histórico encontro entre Vargas e Roosevelt na base aeronaval de Parnamirim, a bordo de um jipe, em 28 de janeiro de 1943.

Estrutura da 1ª Divisão de Infantaria Expedicionária Brasileira

Unidades combatentes

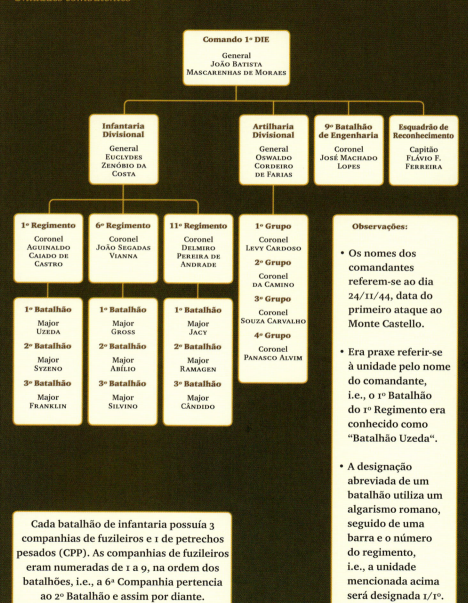

Comando 1º DIE — General João Batista Mascarenhas de Moraes

- **Infantaria Divisional** — General Euclydes Zenóbio da Costa
  - **1º Regimento** — Coronel Aguinaldo Caiado de Castro
    - 1º Batalhão — Major Uzeda
    - 2º Batalhão — Major Syzeno
    - 3º Batalhão — Major Franklin
  - **6º Regimento** — Coronel João Segadas Vianna
    - 1º Batalhão — Major Gross
    - 2º Batalhão — Major Abílio
    - 3º Batalhão — Major Silvino
  - **11º Regimento** — Coronel Delmiro Pereira de Andrade
    - 1º Batalhão — Major Jacy
    - 2º Batalhão — Major Ramagen
    - 3º Batalhão — Major Cândido
- **Artilharia Divisional** — General Oswaldo Cordeiro de Farias
  - 1º Grupo — Coronel Levy Cardoso
  - 2º Grupo — Coronel da Camino
  - 3º Grupo — Coronel Souza Carvalho
  - 4º Grupo — Coronel Panasco Alvim
- **9º Batalhão de Engenharia** — Coronel José Machado Lopes
- **Esquadrão de Reconhecimento** — Capitão Flávio F. Ferreira

Observações:

- Os nomes dos comandantes referem-se ao dia 24/11/44, data do primeiro ataque ao Monte Castello.

- Era praxe referir-se à unidade pelo nome do comandante, i.e., o 1º Batalhão do 1º Regimento era conhecido como "Batalhão Uzeda".

- A designação abreviada de um batalhão utiliza um algarismo romano, seguido de uma barra e o número do regimento, i.e., a unidade mencionada acima será designada I/1º.

Cada batalhão de infantaria possuía 3 companhias de fuzileiros e 1 de petrechos pesados (CPP). As companhias de fuzileiros eram numeradas de 1 a 9, na ordem dos batalhões, i.e., a 6ª Companhia pertencia ao 2º Batalhão e assim por diante.

FONTE: ANVFEB

O U-185 afunda sob ataque de aeronaves americanas, perto da ilha de Ascensão, no meio do Atlântico, em 24 de agosto de 1943. Este mesmo U-boot afundou o vapor brasileiro Bagé, semanas antes.

Principais cidades e localidades italianas onde a FEB atuou

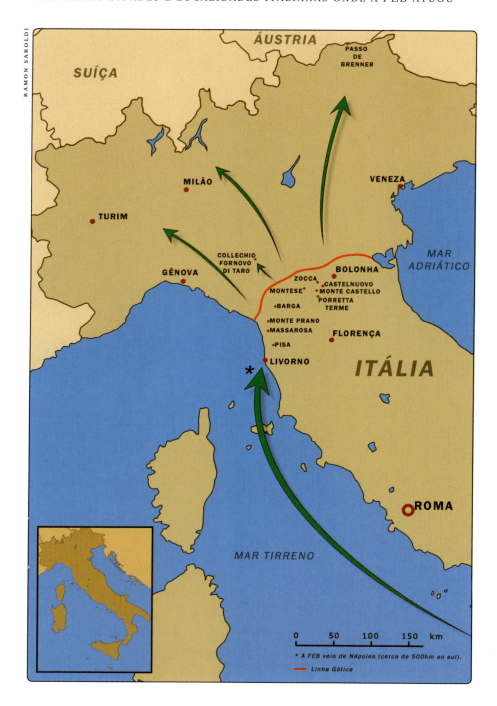

ACERVO ANVFEB

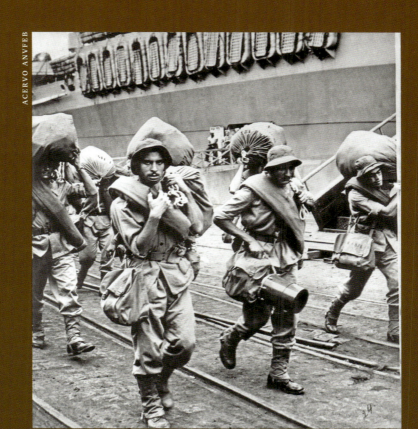

ACERVO ANVFEB

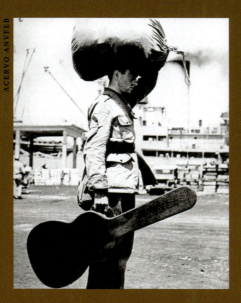

O primeiro escalão da FEB finalmente embarca para a guerra em 2 de julho de 1944. Alguns pracinhas levavam violões, pandeiros e cuícas: armas do soldado brasileiro?

Winston Churchill visita o QG do 8º Exército Britânico, logo após sua visita às tropas brasileiras. À sua direita está o general de Divisão Oliver Leese; à esquerda, o general Harold Alexander, comandante supremo Aliado no Mediterrâneo.

Os 2º e 3º escalões da FEB embarcaram juntos em setembro de 1944. O 4º escalão zarpou em novembro de 1944, o 5º e último, em fevereiro de 1945, totalizando 25.334 homens levados para lutar no front italiano.

O ás da Luftwaffe Egon Albrecht Lemke, nascido em Curitiba, altamente condecorado, morreu após ter seu avião abatido em agosto de 1944 na França.

Em 1943, num aeródromo da RAF, o brasileiro Cosme Gomm, comandante de Esquadrão, numa cerimônia de entrega de mais um Spitfire pago pela Fraternidade do Fole do Brasil. Ao seu lado, as também brasileiras J. Clark e L. Hodgkiss, integrantes do Corpo Auxiliar Feminino da RAF.

Os irmãos Arthur e Bruno Scheibel. O jovem Arthur (foto da esquerda) se alistou na Marinha Mercante americana e foi dado como morto em combate, supostamente no Dia D. Bruno (foto da direita) alistou-se na FEB com a esperança de encontrar seu irmão na guerra.

As equipes de mecânicos da Companhia de Manutenção deixavam as viaturas da FEB em condições de uso, num esforço constante.

Não foi por acaso que o P-47 Thunderbolt era apelidado de "tanque voador", tanto pelo seu poder de fogo, quanto por resistir aos maus-tratos do inimigo.

Uma criança italiana recebe comida de um soldado da FEB. Esse gesto foi comum dos brasileiros para com a sofrida população das muitas localidades por onde passaram.

Soldados marcham com o estômago. Elementos da FEB fazem fila na hora do "rancho", mesmo sob chuva.

Soldados do Pelotão de Reconhecimento da FEB esquentam sua refeição em cima de um blindado M-8, numa pausa das operações de combate.

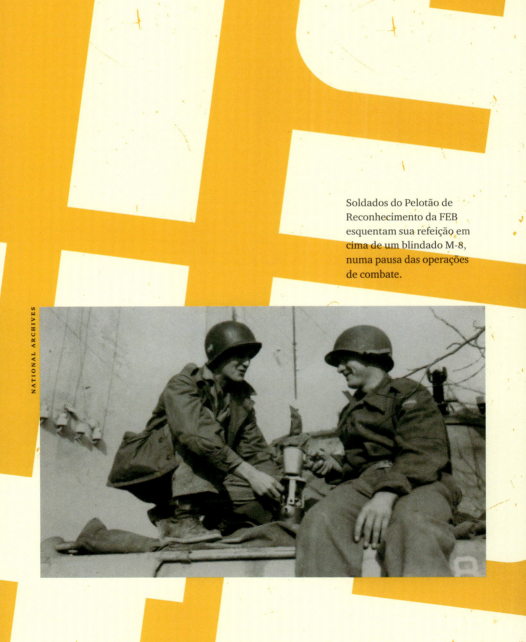

NATIONAL ARCHIVES

A memória visual da FEB é toda em preto-e-branco, mas a colorista de fotos históricas Marina Amaral conseguiu dar uma visão inédita de alguns momentos especiais das ações dos brasileiros nos campos de batalha italianos.

Um descontraído grupo de aviadores do Senta a Pua reunido na cantina da base de operações de San Giusto, nos arredores de Pisa, antes de partir para outra perigosa missão. Da esquerda para a direita: Perdigão, Nero, Pessoa Ramos (fundo), Rocha, Tormin e Horácio.

ACERVO DA ANVFEB – FOTO COLORIZADA POR MARINA AMARAL

Oficiais do posto de comando da FEB, na elevação de Sassomolare, acompanham a progressão do ataque a Montese. Bombas de fumaça impediam que os alemães observassem o movimento das tropas.

Uma das fotos mais conhecidas do comandante da FEB mostra o general Mascarenhas de Morais (à esquerda, de óculos) ao lado do seu jipe Liliana, batizado com o nome de sua neta.

Um registro dos órgãos de propaganda do exército americano mostra um soldado brasileiro do 9º Batalhão de Engenharia, José Curti, de Minas Gerais, ajudando a consertar uma estrada às margens do rio Arno, ainda em setembro de 1944, conforme indica a legenda original da foto.

Um retrato do meu pai feito num estúdio de fotografia italiano. Muitos pracinhas enviaram uma imagem dessas, em forma de cartão postal, para seus parentes no Brasil.

Uma foto reunindo o staff do comandante da Artilharia, general Cordeiro de Farias (ao centro, de óculos), onde se encontra o pracinha filho do chanceler Oswaldo Aranha, o "Vavau" (agachado de óculos à direita). Os pais emocionados receberam o filho no desembarque da FEB, em julho de 1945.

Condecorado por bravura com a medalha americana Bronze Star, o soldado Izino Neumann - com o pé numa bomba de 500 libras aliada - aparece ao lado de amigos pracinhas da FEB, pouco antes da volta ao Brasil, nos arredores de Livorno.

O temível *Flakvierling*, canhão quadruplo antiaéreo calibre 20mm, empregado contra os "*Thunderbolts*" do Senta a Pua!, abateu muitos pilotos brasileiros.

O maior número de baixas sobre a FEB foi causado pelos morteiros alemães, arma ideal para uso no terreno montanhoso dos Apeninos italianos.

A Artilharia da FEB martelou as posições alemãs e italianas com eficiência, durante as várias fases da campanha na Itália.

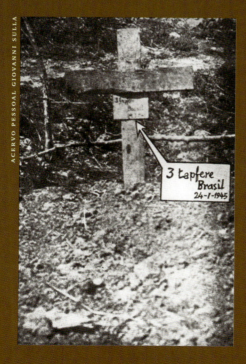

O Pelotão de Sepultamento da FEB recuperou os corpos dos Três Bravos Brasileiros enterrados pelos alemães, apenas nos dias finais da guerra na Itália.

O general Mark Clark, ao lado do general Mascarenhas, supervisiona ações da FEB em setembro de 1944.

A rendição da 148ª Divisão de Infantaria alemã aconteceu depois de um cerco que durou dois dias de luta. Sem chances de furar o bloqueio da FEB, só restou aos nazistas e fascistas baixar as armas.

Fotos aéreas da rendição da 148ª Divisão de Infantaria alemã mostram a enorme concentração de homens e meios, depois dos combates da FEB em Fornovo/Collecchio.

No detalhe, os prisioneiros alemães e italianos se concentram na área de Pontescodogna, em Collecchio, onde são visíveis crateras de bombas aliadas que foram ali lançadas anteriormente.

NATIONAL ARCHIVE

Estes jovens soldados alemães parecem aliviados com o fim dos combates e a rendição aos brasileiros.

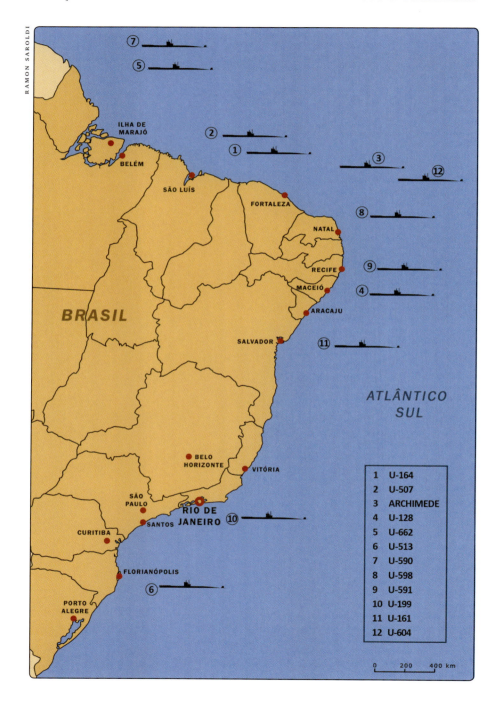

Posição dos submarinos do Eixo afundados na costa brasileira

Em outubro de 1945, uma comitiva militar com os comandantes da FEB percorreu a Europa. Aqui, vemos o General Mascarenhas e oficiais da FEB nas escadarias do Reichstag, em Berlim.

Clark, Mascarenhas e Zenóbio visitam as ruínas do Ninho das Águias, residência de Hitler no Berghoff.

ACERVO PESSOAL GIOVANNI SULLA

A comitiva brasileira foi recebida pelo amigo general Clarck em Viena, num jantar com os generais Koniev (União Soviética) e Winterton (Inglaterra). O Brasil foi chamado para enviar tropas de ocupação à Austria, mas se recusou.

Os ex-comandantes da FEB retornam à Itália e visitam o posto de comando em Porreta Terme, que esteve sob fogo constante da artilharia alemã.

Os militares da FEB retornaram aos cenários dos combates apenas cinco meses depois do fim da guerra. Aqui vemos o coronel Castello Branco em meio à comitiva de oficiais com o Monte Castello ao fundo.

Em Gaggio Montano, onde fica a localidade de Abetaia, a comitiva confere o lugar onde caíram muitos soldados da FEB nos ataques ao Monte Castello, visto ao fundo.

Um dos muitos monumentos em honra à FEB na Itália está situado aos pés do Monte Castello, nos arredores de Gaggio Montano.

ACERVO PESSOAL GIOVANNI SULLA

11. Senta a Pua!

O 1º Grupo de Aviação de Caça foi criado pelo decreto presidencial número 6.123 em 18 de dezembro de 1943, e o tenente-coronel Nero Moura, piloto pessoal e homem de confiança de Vargas, foi designado como seu comandante. A formação do Grupo foi totalmente preenchida por voluntários, e, em janeiro de 1944, os 32 pilotos escolhidos embarcavam para a Escola de Táticas Aéreas, em Orlando, nos Estados Unidos, enquanto o pessoal de terra — composto pelas equipes de mecânicos e especialistas em armas — embarcava para a base de Halbrook Field, no Panamá. Ao terminar o curso, os pilotos também seguiram para o Panamá, onde passaram a operar os caças Curtiss P-40C, recebendo instrução tática como unidade completa.

Durante os treinos, surgiu o emblemático grito de guerra que passou a simbolizar essa unidade da Aeronáutica Brasileira: "Senta a Pua!", uma gíria da época que significava "mete bala". No dia 11 de maio de 1943, o 1º Grupo de Caça passou a operar como unidade independente no sistema de defesa do canal do Panamá, e realizou um total de cem saídas operacionais. Iniciadas as missões, no dia 18 do mesmo mês, o grupo teve sua primeira baixa, o segundo-tenente Dante Gastaldoni, que morreu em um acidente durante o patrulhamento.

Com a presença do ministro da Aeronáutica Salgado Filho, no dia 20 de junho, o grupo recebeu seus certificados americanos de conclusão e seis dias depois embarcou para Nova York, chegando no dia 4 de julho, Dia da Independência americana. Foram encaminhados à base aérea de Suffolk, perto de Nova York, para três meses de treinamento nos aviões que seriam usados pelo grupo em combate, os lendários Republic P-47D Thunderbolts.

Na ocasião, os integrantes do grupo se depararam com um desafio que já demonstrava a capacidade de improviso típica dos brasileiros. Na cerimônia de formatura e desfile de boas-vindas, a tropa americana cantou o hino de sua Força

Aérea. Momentos antes do desfile brasileiro, como ainda não havia um hino da recém-criada Força Aérea, o chefe do destacamento, capitão Marcílio Gibson, ordenou que a tropa cantasse "A jardineira", antigo sucesso de carnaval, cuja letra era conhecida por todos na voz de Orlando Silva. Assim, a velha marchinha carnavalesca, composta em 1906 por Benedito Lacerda e Humberto Porto, foi entoada com toda a força pelos aviadores e serviu como hino informal do Senta a Pua!:

"Oh, jardineira, por que estás tão triste..."

Após o desfile, os militares americanos cumprimentaram seus colegas brasileiros pelo belo e emocionante hino.

Noventa dias depois, com o estágio finalizado, chegava a hora do embarque para o *front*. O grupo embarcou no *SS Colombie* para a Itália, onde chegou em Nápoles, no dia 4 de outubro de 1944. Durante a jornada, foi criado o símbolo do grupo: um avestruz. É de se estranhar o porquê de uma ave que não é brasileira e que não voa ter se tornado o emblema que seria pintado nos narizes dos aviões do 1º GAvCa. A escolha decorreu de uma passagem pitoresca, quando os pilotos reclamavam da dificuldade de adaptação à dieta dos americanos: muito feijão doce, ovos com bacon, salsichas e suco de *grapefruit*. Segundo o gosto alimentar do brasileiro, os integrantes do 1º Grupo de Caça precisavam ter estômago de avestruz para aguentar aquela comida. Assim, o artista do grupo, o capitão Fortunato Câmara de Oliveira, fez um esboço da ave que come de tudo, a qual se tornou a marca visual do Senta a Pua!.

Após um dia ancorado, o 1º GAvCa zarpou para Livorno, onde desembarcou no dia 6 de outubro, e seguiu para Tarquinia, cidade a 150 quilômetros de Roma. O Senta a Pua! começou a operar como a quarta esquadrilha — que integrava as outras três esquadrilhas americanas integrantes do 350th Fighter Group (Grupo de Caça) da Força Aérea do Exército americano — e foi designado como 1st Brazilian Fighter Squadron (Esquadrão de Caça Brasileiro). Inicialmente, o grupo cumpria missões de reconhecimento do território, para que se adaptasse aos sistemas de comando e comunicação. Essa unidade Aliada começou a operar no norte da África e se expandiu para a Itália com o avanço das operações.

O grupo mudou-se no dia 21 de novembro para a base de San Giusto, em Pisa, mais ao norte da primeira base, onde operaria até o fim da guerra. O código de rádio para identificar o Senta a Pua! era "*Jambock*", nome de origem suaíli, idioma da África Oriental, e que designa um tipo de chicote feito de couro de rinoceronte.

Na chegada, os brasileiros foram recebidos com indiferença pelos militares americanos, que duvidavam do valor dos calouros. Aos poucos, os pilotos do grupo foram provando sua capacidade para combater e cumprir as ordens do Comando Aéreo Aliado, mostrando habilidades que surpreenderam os mais experientes. Em pouco tempo, as esquadrilhas brasileiras estariam operando com seu próprio comando e núcleo de operações.

Enquanto aumentava-se o número de missões, o grupo ganhava experiência em combate; cada piloto voava duas missões por dia. Dentro em breve, ocorreriam as primeiras baixas. O primeiro piloto brasileiro a ser morto em combate foi o segundo-tenente John Richardson Cordeiro e Silva, um pica-fumo (termo para novato) presente na missão de uma esquadrilha americana em ataque a Bolonha. Silva foi atingido pela artilharia antiaérea alemã, nos arredores da cidade de Livergnano. Nesse local, após a guerra, os órgãos municipais ergueram um monumento em homenagem ao aviador, um dos muitos marcos que seriam deixados em honra à presença dos brasileiros durante a guerra na Itália.

Experiência e coragem

As missões de bombardeio exigiam muito dos pilotos, que ficavam sujeitos ao fogo da mortífera artilharia antiaérea alemã. O mergulho para lançamento preciso das bombas era um momento de extrema fragilidade dos aviões, quando muitas aeronaves do 1º Grupo de Aviação de Caça brasileiro foram abatidas e danificadas.

O poderoso caça-bombardeiro P-47D Thunderbolt era um avião muito confiável e resistente. Por isso, muitas vezes essas qualidades permitiram aos pilotos brasileiros retornarem às suas bases, mesmo depois de sofrerem graves avarias por conta da artilharia inimiga, como a perda de pedaços das asas, dos lemes e da fuselagem e até danos nos cilindros do motor.

A experiência e a coragem dos integrantes do Senta a Pua! contribuíram muito para que as missões fossem realizadas. Os pilotos brasileiros tinham uma excelente noção de leitura de mapas e navegação, que já traziam de sua experiência de voo no correio aéreo. As missões visavam à destruição das linhas de suprimento do Eixo, quando era preciso atacar estações de trem, pontes, fábricas, locomotivas, comboios terrestres, barcos, aeródromos inimigos e até prosaicas carroças.

1942

Para os bombardeios, eram usadas duas bombas de quinhentas libras (227 quilos), ou uma de mil libras (453 quilos), ou dois lançadores triplos de foguetes de cinco polegadas e calibre de 105 milímetros sob cada asa.

Havia sempre um segundo objetivo para as missões, os chamados alvos secundários. Na volta à base, os pilotos também podiam atacar os chamados alvos de oportunidade, qualquer ponto ou veículo suspeito perto de setores determinados, geralmente empregando as oito metralhadoras de calibre .50 e realizando mergulhos e rajadas, ação chamada de *straffing*.

Muitos alvos definidos para as missões aéreas eram fornecidos por informantes em terra, unidades de reconhecimento com rádio que chamavam o apoio aéreo pelo código "Rover Joe". Os *partigiani* (membros da resistência), que operavam atrás das linhas inimigas, também reportavam aos Aliados o movimento de tropas e a localização de comboios, paióis de munição, aeródromos, postos de comando e demais posições importantes. Várias vezes a 1ª Esquadrilha de Ligação e Observação da FEB também orientou pontos de ataque para o Senta a Pua!.

Algumas estatísticas — extraídas do Arquivo Histórico da FAB — mostram como a unidade foi capaz de grandes realizações, voando mais missões que o normal, se comparado às outras esquadrilhas que operavam naquele teatro de operações:

TOTAL DAS OPERAÇÕES	
Total de missões executadas	445
Total de saídas ofensivas	2.546
Total de saídas defensivas	4
Total de horas de voo em combate	5.465
Total de horas de voo realizadas	6.144
Total de bombas lançadas	4.442
Bombas incendiárias (FTI)	166
Bombas de fragmentação (260 lb)	16
Bombas de fragmentação (90 lb)	72
Bombas de demolição (1000 lb)	8
Bombas de demolição (500 lb)	4.180
Total aproximado de tonelagem de bombas	1.010
Total de munição calibre .50	1.180.200
Total de foguetes lançados	850
Total de litros de gasolina consumida	4.058.650

DANOS INFLIGIDOS AO INIMIGO		
	DESTRUÍDOS	DANIFICADOS
Aviões	2	9
Locomotivas	13	92
Transportes motorizados	1.304	686
Vagões e carros-tanques	250	835
Carros blindados	8	13
Viaturas de tração animal	79	19
Pontes de estradas de ferro	25	51
Pontes de estradas de rodagem	412	—
Plataformas de triagem	3	—
Edifícios ocupados pelo inimigo	144	94
Acampamentos	1	4
Postos de comando	2	2
Posições de artilharia	85	15
Alojamentos	3	8
Fábricas	6	5
Instalações diversas	125	54
Usinas elétricas	5	4
Depósitos de combustível e munição	31	15
Depósitos de material	11	1
Refinarias	3	2
Estações de radar	—	2
Embarcações	19	52
Navios	—	1

A ópera do Danilo

Entre as muitas ações e episódios fora do comum ocorridos com os pilotos brasileiros, o mais incrível foi protagonizado pelo tenente Danilo Marques Moura, irmão do comandante do grupo, o coronel Nero Moura. De início, já é notável o fato de que a família Moura estivesse presente na guerra com três irmãos: o coronel Nero, o tenente Danilo e o capitão Osmar, que servia na FEB.

No dia 4 de fevereiro de 1945 o tenente Danilo, que era chefe das viaturas do grupo, foi escalado para substituir um piloto da Esquadrilha Amarela, naquela que seria sua 11ª missão. No retorno à base, depois de realizarem o bombardeio e a destruição do objetivo com sucesso, decidiram atacar um alvo de oportunidade: uma estação ferroviária perto de Verona, a histórica cidade escolhida por Shakespeare como palco para o drama de *Romeu e Julieta*.

O capitão Joel Miranda, líder da esquadrilha, e Danilo mergulharam diante de uma forte e precisa artilharia antiaérea, que danificou seriamente os dois aviões. Joel saltou no limite de altitude para abertura do paraquedas e quebrou um braço, mas Danilo parecia rumar para a morte certa, pois seu avião estava sem controle, mergulhando e em baixa altitude. Mesmo assim, ele conseguiu saltar e escapou milagrosamente.

Depois de se chocar violentamente contra o solo, com o paraquedas mal-aberto, Danilo feriu sua língua, e não pôde falar direito por vários dias. O capitão Joel, bastante ferido, permaneceu escondido com os *partigiani* até o fim da guerra. Já Danilo resolveu dispensar a ajuda dos italianos e partiu sozinho, quando percorreu o longo caminho de volta até sua base em Pisa, distante cerca de quatrocentos quilômetros do local onde fora abatido, com o firme propósito de retomar a luta contra o Eixo o mais rápido possível.

Danilo desprezou as instruções ensinadas nos manuais de sobrevivência que determinavam como agir uma vez abatido sobre território inimigo. Os pilotos deveriam apenas fazer contato com os *partigiani* e, com a ajuda deles, aguardar escondidos uma oportunidade para retornar em segurança até as linhas Aliadas. O obstinado piloto da FAB trocou seu uniforme por roupas civis e manteve sua arma, o que já seria suficiente para que fosse executado, caso descoberto pelos alemães. Escolheu fazer seus deslocamentos em plena luz do dia, quando aproveitou para identificar uma considerável quantidade de alvos inimigos encontrados pelo caminho. Por várias vezes se deparou com soldados *tedeschi* e até sentou-se ao lado de um oficial alemão numa barbearia.

Por falar um pouco de italiano e devido a suas características físicas e à desculpa de que estava com a língua machucada, Danilo conseguiu comida e abrigo até ser ajudado por outros *partigiani* na travessia dos Alpes e retornar às linhas Aliadas em segurança. No dia 4 de março de 1945, exatamente trinta dias após ser abatido sobre território inimigo e 19 quilos mais magro, Danilo era recebido por seus companheiros na base de Pisa.

No mesmo dia, estreava a Ópera de Roma, encenada no teatro local. Os pilotos brasileiros, depois de assistir ao espetáculo, decidiram produzir uma peça baseada na grande epopeia protagonizada pelo amigo fujão, e a batizaram de *Ópera do Danilo*. A letra era uma sátira que utilizava os clichês de óperas famosas, aproveitando a conhecida e tradicional canção do folclore italiano "Funiculì, Funiculà". A *Ópera do Danilo* foi encenada pela primeira vez em Pisa, na Páscoa de 1945, na presença dos três irmãos e estrelada pelos companheiros de grupo. A brincadeira tornou-se tradição nas comemorações do 1º Grupo de Aviação de Caça, destacando-se em todos os eventos do Senta a Pua! ao longo dos anos.

Pelo seu excepcional desempenho em combate, o 1º Grupo de Aviação de Caça da FAB recebeu a mais alta condecoração americana, a *Presidential Unit Citation*, conferida somente a duas outras unidades não americanas. Por questões burocráticas, a premiação foi concebida somente em 1986, 41 anos depois do final da guerra.

ELO

Além do 1º Grupo de Caça, havia uma unidade aeronáutica de grande importância para as operações da FEB, a 1ª ELO — Esquadrilha de Ligação e Observação. Composta por apenas trinta homens, sendo 11 oficiais aviadores, um intendente, oito sargentos mecânicos de avião, dois sargentos de rádio e oito soldados auxiliares de manutenção, a esquadrilha empregou dez aeronaves tipo HL — Piper Cub, ou L-4H Grasshopper. A menor unidade operacional da FEB foi criada em 20 de julho de 1944, e servia diretamente à artilharia divisionária.

A missão da esquadrilha era observar as posições e o movimento do inimigo fornecendo coordenadas de tiro para a artilharia, uma função de suma importância no contexto das operações na região montanhosa, onde os horizontes eram limitados e a melhor visão ficava com os alemães, no cume dos inúmeros morros e montanhas dos Apeninos.

Com o decorrer das operações, os frágeis aviões da ELO, que voavam sem nenhum tipo de proteção e desprovidos de armamento, deixaram de ser alvo dos alemães, uma vez que, ao serem alvejados, as posições do inimigo eram denunciadas pelos tiros. Os alemães preferiam, assim, se esconder a atacar os teco-tecos da unidade.

Por inúmeras vezes, os vários voos diários da ELO designaram posições de tropas inimigas ao mortífero fogo da artilharia brasileira. As primeiras missões partiram de um campo de pouso em San Rossore, onde ficava o acampamento da retaguarda da FEB. A necessidade de chegar perto da linha de frente levou a ELO a

1942

utilizar diversos campos, muitos deles de tamanho limitado, como em San Giorgio, Pistoia, Suviana, Porretta Terme — onde ficava o quartel-general da FEB —, Montecchio, Piacenza, Portalbera e Bergamo, já no fim da guerra.

A ELO executou sua primeira missão no dia 12 de novembro de 1944, decolando em San Giorgio. A última seria no dia 29 de abril de 1945, quando a esquadrilha operava em Portalbera, o último campo em que executou missões de guerra. Os registros das operações da ELO impressionam: foram mais de duas mil horas de voo, mais da metade delas em combate, ao longo de 684 missões, fornecendo coordenadas de tiro para a FEB, unidades inglesas e americanas, ao longo de 184 dias de operações.

Nos céus da Áustria

Se as operações do 1º Grupo de Aviação de Caça ficaram restritas ao território italiano, houve o registro de um brasileiro que participou de missões de bombardeio das esquadrilhas americanas sobre a Áustria. O primeiro-tenente Mário Amaral, integrante do 6º RI, serviu como oficial de ligação junto às tropas americanas, por conta de seu inglês fluente. Em outubro de 1944, foi escolhido para cumprir um período de experiência na Força Aérea do Exército americano, e acabou por integrar o 449º Esquadrão, tomando parte em três missões de bombardeio de grande altitude sobre Viena, capital austríaca.

A base de operações do 449º Esquadrão ficava na cidade de Grottaglie, no extremo sul da Itália. A esquadrilha empregava exclusivamente os famosos quadrimotores B-24 Liberator que, em 1943, atacaram as refinarias de petróleo na região de Ploesti, na Romênia, de onde saía boa parte da gasolina usada pelos alemães. Assim, ao menos um caboclo brasileiro conseguiu lançar bombas sobre a Áustria.

Dois brasileiros entre os nazistas

A saga dos brasileiros nos céus da Europa inclui outros casos pouco conhecidos. Ninguém poderia acreditar que um brasileiro se tornou um ás da *Luftwaffe*, mas esse foi o caso de Egon Albrecht-Lemke. Curitibano descendente de alemães, Albrecht-Lemke foi um exemplo da mobilização que os nazistas empreenderam ao redor do mundo, convocando cidadãos do *Reich* para que atendessem aos apelos de Hitler.

Muitos homens e mulheres alemães ou seus descendentes rumaram para a Alemanha e se juntaram aos esforços para servir à "pátria mãe". Como o partido nazista no Brasil era o maior fora da Alemanha, não foi de se estranhar que Albrecht-Lemke viajasse para lá nos anos 1930, para se juntar à juventude hitlerista. Mais tarde, tornou-se piloto de caça e participou das ações da *Luftwaffe* na Europa, já com seus vinte e poucos anos, em 1940.

Ele participou das grandes invasões nazistas aos Países Baixos, à França e da Batalha da Inglaterra. Depois, foi transferido para a frente russa, onde abateu 15 aviões. Recebeu várias condecorações, foi promovido a capitão e chefe de esquadrilha. Voltou à França no final de 1943. Em seguida, seria encaminhado para a defesa da Áustria, no início de 1944, alvo das esquadrilhas de bombardeiros Aliadas que partiam da Itália. Por pouco, os dois brasileiros antagonistas não se cruzaram sobre o céu italiano.

Pelas suas qualidades, foi condecorado com a diferenciada Cruz de Cavaleiro da Cruz de Ferro. Com o grande número de baixas em combate e as dificuldades surgidas na reposição dos pilotos da *Luftwaffe*, muitos eram forçados a voar em inúmeras missões, quando abatiam aviões Aliados em grande quantidade, razão pela qual receberam várias medalhas. Albrecht-Lemke entrou para o grupo restrito de aviadores que receberam a alta condecoração alemã, depois de abater 25 aviões inimigos.

Servindo de modelo para a propaganda nazista, apareceu em fotos ao lado de grandes ases alemães, como Adolf Galand e Walter Krupinski. Seguindo a elevada estatística de baixas que acompanhava os pilotos alemães, também morreu em ação em 25 de agosto de 1944, o mesmo dia em que Paris foi libertada. Em sua última missão, realizada a leste de Paris, seu avião apresentou uma pane. Quando tentava regressar à base, foi atacado por aviões Aliados. Saltou de paraquedas, mas não sobreviveu. Maiores detalhes da vida desse personagem são nebulosos. Talvez o valente aviador sequer fosse considerado brasileiro pelos seus camaradas, já que havia escolhido deixar o Brasil e lutar pelo Terceiro *Reich*, ou nem mesmo se considerasse mais brasileiro.

Para mostrar como o destino parece brincar com as linhas da vida, houve outro aviador alemão que saiu do Brasil. Wolfgang Ortmann, nascido em São Bento do Sul, em Santa Catarina, foi parar nas esquadrilhas da *Luftwaffe*, e pilotou o mesmo

1942   169

tipo de avião — o bimotor Messerschmitt Bf-110 — no mesmo grupo e na mesma época em que Egon Albrecht-Lemke voou no *front* russo. Não existe nenhuma evidência de que se conheciam. Os registros da época o definiram como exímio piloto, mas, em fevereiro de 1942, Wolfgang foi vítima de um choque com outro Bf-110 de sua esquadrilha, segundo os boletins do esquadrão. Entretanto, também existem registros de um piloto russo que alegou ter abatido os dois aviões alemães em questão, na mesma data.

Dois brasileiros entre os Aliados

Para contrabalançar a presença desses pilotos brasileiros lutando no lado dos alemães, existem ao menos dois casos conhecidos de brasileiros que se destacaram ao lado dos Aliados, nas esquadrilhas da Real Força Aérea, a RAF. O maior ás da aviação francesa, Pierre Clostermann, também nasceu em Curitiba, em 1924. Sua história é bem conhecida pelos entusiastas da aviação durante a Segunda Guerra, especialmente depois que ele escreveu o livro *O grande circo,* com relatos de sua participação como piloto na Europa.

Clostermann era um dos muitos estrangeiros que se juntaram à causa Aliada, nas esquadrilhas da RAF, entre canadenses, tchecos, poloneses, neozelandeses, americanos (que formaram o esquadrão Águia, antes de os Estados Unidos entrarem oficialmente na guerra), belgas, argentinos e muitos franceses. Com 33 vitórias confirmadas, Clostermann foi abatido duas vezes, mas voltou a voar.

Outro curitibano escondido entre as páginas da história conseguiu se destacar como líder de esquadrilha de bombardeiros na RAF, onde pilotava os lendários quadrimotores Avro Lancaster. Seu nome era Cosme Lockwood Gomm, filho de ingleses, nascido na capital paranaense em 1913.

É no mínimo curioso constatar que os três renomados pilotos aqui mencionados, que atuaram de forma incomum na Segunda Guerra Mundial, saíram da mesma cidade. Depois de morar em Buenos Aires e voltar para São Paulo, Cosme Gomm, que tinha dupla cidadania, foi para a Inglaterra, onde se alistou na Força Aérea, em 1933. Operava nos serviços da RAF ao redor do mundo, quando retornou à Inglaterra no início das hostilidades. Executou suas primeiras missões em julho de 1940. Como já era um piloto experiente, galgou posições até se tornar líder da esquadrilha 467, em novembro de 1942. Em junho de 1943, recebeu

a *Distinguished Service Order*, alta condecoração da RAF, pelos serviços prestados. Seu quadrimotor Lancaster foi abatido por um caça alemão sobre a França,
em rota para uma missão de bombardeio sobre Milão, na noite de 15 de agosto
de 1943.

Os registros sobre o *Wing Commander Gomm* atestam como o *anglobrazilian
ace* ("ás anglo-brasileiro") era querido pelos seus comandados. Suas inegáveis virtudes como piloto que completou 24 perigosas missões infelizmente não lhe conce-
deram a sorte de terminar a guerra vivo.

12. O teatro de operações

Foi difícil para os comandantes da base peninsular americana na Itália — responsáveis pela distribuição de todo material militar para as tropas — entender que os brasileiros chegaram para a guerra sem armas. Além das barracas, o 1º Escalão desembarcou em Nápoles desprovido de armamento e com um uniforme impróprio para o frio que já se mostrava durante a noite, ainda no do verão italiano, em julho de 1944.

Depois da visita do comando da FEB ao comandante da base para requisitar o material necessário, ainda foi preciso que canais políticos entrassem em ação para o equipamento finalmente ser liberado e distribuído para as tropas brasileiras.

As primeiras semanas da FEB na Itália foram voltadas para treinamento e adaptação, até que as tropas foram submetidas a uma prova no campo de treino na cidade de Vada, realizada sob a observação de comandantes americanos, para avaliar se a FEB estaria apta a entrar em combate, o que só aconteceu em agosto. O mesmo privilégio os demais escalões da FEB não teriam ao chegar na Itália.

Com o aval do general Mark Clark, a FEB foi finalmente declarada apta, e o efetivo brasileiro, ainda com cerca de 5.800 homens, foi incorporado ao IV Corpo de Exército, sob o comando do general Willis D. Crittemberger. No alto-comando da FEB, havia a preocupação em coordenar as operações com o comando Aliado, na esperança de que seria dada suficiente autonomia (comando próprio) e integridade (manter o contingente da FEB unido) às forças brasileiras.

A lembrança de Mark Clark como grande apoiador das forças brasileiras muitas vezes deixa de lado o fato de que foi o general Crittemberger quem esteve imediatamente no comando da FEB e que foi com ele que o general Mascarenhas esteve em contato direto por mais tempo, ao longo das ações do IV Corpo. O comandante americano constatou que as tropas brasileiras chegaram ao *front* totalmente inexperientes e despreparadas. Muitas vezes, suas atitudes bem-humoradas não eram compreendidas pelos militares brasileiros, como no dia em que ele e Mascarenhas foram apresentados. Crittemberger brincou oferecendo-lhe seu bastão de comando, ao constatar que o general brasileiro era o comandante mais idoso naquele teatro de operações.

Essas e outras situações poderiam ser decorrentes das eventuais diferenças entre o humor americano e o brasileiro, mesmo depois de traduzidas pelo major americano Vernon Walters, que falava bem português e virou homem de confiança na interface entre o alto-comando da FEB e os militares americanos. Havia esse problema crônico por conta da quase inexistência de oficiais ou soldados brasileiros que falassem inglês, e o major Walters acabou ajudando muito na resolução dos entraves que surgiam no dia a dia das operações.

As primeiras operações

Para dar início às ações, foi criado o Destacamento FEB, que reunia o montante das tropas brasileiras chegadas no 1º Escalão, à disposição até aquele momento, sob o comando do general Zenóbio da Costa, comandante da Infantaria Divisionária. As primeiras operações de combate aconteceriam nas regiões da Emília-Romanha e da Toscana, caracterizadas por suas montanhas, vales e rios.

Para se ter uma ideia do quão difícil era desalojar as tropas do Eixo dessa área, basta constatar que os Aliados permaneceram durante todo o inverno de 1944 a apenas 18 quilômetros de distância de um dos objetivos-chave do alto-comando: a cidade de Bolonha, importante centro de entroncamento ferroviário e de estradas da região. A cidade seria tomada somente nas ações de abril de 1945, durante a Ofensiva da Primavera. Entre agosto de 1944 e abril de 1945, somente a 92ª Divisão de Infantaria *Buffalo Soldiers* americana perdeu cerca de cinco mil homens em combate.

Para conquistar as cidades importantes da região, como Parma, Bolonha, Turim e demais localidades posicionadas em pontos estratégicos, era preciso tomar as pequenas vilas, os cumes dos morros e as elevações que estavam em poder dos alemães e das tropas fascistas ainda em ação. As lições no *front* italiano — especialmente as duramente aprendidas em Monte Cassino — evidenciavam que apenas a ocupação efetuada pelas tropas terrestres seria capaz de expulsar definitivamente o inimigo. A FEB dentro em breve mostraria seu valor em combate.

JOÃO BARONE

Abrindo sua primeira fase de ações no *front*, de meados de setembro até o fim de outubro de 1944, a FEB atuou ao longo do vale do rio Serchio, substituindo algumas unidades americanas na área de Ospedaleto, considerado um setor calmo da frente, propício para o batismo de fogo das tropas brasileiras recém-chegadas. Os homens do 6º Regimento de Infantaria — que em grande parte haviam passado pelos campos de instrução de Caçapava — se juntaram à Task Force 45, uma unidade formada por alguns batalhões da 1ª Divisão Blindada americana, pelo 434º Grupo de Artilharia Antiaérea — sem função devido à ausência da *Luftwaffe* — e pelo 370º Regimento, os *Buffalo Soldiers*. A divisão era composta por soldados negros comandados por oficiais brancos, devido à segregação racial ainda vigente nos quadros do Exército americano. Uma vez reunido, o grupo foi denominado 6th *Regimental Combat Team* (6º Grupo de Combate Regimental).

O quartel-general da FEB foi deslocado para San Rossore, nos arredores de Pisa. As ações planejadas visavam ao contato com posições inimigas, patrulhas e eventuais "golpes de mão", termo usado para o ataque rápido e direto sobre uma posição inimiga, em geral, feito por pequenas unidades.

A primeira unidade brasileira a entrar em ação foi a 1ª Companhia do 9º Batalhão de Engenharia, estendendo uma ponte sobre o rio Arno, no dia 15 de setembro. No dia seguinte, nas localidades de Massarosa, Borrano e Quieza, pontos da extensa Linha Gótica, os alemães foram desalojados com fraca resistência e respondendo com algum fogo de artilharia no contra-ataque.

Dentro das estratégias militares, a prevenção de um contra-ataque era importantíssima. Era preciso rimar a posição com efetivos e meios (munição e mantimentos) para evitar a perda de um objetivo recém-conquistado. Atuando numa frente de nove quilômetros de largura, o Destacamento FEB avançou cinco quilômetros sobre território inimigo. As populações desses vilarejos ainda não tinham uma noção exata da chegada dos brasileiros, e, mesmo com a presença dos negros americanos da 92ª DI, os caboclos e negros brasileiros causavam surpresa, estranheza e curiosidade junto aos locais.

O IMPETUOSO GENERAL ZENÓBIO

O general Zenóbio se tornou notório por suas atitudes destemidas, como permanecer sob fogo durante as ações de seus homens, e pelas frases que denotavam seu caráter intempestivo. O primeiro-tenente Massaki Udihara, do 6º Regimento, relatou em suas memórias o temperamento contundente do general, que, desde o início das ações, parecia ávido pelas primeiras baixas da FEB. "Ainda não temos nenhum morto? Precisamos de heróis!", teria dito Zenóbio.

Entender essa declaração ao pé da letra significaria que o impetuoso general era inconsequente, mas as opiniões vindas tanto de seus comandados quanto de seus comandantes sempre se referiam a ele com os maiores elogios e considerações. Odiado por uns, respeitado por outros, a fama de durão do general Zenóbio contribuiu para ele que fosse o comandante mais destacado da FEB.

O êxito das primeiras ações, atribuído ao dinamismo do general Zenóbio no comando do Destacamento FEB, chamou atenção dos comandantes americanos. Clark e Crittemberger decidiram incumbir a tomada de Camaiore aos brasileiros, ponto considerado importante nas defesas alemãs. Para chegar ao local, seria preciso conquistar o Monte Prano, uma elevação de mil e duzentos metros que os americanos ainda não haviam atacado.

Durante a reunião do V Exército e do Estado-Maior brasileiro para se definir o ataque ao Monte Prano, Zenóbio aceitou prontamente o comando das operações. Guardadas as devidas proporções, não seria exagero afirmar que a FEB tinha nos seus quadros um candidato ao título de "general Patton brasileiro" — o que se explica por Patton ter sido famoso por suas frases de efeito, muitas vezes recheadas de palavrões, usadas na propaganda Aliada. Se Zenóbio não tinha a estatura e a genialidade militar do famoso comandante americano, ao menos possuía algumas das suas características marcantes: era destemido e sem papas na língua.

O coronel Lima Brayner, que integrava o Estado-Maior da FEB, se referia ao general Zenóbio como "o índio corumbaense", em alusão à sua cidade natal, Corumbá, no Mato Grosso do Sul. Um boato eventualmente atribuído ao comandante brasileiro diz que ele teria promovido um butim de "lembranças" da Itália, composto por obras de arte e objetos de valor. As más línguas chegaram a apelidá-lo de "rato da Toscana". Mesmo sem qualquer evidência que incriminasse o general brasileiro, esse ato era muito comum entre militares Aliados, que levaram para casa toda sorte de *souvenirs*, sob a justificativa de que seriam "troféus de guerra". Para muitos, parecia justo e aceitável, uma espécie de compensação pelo fato de os soldados colocarem suas vidas em risco, o que acontecia desde a Antiguidade, quando a guerra servia como pretexto para pilhagens, roubos e outras barbáries cometidas sobre os vencidos. Talvez a má reputação atribuída ao general brasileiro fosse apenas resultante da inveja que ele pareceu causar pela sua posição de destaque.

As primeiras conquistas

A tomada de Camaiore em 18 de setembro foi a primeira conquista da FEB, comandada pelo capitão Ernani Ayrosa da Silva, que suportou um contra-ataque alemão por uma noite, até firmar posição. Com isso, recebeu uma *Bronze Star*, importante condecoração do Exército americano pelo feito.

Na sequência, subindo ao Norte, a FEB tomaria o caminho para Castelnuovo di Garfagnana, um entroncamento de estradas de importância estratégica no vale do rio Serchio. Os brasileiros receberam ordens para ocupar esse ponto, que abrangia localidades como Calomini, C. Casela, Colle, o Monte San Quirico e Lama di Sotto, por meio de um ataque-surpresa, sem a ajuda da artilharia. Na ocasião, os brasileiros aprenderiam na prática o que significava o domínio do terreno elevado na estratégia militar, algo que se tornaria uma constante dali em diante. A topografia do local seria um ponto de grande dificuldade para o ataque, com os alemães e italianos bem-posicionados no alto das encostas, na frente e acima dos brasileiros.

Os ataques coordenados desalojaram os alemães de suas posições, e os efetivos da FEB ocuparam a área, sem tomar muitas precauções quanto a um contra-ataque inimigo. Além disso, os homens estavam cansados e não haviam recebido tropas de reposição nem munição, um indicativo de certa falta de planejamento.

O primeiro revés

O nome Castelnuovo di Garfagnana deixou amargas lembranças à FEB. Os alemães contra-atacaram de noite, mesmo sob forte chuva, com os brasileiros desprevenidos, o que forçou o Destacamento Zenóbio a retroceder às posições anteriores ao ataque, em Sommocolonia. Essas ações deram aos brasileiros uma prova real das vantagens defensivas de quem está numa posição elevada. Depois que foram expulsos da cota 906 (cota é a medida topográfica que determina a crista de uma

1942

elevação do terreno, definida pela altura do local em relação ao nível do mar), mesmo com as deficiências do efetivo da FEB, os alemães só conseguiram retomá--la após três contra-ataques.

Passados esses acontecimentos, a FEB encerrava as ações no rio Serchio, onde até o fim de outubro havia progredido cerca de quarenta quilômetros. A "carreira solo" do 6º RI chegava ao fim com a extinção do Destacamento FEB, no momento em que o 2º e o 3º Escalões desembarcavam na Itália. O general Zenóbio teria a função de treinar e supervisionar toda a infantaria divisionária. O 6º RI, ao final de um mês e meio de atuação no vale do rio Serchio, perdeu três oficiais e 27 soldados e teve 93 feridos e dez desaparecidos em combate. Foram feitos 243 prisioneiros italianos e alemães.

Naquele momento, houve certo alívio pelo fato de as tropas brasileiras terem conseguido entrar em ação. O período de teste da FEB chegava ao fim no "setor tranquilo da frente". Seria preciso manter o entusiasmo com o dia a dia dos combates que se apresentariam na sequência das operações previstas para a FEB.

Assassinatos em massa

Uma passagem pouco mencionada sobre a guerra na Itália diz respeito aos assassinatos sistemáticos da população civil, empreendidos pelos alemães, realizados entre agosto de 1943 e maio de 1945, em represália às ações dos *partigiani*. Mais de sete mil civis italianos foram mortos nesses massacres. No dia 29 de setembro de 1944, o maior deles foi levado a cabo em Marzabotto, onde mais de setecentos civis foram executados. Na mesma data, 69 inocentes foram mortos em Gaggio Montano, em represália a um ataque dos *partigiani* contra as forças alemãs. Logo depois, no dia 2 de outubro, outros 17 civis foram mortos, pouco antes da chegada dos pracinhas brasileiros.

O caso mais conhecido de execuções realizado pelos alemães ocorreu em Roma, em abril de 1944, quando um grupamento da SS sofreu um atentado com bomba, enquanto marchava numa rua da capital italiana. Trinta e três homens morreram. Em represália, o alto-comando alemão determinou que, para cada alemão morto no atentado, dez italianos seriam fuzilados. Os escolhidos foram levados para cavernas conhecidas como fossas Ardeatinas, nos arredores de Roma, onde seriam mortos. A entrada das cavernas foi dinamitada para que o massacre fosse ocultado, mas, depois da libertação de Roma, em junho, tudo foi descoberto.

Ao fim da guerra, os responsáveis pelo assassinato em massa foram presos, julgados e condenados por crimes de guerra, assim como outros tantos massacres realizados contra os italianos. Alguns dos carrascos conseguiram escapar da justiça. Apesar de a Alemanha ser um dos signatários da Lei de Guerra, como ocorria em outros países sob ocupação nazista, na Itália houve a determinação do comando alemão de que atos de sabotagem e atentados por parte da população e dos grupos da resistência deveriam ser severamente punidos, como deixa claro a tradução de parte dessas ordens, assinada pelo marechal Kesselring:

> (...) nos distritos onde grupos estejam em ação em grande número, uma porcentagem da população masculina, a ser determinada em cada caso, será presa e fuzilada. A população deve ser advertida. Caso soldados sejam alvejados em uma localidade, a mesma deverá ser queimada. Os autores e líderes de grupos responsáveis pelos atos serão enforcados em praça pública. (Comando Kesselring, 17/6/1944)

Depois da guerra, em várias ocasiões o governo alemão pediu desculpas formalmente pelos massacres perpetrados contra o povo italiano. Na longa lista de cidades e aldeias italianas onde aconteceram esses atos de barbárie, encontram-se várias cidades por onde a FEB passou, em 1944:

- Bolonha — vinte mortos em junho
- Zocca — 117 mortos em 18 de julho
- Modena — vinte mortos em 30 de julho
- Pisa — 11 mortos em 1 de agosto
- San Rossore — dez mortos em 9 de agosto
- Milão — 15 mortos em 10 de agosto
- Filettole — 37 mortos em 10 de agosto
- Gaggio Montano — 86 mortos em 29 de setembro
- Marzabotto — 770 mortos em 29 de setembro

CUIDANDO DO MORAL

Além de se fornecerem às tropas os melhores meios materiais para seguir em combate, prover o bem-estar psicológico dos soldados tornou-se uma questão crucial

1942

dentro da estratégia militar. O moral elevado dos combatentes sempre esteve diretamente ligado à motivação e à disposição para a luta.

Os cuidados com a tropa incluíam manter equilibradas as condições física e mental para uma missão de guerra, o que era tão importante quanto a alimentação. Durante a Segunda Guerra, os métodos para motivação e treinamento das tropas evoluíram de forma significativa. Foram enfatizados a reciclagem e o aprimoramento de comando aos oficiais, a apresentação de palestras para as tropas com abordagens político-sociais, a motivação, a razão da luta, etc.

Além dos manuais impressos, os soldados tomavam contato com novos recursos audiovisuais da época. Havia filmes técnicos para instrução, manuseio de equipamentos, armas e também de orientação sanitária — especialmente na prevenção de doenças sexualmente transmissíveis —, além de filmes de caráter doutrinário.

Juntamente com o preparo físico e mental das tropas, era preciso oferecer um mínimo de conforto nos acampamentos da retaguarda e nas áreas de descanso próximos ao *front*, um momento importante para recarregar os ânimos dos homens sob estresse constante, com saudades de casa e que sonhavam com o fim da guerra. Uma vez na retaguarda, as tropas receberiam tudo que era possível para distrair e atenuar a fadiga do combate e, assim, renovar as energias para continuarem lutando.

Era comum que artistas famosos do cinema e da música fossem até os acampamentos e bases Aliadas para fazer shows e aparições, o que se provou de grande valor para elevar o moral das tropas. A banda de Glenn Miller, um conhecido músico da época, fez inúmeras apresentações e transmissões de rádio — inclusive dirigidas aos alemães. Miller, que morreu num controverso acidente aéreo, quando voava da Inglaterra para a França onde se apresentaria em dezembro de 1944, jamais foi encontrado.

O comediante Bob Hope, o cantor Bing Crosby e atores e atrizes de Hollywood faziam aparições para as tropas. A grande estrela do cinema alemão Marlene Dietrich — que fugiu para os Estados Unidos antes da guerra — era uma das mais atuantes. Sua presença constante nos shows dos acampamentos Aliados, inclusive na Itália, parecia uma vingança pessoal contra o regime nazista, que ela repudiava. A grande atriz alemã se tornou uma das maiores representantes da propaganda antieixo. A famosa dupla de comediantes Stan Laurel e Oliver Hardy, conhecidos no Brasil como o Gordo e o Magro, faziam aparições públicas para promover a venda de bônus de guerra nas capitais americanas, junto a outros grandes atores de Hollywood. Existem relatos de que Stan Laurel, o Magro, integrava o pelotão encarregado das máquinas de fumaça usadas nos arredores de Silla, que produziam neblina artificial durante as ações do V Exército. Entretanto, sendo cidadão inglês e aos 54 anos, ele não estaria apto para a linha de frente nem servindo no Exército americano...

Mesmo sem receber nenhum grande artista brasileiro ou estrangeiro daquela época, a FEB também contou com meios de elevar o moral da tropa, quando uma banda de música e um coral foram integrados ao contingente na Itália. A banda contava com 65 integrantes, provenientes das unidades militares de Minas Gerais, São Paulo e Rio de Janeiro, comandadas pelo tenente Franklin de Carvalho Junior, que após a guerra foi declarado Patrono dos Músicos do Exército Brasileiro.

A banda da FEB — que incluía uma formação menor no formato de uma orquestra de jazz e um coral sacro — atuou em inúmeros eventos e solenidades, como missas, paradas e eventos realizados para o alto-comando Aliado e da FEB. Apresentou-se em Livorno, Pisa, Porretta Terme, Silla, Alessandria, Bolonha, Parma e Nápoles, ao fim da guerra.

Houve ocasiões em que a banda de jazz foi levada até as proximidades da linha de frente, onde tocou para as tropas em cima de um caminhão. O repertório era eclético: dos clássicos populares brasileiros e americanos à música erudita, inclusive obras de Villa-Lobos. O coral sacro e a banda de jazz realizaram mais de cem programas musicais enquanto estiveram na Itália.

Os serviços de correio e a agência do Banco do Brasil, localizada em Nápoles, cumpriam com relativa eficiência o atendimento aos soldados. Cartas, pacotes e telegramas eram enviados e recebidos pelo serviço postal da FEB. Os telegramas eram transmitidos por meio das empresas americanas Western e All American Cable e pela Rádio Internacional do Brasil, por um preço bem acessível. Já a correspondência normal poderia levar de oito dias a um mês para ser entregue. É no mínimo surpreendente saber que o correio da FEB funcionava bem, mesmo com o trabalho da censura, que atrasava o envio.

Outra surpresa é o número de cartas e telegramas computados ao longo da permanência do efetivo brasileiro na Itália. Foram mais de 1.300.000 cartas enviadas e recebidas. Mais de 75 mil telegramas foram enviados ao Brasil, e os pracinhas receberam mais de 170 mil. Uma estatística calculou cerca de sete mil cartas recebidas por dia, uma média alta, considerando-se o grande número de iletrados entre os pracinhas. Mais de dois mil pacotes foram recebidos e mais de 95 mil encomendas foram enviadas. Apesar das estatísticas positivas, o terceiro-sargento da 7ª Companhia do Onze, Ary Roberto de Abreu — falecido em setembro de 2013 —, afirmava categoricamente que nunca recebeu sequer um dos vários pacotes de cigarros que sua namorada lhe enviou ao longo da guerra.

O serviço de pagamento dos pracinhas era operado pela agência do Banco do Brasil. De lá, eram enviados os pagamentos para o Serviço de Fundos da Divisão, que funcionava com a Pagadoria Fixa, em Livorno. Cada pracinha recebia cerca de dez dólares. Outros dez eram enviados em consignação à família do combatente, e mais dez eram depositados como fundo de previdência na Caixa Econômica Federal, em nome do soldado ou de alguém indicado por ele. Os trinta dólares que cada pracinha recebia faziam da FEB o efetivo mais bem-pago na Itália (um soldado americano, por exemplo, recebia cerca de 28 dólares). O pagamento da FEB era feito integralmente pelo governo brasileiro.

As estatísticas sobre a disciplina nas fileiras da FEB também reportam um saldo positivo. O Serviço de Justiça Militar da Divisão efetuou 278 julgamentos durante a campanha, com 141 absolvições e 137 condenações. Foram constatados apenas dois casos de deserção, menos de um por cento dos mais de 25 mil homens em serviço. Além da deserção, havia problemas de não comparecimento depois de expirado o tempo de licença, ou alguns raros episódios de embriaguez. Rubem Braga reportou o seguinte em um de seus textos como correspondente:

Não mandamos à Itália 25.334 anjos em 1944. A nossa tropa, como toda tropa de ocupação em país estrangeiro e mesmo em seu próprio país, praticou abusos e crimes. Mas eles foram raros e foram punidos sempre que descobertos. Não é a eles que está associado na memória e no sentimento do povo italiano da Toscana e da Emília o nome "brasiliano".

FICHA DE SENTENÇAS DA FEB

POSTO OU GRADUAÇÃO	UNIDADE	PRAZO DA SENTENÇA			APLICAÇÃO DO CSJM		CRIME
		Ano (s)	Mês (es)	Dia (s)	Confirmada	Reformada	
Sd	Dep Pes	12	11	2	X		Roubo e extorsão
Sd		24		24	X		Idem
Sd		26			X		Idem
Sd		11		30	X		Idem
Sd			8		X		Resistência
Sd		11			X		Roubo
Sd	BS		8			Abslv	Danos
Sd		3	4		X		Desacato e desobediência
Sd	11º RI		6	6	X		Desobediência
Sd		1	6	20	X		Idem
Cb	1º RI	1	6	20	X		Idem
Sd		2		5		1 a 4m	Idem
Sd	6º RI		9	22	X		Deserção
Sd		1	9	10	X		Homicídio culposo
Sd		1	3	16		1 a 5 m	Violência c/ superior
Sd		3					Deserção
Sd		1	8		X		Desobediência
Sd		2	1	10		4 m	Insubordinação
Sd	Bia Cmdo AD	16	1	10	X		Crime sexual com abandono de posto
Cb		5	5	10	X		Crime sexual
Sd		5			X		Idem
Sd	II/1º RO Au R	2	10	20	X		Desobediência
Sd		2	8		X		Violência c/ superior
Sd		2					Tentativa de violência carnal
Sd		2			X		Idem
3º-sgt	Cia Mnt	1			X		Incêndio culposo
Sd	9º BE	1	6		X		Furto
Sd		1	6		X		Idem
Sd		2	1	10			Abandono de posto
Sd	Cia Q G		Morte		X		Homicídio em presença do inimigo
Sd			Morte		X		
Sd	Cia I	1	5	10	X		Abandono de posto
1º-ten R2		1	8		X		Homicídio culposo

Analisando as sentenças emitidas pelo Serviço de Justiça Militar da FEB, a quantidade de crimes e seus realizadores é ínfima, se comparada às ocorrências de outras forças presentes naquele teatro de operações. Ao menos dois massacres efetuados por tropas americanas sobre civis e forças inimigas ocorreram na Itália, em Canicatti e Biscari, ainda em 1943. Das 141 execuções de soldados americanos durante a Segunda Guerra, setenta ocorreram na Europa, sendo 27 no teatro de operações do Mediterrâneo. Ao contrário do que se possa imaginar, as execuções foram por enforcamento, e não por fuzilamento. Os crimes mais graves ocorridos na FEB foram dois estupros, duas deserções e dois homicídios "em presença do inimigo", o que atesta a morte de soldados oponentes num ato de covardia ou fora do contexto de batalha. Deve-se levar em conta o tempo relativamente curto em que os brasileiros estiveram em ação, cerca de nove meses. Ao fim da guerra, os casos mais graves que renderam pena máxima foram comutados, e as sentenças muito longas foram encurtadas. Depois que retornaram ao Brasil, Vargas anistiou os condenados.

Um outro fato curioso foi a chamada deserção negativa. Essa era a explicação para os muitos casos de soldados feridos que, depois de tratados nos hospitais e enviados para a retaguarda, no depósito de pessoal — onde deveriam aguardar sua realocação —, "fugiam" de volta à sua tropa. Muitos pracinhas tinham verdadeiro pavor de parar num hospital e tratavam de escapar rapidamente para sua unidade, assim que fosse fisicamente possível. O soldado Antônio de Pádua Inhan, de Juiz de Fora, que servia na 3ª Companhia do Onze, estava de castigo em Staffoli, onde ficava o depósito de pessoal. Ele conseguiu uma "tocha" (gíria para uma escapadela sem autorização) e foi ao encontro de sua companhia, em Alexandria, quando argumentou a seu capitão que havia sido punido por ser ferido. Foi reincorporado e seguiu lutando com seus pares até o fim da guerra.

FEB Futebol Clube

Na capital federal, durante os anos da guerra, o futebol seguia com a bola rolando. Os grandes estádios de São Januário — sede do Vasco da Gama, time para o qual Vargas torcia — e de Laranjeiras — sede do Fluminense — eram palco das grandes contendas entre os clubes já tradicionais da época — Botafogo, Vasco, Fluminense e Flamengo —, mas que brigavam às vezes em pé de igualdade com outros times cariocas, como São Cristóvão, América, Bonsucesso, Bangu, Madureira e Canto do Rio. Depois que o Brasil entrou em guerra, só deu Flamengo, tricampeão carioca em 1942, 1943 e 1944. A equipe contava com alguns grandes jogadores da história do futebol brasileiro, como Zizinho e Domingos da Guia, mas quem se destacava era o grande craque Perácio, famoso pelo seu chute forte e muito lembrado pela grande atuação na Seleção Brasileira, que ficou em 3º lugar na última Copa do Mundo antes da guerra, em 1938, ao lado de Leônidas, o grande gênio do futebol, inventor do chute de bicicleta.

Para surpresa geral, em 1944, Perácio teve um rompante patriótico e resolveu defender o Brasil em outra contenda: alistou-se e partiu para a Itália com a FEB, onde foi motorista do general Cordeiro de Farias. Depois de jogar durante quase todo o primeiro turno do Campeonato Carioca de 1944, o craque partiu com o 2º Escalão da FEB, em setembro de 1944. Perácio viu a cobra fumar, mas ainda colaborou no esforço de guerra com o que tinha de melhor: seu futebol. Ele formou um time com outros pracinhas, que jogou contra equipes inglesas e italianas durante a guerra, e ainda integrou um *scratch* formado por jogadores de futebol do V Exército Americano e vários amigos seus, entre eles Geninho, do Botafogo, e Bidon, do Madureira.

A presença de jogadores de futebol conhecidos do público carioca entre as fileiras da FEB foi tema desta nota do correspondente Joel Silveira, que ganhou ares de repórter desportivo:

FALAM OS CRAQUES EXPEDICIONÁRIOS APÓS A VITÓRIA SOBRE OS INGLESES

Perácio teve saudade de São Januário, ao ver o Sol e os morros ao fundo do Estádio de Florença — Scratch do V Exército Florença, 1 — *(Joel Silveira, enviado especial da Agência Meridional junto à FEB) — Após a vitória dos brasileiros, estive no vestiário dos nossos jogadores, onde recolhi as seguintes mensagens — de Perácio para seus "amigos do Flamengo": "Estou bem e com saudades de todos." O conhecido* player *envia também uma saudação especial ao seu amigo Ary Barroso, pedindo-lhe que transmita através do rádio, a todos os amigos do Brasil, suas saudações mais afetuosas. De Geninho para o Botafogo, amigos e parentes: "Tudo vai correndo bem. A luta é dura, mas voltarei em breve." De Bidon para o Madureira, amigos e parentes: "Escrevam sempre e muito. Vou passando bem."*

Antes de entrar em campo, Perácio declarou ao correspondente da Meridional: "Veja esse Sol e aqueles morros ali no fundo. É direitinho São Januário!"

A rotina do front *engordou um pouco alguns dos jogadores brasileiros, particularmente Geninho e Perácio. Quase a totalidade dos jogadores que, ontem, derrotaram os ingleses, constituiu o conjunto que, em princípio de outubro passado, derrotou em Livorno, por 3x1, um selecionado italiano.*

Depois da demonstração dos brasileiros, que venceram os ingleses pela contagem de 6x2, os técnicos do Comando Aliado escolheram os seguintes jogadores nacionais, que integrarão o scratch *do Quinto Exército: O* keeper *Bráulio, o* center-half *Juvêncio e a linha de ataque formada por Walter, Geninho, Bidon, Perácio e Walter II.*

Durante a guerra, os paulistas viram o Palmeiras, em 1942 e em 1944, e o São Paulo, em 1943, sagrarem-se campeões. Se no Rio de Janeiro não houve maiores interferências do governo sobre os clubes de futebol, em São Paulo, em Minas e no Rio Grande do Sul aconteceram alguns fatos contundentes. Nesses estados, o governo Vargas achou que alguns clubes tinham um perfil muito marcado pela presença de imigrantes estrangeiros, especialmente de italianos e alemães. Por isso, o então Conselho Nacional de Desportos (CND) decidiu interferir nesses clubes, impondo alterações nas suas diretorias e mesmo obrigando a mudança de seus nomes, para que se enquadrassem na política de nacionalização do Estado Novo.

Em São Paulo, o Corinthians teve que retirar do cargo seu diretor de origem espanhola, Manuel Correncher, que era muito popular. Mas o pior aconteceu com o Palestra Itália, clube fundado em 1914 por ítalo-brasileiros, em sua maioria empregados das indústrias do bem-sucedido Francisco Matarazzo, imigrante que se estabeleceu no Brasil. O clube, muito popular na capital paulistana, teve que mudar de nome, sob risco de ser fechado e ter seus bens confiscados pelo governo. Não houve saída aos seus dirigentes a não ser acatar as ordens do CND, quando o clube passou a se chamar Palestra de São Paulo.

Curiosamente, outros clubes e entidades de origem italiana no Brasil levavam o nome de "palestra", pelo simples fato de a palavra significar ginásio. Em Belo Horizonte, também havia um clube Palestra Itália, fundado pela comunidade italiana local e por alguns dos muitos italianos, chamados de "*oriundi*", que vieram para o Brasil no final do século XIX. Esse grau de associação com uma entidade italiana ainda deixou incomodado o CND, que não aceitou o nome Palestra de São Paulo. Os dirigentes do clube tiveram que pensar em outro nome, e assim nasceu o Sport Club Palmeiras. Da mesma forma, em Belo Horizonte, os integrantes da Societá Sportiva Palestra Itália, fundada em 1921, foram obrigados a mudar de nome, quando criaram o Ypiranga, que não durou uma partida sob a nova alcunha. A mudança só se tornou definitiva em setembro de 1942, um mês depois da declaração de guerra do Brasil ao Eixo, quando o clube passou a se chamar Cruzeiro Esporte Clube, na certeza de que a constelação-símbolo brasileira acalmaria os ânimos dos interventores do Estado Novo.

No Rio Grande do Sul, o Sport Club Novo Hamburgo, fundado no município gaúcho de mesmo nome, devido à forte presença alemã, não escapou da ingerência do Estado Novo. O nome do time local, uma referência à importante cidade portuária do norte da Alemanha, entrou na lista do CND do Estado Novo e teve que promover mudanças. O próprio município quase mudou de nome para Marechal Floriano Peixoto, mas o time não escapou, e passou a ser denominado Floriano. Foi uma homenagem um tanto induzida ao grande vulto militar carioca, segundo presidente da República, que, ironicamente, foi quem abafou duas revoltas no Sul do país. O time manteve o nome Floriano até os anos 1960, quando voltou a se chamar Esporte Clube Novo Hamburgo.

Notícias de casa

Outro aspecto importante para o bem-estar da tropa foi a circulação de jornais com notícias vindas do Brasil, algo extremamente difícil de se realizar naqueles tempos. Muito provavelmente, a dificuldade em se obter notícias era decorrente da rigorosa censura do Departamento de Imprensa e Propaganda, que atuava até sobre a correspondência dos soldados. Não havia um órgão oficial que tratasse de suprir os pracinhas com notícias da terra natal, algo que poderia ter significado uma grande injeção de ânimo aos homens. Em vez disso, havia um serviço de contrainformação dentro da FEB, que visava impedir a circulação ou publicação de qualquer notícia que pudesse prejudicar o moral das tropas.

São inúmeros os relatos de exemplares de jornais que chegavam à Itália com meses de atraso e que eram disputados pelos soldados, na certeza de que trariam lembranças do Brasil. Esse era o caso de *O Globo Expedicionário*, editado no Brasil, que levava até seis semanas para chegar às mãos dos pracinhas.

A incontestável sede de notícias acabou gerando o surgimento de jornais não oficiais, editados artesanalmente e tipografados, ou mesmo mimeografados. Esses periódicos tentavam escapar dos censores do Departamento de Imprensa e Propaganda, como mostravam desafiadoramente os exemplares de *A Cobra Fumou* em sua primeira página: "Não registrado pelo DIP."

Os próprios regimentos trataram de criar seus jornais, como era o caso de *O Sampaio* e do *Zé Carioca*, editado pelo Serviço Especial e voltado para a recreação e o bem-estar das tropas, onde estava alocada a banda da FEB. Destacando-se dos vários jornalecos publicados — como *Vem Rolando, A Tocha, Tá na Mão, Vanguardeiro* e *Marreta* —, o mais popular foi sem dúvida *O Cruzeiro do Sul*, que acabou por receber o status de órgão oficial da FEB, sendo impresso numa gráfica em Florença. Seu primeiro exemplar saiu apenas no dia 3 de janeiro de 1945.

Os jornais publicavam cartas de parentes, boletins de serviço, textos escritos por soldados sobre a vida na guerra e até citações de combate, relatos oficiais de ações realizadas por soldados em campo de batalha. Como exemplo, segue a citação de combate do segundo-sargento João Guilherme Schultz, do 1º RI (Sampaio), publicada após o fim da guerra, em 31 de maio de 1945, em *O Cruzeiro do Sul*:

> *O objetivo de seu pelotão era La Serra, no ataque de sua companhia contra a linha La Serra-Cota 985. Atingindo o objetivo que lhe fora fixado, momentos depois cai ferido o seu comandante. Imediatamente assume o comando do seu pelotão, age contra os elementos inimigos que tentam reconquistar a posição perdida. Os alemães contra-atacam com ímpeto singular, e o sargento Schultz, pelo exemplo pessoal e pelo acionamento judicioso dos meios de que dispõe, anula o esforço adversário. Luta durante quatro dias sob intenso bombardeio de artilharia e morteiros. Mas o seu ânimo não se quebra. Assegura a posse do terreno conquistado para a tropa brasileira. Durante esse período, reduz cinco casamatas alemãs, captura treze prisioneiros, arrancados das posições a "bazuca" e a granadas de mão. Nas organizações atacadas, está sempre entre os primeiros que nela penetram para vasculhá-las. É um condutor verdadeiro de homens que no momento se revela. E o seu pelotão cumpre integralmente a missão. Pela capacidade de comando, pelas elevadas qualidades morais e profissionais e pelo alto sentido de honra militar revelados pelo sargento Schultz, a sua ação constitui precioso exemplo para a Força Expedicionária Brasileira.*

Os registros e documentos oficiais da FEB estão repletos de citações como essa, redigidas pelo Estado-Maior da FEB. Sua função era outorgar as condecorações que seriam entregues aos combatentes indicados.

Os relatos muitas vezes obedeciam a um formato-padrão — havia sempre uma explicação sobre os eventos e elogios —, o que os tornava muito semelhantes. Os atos de bravura eram reportados e documentados na retaguarda, onde ficavam os órgãos do Estado-Maior da FEB, em Silla ou em Porretta Terme.

Nesses escritórios também eram registradas ocorrências de qualquer ordem, como o fichamento de soldados detidos pela Polícia do Exército, o extravio de equipamentos, acidentes com armamentos, acidentes automotivos, o não comparecimento de um soldado à sua unidade e demais trivialidades.

Na retaguarda também eram interrogados os prisioneiros alemães e italianos; o prontuário era registrado e enviado aos oficiais de inteligência, que avaliavam se havia qualquer informação de valor obtida sobre as forças inimigas.

Poucos desses prontuários de interrogatórios de prisioneiros foram úteis nas operações da FEB, que recebiam informações mais valiosas por parte dos grupos de *partigiani*, conhecedores dos movimentos e posições das tropas alemãs e italianas.

CONTRACAMPANHA

Se poucos relatos mostram que os alemães sabiam que estavam enfrentando tropas brasileiras na Itália, uma prova irrefutável eram os panfletos impressos em português pelos alemães, destinados aos soldados brasileiros. Os folhetos traziam mensagens de fundo político que questionavam a razão de se lutar na Europa enquanto os americanos se apoderavam do Brasil e que visavam abalar o moral das tropas brasileiras. Alguns panfletos traziam a pergunta "Onde está sua namorada?". Outros mostravam fotos de moças seminuas.

O material era espalhado por "obuses de propaganda", projéteis especialmente preparados com rolos de panfletos em seu bojo, que explodiam e espalhavam os folhetos pelos ares. Esse recurso também era utilizado pelos Aliados e pela FEB, que disparavam panfletos impressos em alemão, muitos dos quais levando uma mensagem que valia como salvo-conduto para soldados inimigos que quisessem se render aos Aliados.

Um dos vários panfletos que os alemães endereçavam aos pracinhas trazia o seguinte texto:

Ouve lá, oh Zé! Deixa-me dizer-te uma coisa. Escuta!

O que me deram foi a minha demissão e um par de muletas. Agora faço parte do exército dos inválidos da guerra, que aumenta continuamente. Não sirvo para nada. Já não posso exercer minha profissão nos caminhos de ferro. Talvez consiga uma autorização para vender amendoim torrado. Não rende muito, mas com a pequena pensão que se recebe, não se pode sustentar uma família. Por essa razão, digo-te o seguinte: cada gota de sangue brasileiro vertida na Europa é em vão! Não temos nada que meter o nariz nas

questões da banda de lá. Eles que se arranjem lá como quiserem com as suas excomun-
gadas guerras. Tem cautela, amigo, e faz por regressar à casa, são e salvo... se puderes.

Os alemães pareciam alheios à realidade, ao tentar convencer os brasileiros de que o lado deles terminaria ganhando a guerra, cenário que se tornaria absolutamente insustentável no período de poucos meses depois da chegada da FEB.

Outra prova explícita de que os alemães sabiam da presença dos brasileiros foi um programa de rádio transmitido em português, chamado "Hora auriverde: a voz da verdade". A locutora era uma brasileira de origem alemã chamada Margarida Richmann, que, com a ajuda de outro brasileiro, Emílio Baldini, transmitiu seus programas por meio de uma estação de rádio de Milão, de janeiro a abril de 1945.

Enquanto tocavam música brasileira, provocavam as tropas com questionamentos sobre a luta desnecessária e o papel subalterno dos brasileiros aos americanos. A estratégia causava pouca ou nenhuma revolta nos pracinhas, que tinham confiança nas informações Aliadas sobre o panorama geral da guerra, na certeza de que a derrota alemã era apenas uma questão de tempo.

Nos dias finais da guerra, a estação de rádio foi descoberta e desativada por um pelotão da FEB. Os locutores foram capturados, enviados ao Brasil, julgados e presos. Nos anos seguintes à guerra, foram anistiados.

O relato do tenente da reserva Emílio Varolli, único oficial da FEB capturado pelos alemães, durante as ações do terceiro ataque ao Monte Castello, não deixa dúvidas de que os alemães sabiam que lutavam contra brasileiros. Varolli foi interrogado por um capitão alemão, em seu posto de comando. Fluente em inglês, teria travado o seguinte diálogo com o oficial inimigo:

— *Francamente, vocês brasileiros ou são loucos ou são muito bravos. Nunca vi ninguém avançar sobre metralhadoras e posições bem-defendidas, com tanto desprezo pela vida.*

— *Capitão, nós cumprimos as ordens recebidas.*

— *Eu sei disso. Mas a tropa brasileira perdeu no ataque de hoje uma centena de homens, entre mortos e feridos, contra cinco mortos e treze feridos nossos.*

— *Capitão, os brasileiros não fogem à luta, haja o que houver.*

— *Vocês são uns verdadeiros diabos. Na minha opinião, depois do soldado alemão, que incontestavelmente é o melhor do mundo, os brasileiros e os russos são os melhores lutadores que já vi.*

— *Essa é sua opinião, mas não a minha.*

O relato é um dos depoimentos de oficiais da reserva dados após o fim da guerra e reunidos no livro *Depoimentos de oficiais da reserva da FEB*, que gerou certa polêmica por fazer críticas diretas à Força e a seu Estado-Maior, especialmente pela culpa imposta aos suboficiais pelas falhas ocorridas na cadeia de comando. Durante seu interrogatório, o tenente Emílio ouviu de um oficial alemão detalhes sobre a FEB que ele mesmo desconhecia. Intrigado, se perguntava como aquelas informações haviam sido obtidas.

O tenente Emílio permaneceu preso até o fim da guerra e foi levado para o campo Stalag 7A — o maior campo de prisioneiros Aliados em território alemão, com cerca de oitenta mil internos —, em Moosburg. Além do tenente, 34 soldados da FEB foram capturados pelos alemães.

SOLDADOS MARCHAM COM O ESTÔMAGO

A grande oferta de alimentos oferecida às tropas Aliadas causou espanto entre os brasileiros, já que o cardápio oferecia uma ampla gama de opções, algo com que muitos pracinhas não estavam habituados. Também surpreendeu o fato de oficiais americanos comerem nos refeitórios e nas mesas junto dos soldados e praças, algo inaceitável na velha hierarquia militar brasileira.

Mesmo sem poder contar com comida fresca — que, no entanto, conseguia-se ilegalmente junto à população italiana, em desobediência às ordens expressas do comando Aliado —, as refeições disponíveis supriam em muito as necessidades dos combatentes. A ração K, usada em combate, era distribuída em pequenas caixas, uma para cada refeição. Havia sucos e sopas desidratados, queijo, biscoitos, chicletes, purificador de água (comprimidos de cloro), cigarros e chocolate. Chamados de "ração fria", os alimentos não necessitavam de aquecimento para o consumo. As rações eram levadas nas mochilas e nos bolsos dos soldados, no tempo previsto das ações.

Já a ração C — apresentada em latas, chamada pelos italianos de *scatoleta* — era composta de alimentos em conserva. Trazia carnes, feijão, cereais, café, leite, geleias e frutas em conserva, como pêssego e abacaxi. Em sua maioria, esses alimentos necessitavam de aquecimento, embora também fossem consumidos frios. A ração C era chamada de "ração quente", e muitas vezes era aquecida sobre o motor em funcionamento de um jipe. Esses enlatados acabaram muito visados pela combalida população italiana, sempre assediando os soldados por uma *scatoleta*.

Os generosos pracinhas distribuíam latas para todo mundo que precisava, mas também acabavam utilizando estas latas, rações e cigarros como mercadoria de troca.

Os cigarros americanos eram preferidos por todos, especialmente pelos italianos, sendo a principal matéria de escambo com os pracinhas. Italianos trocavam qualquer coisa por cigarro. Nas cozinhas e nos refeitórios dos alojamentos em Silla e Porretta Terme, os pracinhas se alimentavam com um cardápio parecido com a comida de casa: feijão, arroz e farinha. Mas a excelência dos departamentos de intendência americanos chegou ao requinte de distribuir peru assado no Natal, uma ordem do próprio general Eisenhower. Passado algum tempo, os pracinhas se deram conta de que, quando serviam peru, era um sinal de que alguma grande operação estava a caminho. O centro de reprovisionamento da FEB funcionava em Pistoia, e a intendência, no acampamento de Stafolli. Os soldados também recebiam complementos vitamínicos em forma de comprimidos. Ao contrário dos soldados alemães, os pracinhas não recebiam anfetaminas, que muitas vezes eram distribuídas entre as tropas alemãs para aumentar o estado de alerta dos soldados, que precisavam permanecer acordados e cobrir a falta de efetivos das combalidas tropas em ação naquele setor. Essas drogas muitas vezes eram conseguidas pelos brasileiros para estímulo de ordem sexual, uma espécie de antepassado do Viagra para melhorar o desempenho em meio ao *stress* de combate.

13. As grandes ações da FEB

No dia 12 de dezembro de 1944, data do terceiro ataque infrutífero ao Monte Castello, várias unidades do Onze e do Sampaio foram enviadas a seus arredores, fortemente defendidos pelos alemães, dentro da ordem de ataque do 4º Corpo Aliado. Os brasileiros foram enviados para um ataque frontal, com menos homens do que o necessário e sem apoio da aviação devido ao mau tempo. A manhã muito fria, chuvosa e escura aumentava as dificuldades de deslocamento e identificação das posições inimigas. Os tanques de uma companhia da 1ª Divisão Blindada americana desistiram de apoiar a ação, devido ao terreno enlameado. Para piorar, o ataque — que deveria ser de surpresa — acabou sendo revelado no momento em que a artilharia americana resolveu abrir fogo, o que deixou os alemães alertas sobre a investida dos pracinhas.

Naquele perímetro, ficava a localidade de Abetaia, na rota de subida para o Monte Castello, com uma pequena depressão no terreno, conhecida pelos pracinhas como "corredor da morte". O sargento Medrado progredia com seu grupo de combate, em contato com outros grupos que avançavam de várias direções. O início de um forte tiroteio pôs Medrado e seus 12 homens em estado de atenção redobrada. Logo adiante, uma triangulação de casas no caminho indicava um privilegiado posto de tiro alemão. Depois de fazer uma aproximação cuidadosa, preparar um cerco e planejar o ataque sobre aquelas casas, o grupo ficou sob forte fogo de metralhadora alemã e permaneceu assim por quase duas horas. No momento em que decidiu investir sobre as casas de onde partiam os tiros, o sargento Medrado foi atingido por uma rajada de balas, junto com seu amigo sargento Lourenço, que morreu no ato. Enquanto ainda esteve lúcido, o sargento conseguiu comandar seus homens, que finalmente calaram a metralhadora alemã com um tiro de bazuca. Só então os feridos conseguiram ser resgatados, no mesmo instante em que as tropas brasileiras batiam em retirada. Mais um ataque ao Castello havia fracassado.

O TREZE DA SORTE DE UM PRACINHA

Gravemente ferido com 13 tiros, a guerra chegara ao fim para o sargento Medrado. Milagrosamente, nenhum tiro acertou seus órgãos vitais, mas estraçalharam vários ossos do tórax e provocaram hemorragias que por pouco não o mataram. Levado até o hospital da FEB em Livorno, Medrado foi enviado de volta ao Brasil e permaneceu sob tratamento por um ano no Hospital Central do Exército, aliviado por estar vivo, mas frustrado por não poder continuar lutando com seus companheiros. Esse era o sentimento ambíguo de um dos caboclos brasileiros que por muito pouco não acabou numa cova do cemitério de Pistoia.

Uma nova fase nas operações da FEB estava para começar, o que foi marcado durante a importante reunião dos comandantes da coalizão Aliada, dirigida pelo general Mark Clark no fim de outubro e realizada no quartel avançado no Passo della Futa, onde ficou definido que haveria um freio nas operações, para que pudessem recompor as forças e reorganizar as ações nos setores da frente. A volta da ofensiva estava prevista para a primavera de 1945, mas, naquele momento, as forças Aliadas entravam na fase que ficou conhecida como a Defensiva no Vale do Reno.

Coube à FEB dar conta desse setor usando as tropas do 6º RI, assim como os novos contingentes recém-chegados, que deveriam se preparar o mais rápido possível — o que significou menos tempo de treinamento — para substituir tropas americanas.

O general Mascarenhas ganhou total autonomia para o comando da 1ª Divisão de Infantaria Expedicionária a partir daquele momento. A FEB iria tomar posições nos arredores da estrada 64, em Gaggio Montano, ao norte de Porretta Terme, onde se encontrava o Monte Castello.

Depois do desembarque do 3º e do 4º Escalões em Nápoles, os integrantes da FEB foram deslocados até o porto de Livorno, em barcaças americanas do tipo LCI (Landing Craft Infantry), as mesmas barcaças para desembarque de infantaria usadas nas operações em Anzio e na Normandia. Os pracinhas comentavam o grande desconforto nesta viagem nas barcaças, cuja abreviatura em português foi adaptada pelos enjoados brasileiros, que a chamavam de "Lança Comida Inteira".

Os novos contingentes que chegavam à frente de combate não teriam o mesmo tempo de treinamento recebido pelo 6º RI, o que gerou certa preocupação. Os homens do Regimento Sampaio e do Onze receberiam equipamento e treino nas instalações de Francolise, e então seriam encaminhados para a linha de frente, passando pela famosa ponte de Silla, que separava a retaguarda do *front*. Nesse ponto, que permaneceu durante muito tempo sob fogo alemão, funcionavam as máquinas de névoa artificial, que oferecia alguma proteção para quem cruzasse a ponte. Foi aí que surgiu a história de que Stan Laurel — o "Magro", da dupla O Gordo e o Magro — foi visto na guarnição que operava as máquinas de *fog*. Um sósia que acabou ganhando a fama do conhecido comediante...

Ao contrário das ações iniciais do extinto Destacamento FEB, o novo setor de ação dos brasileiros era a rota principal do importante objetivo definido pelos Aliados: Bolonha. As várias estradas existentes, a maioria sob controle dos alemães, passavam por cidades como Porretta, Silla, Marano, Riola, Vergato, Marzabotto e Pávana, entre os rios Panaro e Reno. Uma vez vencidas as elevações dessa área, ficavam as cidades de Parma, Reggio, Modena e Bolonha, na planície do rio Pó. Conseguir atingir essa região era primordial para desfechar o último golpe sobre o restante das forças do Eixo.

Enquanto isso, os alemães assistiam ao movimento das tropas Aliadas de cima dos cumes da região do vale do Reno. As máquinas de fumaça escondiam os movimentos das tropas em algumas localidades, mas não impedia os disparos aleatórios da artilharia alemã sobre as posições Aliadas, algo comparado a uma aterrorizante roleta russa de grosso calibre.

As elevações configuravam um enorme anfiteatro, que começava a Leste, pelos cumes do Soprasasso, e chegava a oeste, ao Monte Belvedere, com outros diversos montes ao longo deste semicírculo: Gorgolesco, Ronchidos, La Torraccia, Castello, La Serra, della Vedetta, della Croce e Torre de Nerone. Neles se encontravam encasteladas as forças do Eixo, com sua artilharia, ninhos de metralhadoras e morteiros, protegidos por inúmeros campos minados, postos de observação, atiradores de elite e patrulhas avançadas.

Nem mesmo a ação dos caças-bombardeiros era capaz de sozinha desalojar o inimigo. A geografia limitava muito o emprego de blindados, fragilizados em sua eficácia ofensiva pelo terreno montanhoso. Para proporcionar uma visão completa, os alemães providenciaram a quase total derrubada da vegetação dessas áreas.

O resultado dessas ações deixou toda a região com um aspecto desolador. A destruição do meio ambiente foi tão eficaz que, em muitos locais, a flora foi totalmente modificada em relação à existente antes da guerra. No tempo seco, uma fina poeira calcária esbranquiçada cobria tudo e produzia nos veículos os mesmos problemas encontrados no deserto africano: desgaste excessivo das peças e superaquecimento dos motores. As chuvas transformavam o terreno em lamaçal, o que dificultava a progressão dos comboios nas estradas. Com a chegada do inverno, a neve escondia de forma ainda mais traiçoeira os campos minados lançados pelos alemães. Os caboclos vindos das praias e do sertão tropical lutariam neste cenário sob temperaturas que chegariam a vinte graus abaixo de zero.

ATAQUES FRUSTRADOS

No dia 24 de novembro, elementos da FEB que integravam o grupo de combate misto denominado *Task Force 45* (Força-Tarefa 45) realizaram o primeiro ataque ao Monte Castello. Existem relatos de que alguns pelotões chegaram a alcançar o cume do monte. Seu vizinho, o Monte Belvedere, caiu nas mãos dos americanos. Mas o contra-ataque alemão retomou Castello. No dia seguinte, uma nova investida não conseguiria expulsar os alemães. Na madrugada do dia 28, os alemães expulsaram os americanos do Monte Belvedere, deixando assim o flanco esquerdo aliado descoberto. A investida alemã neste terreno logo acarretaria sérios reveses aos brasileiros.

O general Mascarenhas requisitou ao comando Aliado que assumisse o controle das próximas operações para a tomada do monte. No dia 29 de novembro, um ataque frontal foi efetuado por dois batalhões brasileiros, o 1º do Sampaio e o 3º do Onze.

A 3ª Companhia do 1º Batalhão do Sampaio, comandada pelo capitão Mandim, foi dizimada. Um ataque frontal àquela posição fez com que os cinco blindados Sherman de uma companhia americana que apoiava a operação se recusassem a prosseguir na subida, uma vez que seriam alvo fácil dos alemães. Mesmo criticando a ordem de ataque, o major Uzeda, comandante do 1º Batalhão do Sampaio, seguiu adiante. Ele havia apelado aos comandantes que fosse realizado um ataque pelo flanco.

No dia 12 de dezembro, uma nova investida com apoio de quatro Batalhões do Sampaio e do Onze, apoiados pela 1ª Divisão Blindada americana e pelos aviões do Senta a Pua!, tentaria desalojar de vez os alemães do Monte Castello. Uma manobra para enganar os alemães seria efetuada, com um pelotão iniciando o ataque pelo flanco direito, com apoio da artilharia americana.

Na madrugada do mesmo dia, a forte chuva e a densa neblina pela manhã prejudicaram as ações. Para piorar, a artilharia iniciou o ataque antes da hora, o que deixou os alemães alertas para qualquer investida, não só no Castello, como nos vizinhos della Torraccia e Gorgolesco, de onde rechaçaram o ataque.

As lições dos ataques infrutíferos culminaram com a noção de que apenas um ataque simultâneo aos montes vizinhos Belvedere, Gorgolesco, della Torraccia e Castello seria capaz de desalojar os alemães. Para isso, seria necessário um maior contingente de forças atacantes; no mínimo, duas divisões. O inverno que chegava com força impediu maiores ações até fevereiro.

No quarto ataque frustrado ao Monte Castello, contabilizaram-se 145 mortos em combate. O general Crittemberger questionou seriamente Mascarenhas sobre os insucessos da FEB e a aptidão da força brasileira para cumprir suas missões. O entrave fez com que o general Mascarenhas pensasse em entregar o comando da FEB, mas, no lugar disso, formalizou uma resposta num documento enviado ao general americano, em que explicava as razões dos fracassos atribuídos aos brasileiros. O documento dizia que a FEB era responsável por uma frente de vinte quilômetros e que teve ordem de atacar num setor de dois quilômetros dessa frente, desprovida de meios para vencer o inimigo nesse setor e continuar a guarnecer os outros 18 quilômetros.

O comando brasileiro afirmava categoricamente que a FEB tinha capacidade de combate, desde que recebesse uma missão adequada aos meios e que levasse em conta a profundidade do ataque, assim como sua largura. Ao receber uma missão como aquela do dia 12 de dezembro, seria mostrada não uma incapacidade, mas uma impossibilidade de combater. Como comparação, o documento argumentava que nem a melhor divisão americana, fosse no teatro de operações do Mediterrâneo, do Pacífico ou da Europa, entrou em linha sem ter preenchido por completo o ciclo de sua instrução, que era de um ano na base, três meses no teatro de operações e um mês na linha de frente. A instrução da FEB tinha sido incompleta no Brasil por culpa do governo, e na Itália por culpa do comando Aliado e da urgência em suprir contingente. Por fim, jogou o peso do questionamento para os questionadores, já que não era papel do comando brasileiro julgar a si próprio. O comando americano, que determinava o rumo das operações, é que poderia atestar se a FEB tinha ou não capacidade de combate.

Com as determinações do alto-comando Aliado de restringir qualquer operação de maior vulto durante o inverno, a FEB ganhou tempo útil para realizar ajustes e arrumações internas. Novos pracinhas chegavam para preencher as perdas. A contenção das operações foi compensada com mais treino das tropas. As ações se concentraram durante um bom período na realização de patrulhas, que cruzavam a "terra de ninguém" (termo para o território que não está sob domínio de nenhum dos conflitantes) para conferir as posições das linhas inimigas e eventualmente trazer algum prisioneiro que pudesse fornecer informações sobre as forças presentes naquele setor. Essa fase ficou conhecida como "defensiva ofensiva".

Um certo número de sortudos conseguiu até mesmo fugir para Florença e Roma, fosse pela emissão de licenças, fosse por meio de uma "tocha". Enquanto isso, na região de Torre di Nerone, um contingente da FEB permaneceu de prontidão durante tanto tempo, que seus homens não puderam tomar banho nem fazer a barba, no longo intervalo do inverno, entre dezembro e fevereiro. Estavam sob mira constante de atiradores de elite alemães, que observavam qualquer movimento e mantinham, assim, os soldados brasileiros enclausurados em seus abrigos sob a neve. Necessidades fisiológicas eram feitas dentro das latas vazias de ração e depois jogadas para fora dos abrigos.

Os alemães ainda esquentariam um pouco mais o clima da guerra, ao empreenderem ataques-surpresa, no Monte Cavaloro, em Torre di Nerone e no Monte Affrico, e ao realizarem uma grande investida denominada *Unternehmen Wintergewitter* (Operação Vento de Inverno), realizada logo após o Natal.

A ÚLTIMA GRANDE OPERAÇÃO INIMIGA NA ITÁLIA

Durante o inverno de 1944 — um dos mais rigorosos da região até aquele momento —, com o moral elevado depois dos vários ataques infrutíferos aos montes Castello e Belvedere e sob expectativa de uma calmaria nos combates por conta do frio e da neve, os alemães decidiram realizar uma ofensiva com objetivo limitado: destruir as defesas da 92ª Divisão "Buffalo", fechar a rodovia SS12 em Bagni di Lucca e estreitar a frente entre Borgo a Mozzano e San Marcello Pistoiese. Com isso, a pressão Aliada sobre Abetone diminuiria.

A operação, idealizada pelo alto-comando italiano, foi empreendida por unidades mistas alemãs e italianas. Prevista para ser realizada entre os dias 26 e 31 de dezembro, foi batizada pelos italianos como "Offensiva di Natale". Alguns relatos indicavam que a ação dos alemães — desferida na mesma época da Ofensiva das Ardenas, na Bélgica — visava retomar o porto de Livorno e cortar as linhas de suprimentos Aliadas, mas os limitados recursos das forças do Eixo levaram ao redimensionamento da operação.

O efetivo alemão incluiu tropas da 232ª e da 148ª DI, o batalhão Escola de Montanha Mittenwald e elementos do batalhão Alpino "Intra", dois Batalhões do 6º Regimento de Infantaria Naval (divisão San Marco), o batalhão Alpino "Brescia", o 4º Batalhão de Montanha italiano e quase metade da divisão Monte Rosa italiana, que aproveitaram a noite de Natal para se deslocar até a área de Castelnuovo, sob comando do general Otto Fretter-Pico. No dia 26 de dezembro, investiram sobre as localidades de Coreglia e Barga, expulsando a 92ª DI. Mais de 250 soldados americanos foram feitos prisioneiros, além de 529 mortos, feridos e desaparecidos. Uma grande quantidade de material — alimentos, munições e armas — foi apreendida pelos alemães. No fim do dia 27 de dezembro, para não estenderem demasiadamente as linhas de avanço e com enormes dificuldades nos suprimentos, os contingentes alemães receberam ordens para retroceder até Castelnuovo. Voltaram a se encastelar no Monte La Serra e dominaram o Passo de Abetone, na região de Gaggio Montano, de onde seriam desalojados apenas em fevereiro do ano seguinte.

Remoção para a frente, nunca para a retaguarda!

Em dezembro de 1944, o general Clark assumiu o comando do XV Corpo de Exército, e o V Exército recebeu o general Lucian Truscott, que já havia comandado operações na Sicília e no desembarque em Anzio. Truscott estava comandando o XV Exército, última grande unidade americana a entrar em ação na Europa, cumprindo o papel de tropa de ocupação ao fim da guerra.

Aos poucos, o comandante da FEB, general Mascarenhas, mostrou sua capacidade para dar conta da complexa tarefa de comandar o efetivo brasileiro. Assim que o posto de comando (PC) da FEB foi deslocado para Porretta Terme, antiga estação termal romana, os brasileiros ficaram ainda mais perto da frente de combate. A cidade estava sob a mira da artilharia alemã, que realizava os chamados bombardeios de inquietação, disparando aleatoriamente sobre a cidade os pesados obuses dos canhões de 150 e 170mm. Esses projéteis de artilharia tinham alto poder explosivo, sendo capazes de destruir uma casa inteira, o que acontecia com frequência na indefesa cidade. Uma das explosões matou oito soldados brasileiros, outra atingiu o Posto Avançado de Neuropsiquiatria, matando um sargento e ferindo vários internos. Num encontro entre Mascarenhas e o general Crittemberger, o comandante americano insinuou que o general brasileiro deveria realocar seu PC para uma zona mais tranquila, dada a ameaça constante dos obuses alemães.

A resposta de Mascarenhas foi rápida e articulada:

General Crittemberger, o senhor é um oficial norte-americano e tem na Itália vários quartéis-generais sob seu comando. O senhor pode transferi-los para a frente, para os lados, para trás, e ninguém notará. Esse, porém, é o único quartel-general brasileiro na frente italiana. Quando eu decidir removê-lo, será para a frente, nunca para a retaguarda!

A conversa foi presenciada e traduzida pelo major Vernon Walters, oficial de ligação entre a FEB e o alto-comando do IV Corpo.

Durante as ações na Defensiva do Reno, outra ocasião em que a índole do general Mascarenhas se manifestou ocorreu na região de Ronchidos, nos arredores de Gaggio Montano. No cume de uma das várias elevações da área, encontrava-se a capela de Ronchidos, uma das inúmeras igrejas que serviram como posto de observação das tropas alemãs, pela sua excelente localização.

Esses lugares ficaram sob fogo da artilharia Aliada, e a capela foi parcialmente destruída nas ações que desalojaram os alemães do lugar. Chegando ao local, as tropas brasileiras se depararam com o que parecia um milagre: o santuário com a imagem de um anjo permaneceu intacto entre os escombros da capela destruída. Por conta disso, houve uma mobilização para que a imagem fosse retirada do lugar e levada para o Brasil. Ao saber que a imagem havia sido levada para a retaguarda da FEB, o general Mascarenhas interveio imediatamente, ordenando que fosse devolvida à igreja. O comandante brasileiro demonstrou sua desaprovação quanto ao confisco de qualquer bem ou objeto de valor pertencente à população italiana, ao contrário do hábito comum que ocorria durante a guerra na Europa.

A FÉ MOVE EXÉRCITOS

Se a religiosidade dos brasileiros serviu de alento para as grandes aflições no dia a dia da guerra, muito se deveu à ação dos capelães, enviados para apoiar emocionalmente os pracinhas. O Serviço de Auxílio Religioso (SAR) funcionou para compensar a total falta de apoio psicológico aos pracinhas, antes, durante e depois da guerra. Padres e pastores se voluntariaram para acompanhar as tropas na guerra, e receberam patentes honorárias de oficiais.

Um grupo restrito de 42 soldados de religião judaica integrou a FEB, mas não havia um rabino do SAR para assisti-los. Os capelães tiveram papel importante ao realizar missas e cultos — muitas vezes num altar improvisado sobre o capô de um jipe. Os integrantes do SAR apoiavam os soldados feridos nos hospitais e operavam junto aos integrantes do Pelotão de Sepultamento, que tinham a dura e muitas vezes perigosa missão de resgatar os corpos de soldados mortos em ação.

Frei Orlando, um dos capelães que mais se destacou ao longo da campanha da FEB, se tornou o patrono do Serviço de Apoio Religioso, depois de sua morte acidental, enquanto se dirigia até a frente de combate, na véspera do último ataque ao Monte Castello, em 20 de fevereiro de 1945. O primeiro-tenente padre Elói de Oliveira foi condecorado com a *Bronze Star* americana, por seus serviços prestados mesmo sob fogo.

Guerra, sexo e outros tabus

Durante a Segunda Guerra Mundial, a oferta de sexo era tão frequente, que as doenças sexualmente transmissíveis se tornaram uma grande preocupação dentro dos setores de saúde militar. As estatísticas dessas doenças superavam as dos ferimentos em combate e, por incrível que pareça, representavam a maior causa das baixas entre os combatentes (sabendo-se que baixa não é sinônimo de morte, mas equivale à retirada de um soldado de ação). A enorme oferta de sexo entre as populações das cidades que sofreram com a guerra se explicava pelo estado de penúria no qual se encontravam seus habitantes, desprovidos dos elementos mais básicos de sobrevivência. Muitas vezes, só restava apelar para a prostituição.

Nos anos 1940, ainda imperavam na sociedade ideias conservadoras, como pudor, puritanismo, pecado e culpa. Participar de uma guerra trouxe para uma grande parcela daqueles jovens soldados a perspectiva de ter a primeira experiência sexual, algo difícil de se conseguir em tempos de paz. A possibilidade de morrer virgem durante o combate tornava ainda mais urgente a necessidade de ter sua almejada iniciação sexual. Durante as licenças ou apelando para as "tochas", os combatentes partiam em busca de aventuras. Muitos soldados saíam à procura de uma relação sexual, fosse com alguma mulher que frequentasse bordéis e bares, fosse com uma das muitas jovens inocentes ou mulheres solitárias, vítimas da guerra, que tiveram seus familiares, maridos e namorados levados pelo conflito. Assim se passaram numerosas histórias românticas e cruéis nesse cenário de desolação.

Da mesma forma que os soldados de outras nacionalidades, os pracinhas não foram exceção e vivenciaram intensamente esse aspecto da guerra. Desde o treinamento no Brasil, foram alertados para se prevenir das doenças sexualmente transmissíveis e eram obrigados a assistir aos filmes exibidos nos acampamentos, que assustavam ao mostrar os efeitos terríveis da gonorreia e da sífilis. Já naqueles tempos, os soldados eram instruídos a usar preservativos de borracha, fartamente distribuídos como parte de seus *kits* higiênicos, que eram renovados semanalmente, junto de lâminas de barbear e sabonetes. Mesmo assim, houve uma grande incidência de doenças venéreas entre as fileiras da FEB.

Durante e após os períodos de treino nos quartéis, na jornada rumo à Itália, os pracinhas ficavam totalmente desprovidos de momentos de privacidade, uma vez que a vida militar era coletiva. Isso não evitou que aquele bando de jovens com seus hormônios em ebulição encontrasse meios de aliviar suas tensões sexuais, fugindo atrás das *belle ragazze* (belas jovens), ou sozinhos nas desconfortáveis camas de campanha dos alojamentos ou nos apertados beliches dos navios, onde, protegidos pela escuridão, praticavam o "vício solitário". Depois, ao longo dos dias de luta, com alguma sorte e muita astúcia, conseguiam eventualmente ficar a sós com alguma *donzela*, nos escombros de uma casa ou dentro de um celeiro, quando prefeririam não pagar pelos serviços das profissionais que trabalhavam nos bordéis.

Em meio à rotina das ações de combate, muitos pracinhas acabaram se envolvendo com italianas. Alguns dos namoros resultaram em união. Houve também muitos casos de pracinhas que deixaram mulheres grávidas e mães solteiras ao retornarem ao Brasil depois da guerra.

Um relato comum entre muitos ex-combatentes era a profunda tristeza e o desconforto em ver aquelas moças se oferecendo em troca de uma barra de chocolate ou de um mero cigarro. Alguns se sensibilizavam e não chegavam às vias de fato, outros não resistiam ao impulso primitivo e faziam vista grossa para aquela triste condição humana.

Recentemente, alguns ex-combatentes ingleses relataram sua condição de homossexual nas fileiras de tropas Aliadas durante a Segunda Guerra, o que era mantido sob discrição e sigilo. Muitos foram perseguidos e vítimas do extremado preconceito vigente na época. Mas nenhuma referência sobre o assunto foi feita dentro das histórias da FEB, talvez como resultado do grande tabu que o tema representava naqueles tempos.

CORREÇÃO DE RUMO

As ações das quais a FEB participou em combate já foram dissecadas e integram uma vasta bibliografia que relata em detalhes cada fase dessas operações, desde as primeiras investidas no vale do Sercchio e no vale do Reno e dos ataques ao Monte Castello até a tomada de Montese, o avanço pela planície do rio Pó e o surpreendente cerco e rendição da 148ª DI alemã. Essas operações estavam inseridas num quadro de planos e esquemas táticos do alto-comando Aliado, e o comando da FEB era consultado e instruído para sua realização. O fim de 1944 marcou o momento em que a FEB precisou fazer uma profunda autoanálise, depois das lições de Castelnuovo di Garfagnana e dos ataques infrutíferos ao Monte Castello, na tentativa de corrigir os erros e promover as melhorias necessárias para o devido andamento das operações de combate. Os suboficiais foram encaminhados para cursos de reciclagem e aprimoramento de comando promovidos pelos americanos, ao mesmo tempo que a FEB tinha cada vez mais autonomia e controle das operações, o que reduzia os problemas de comunicação na linha de frente com as tropas americanas. A limitação dos brasileiros com o idioma inglês era um dos maiores problemas da FEB, segundo os comandantes das unidades, desde o Estado-Maior até as companhias.

O DIA EM QUE A FEB BATEU EM RETIRADA

As dificuldades da FEB eram em grande parte atribuídas às falhas internas de comunicação. Um dos exemplos mais lembrados foi o caso da notória "retirada desordenada" realizada pelo 1º Batalhão do Onze, acontecida no setor de Guanella, em 2 de dezembro de 1944. Esses eventos levaram a unidade a receber o apelido de "Batalhão Laurindo", em alusão ao personagem de um conhecido samba de Herivelto Martins de 1943, que dizia:

Quem é que vem descendo o morro
É o Laurindo que vem sua turma guiando.

Enviados para uma patrulha avançada naquele setor, pelotões do Onze, compostos por soldados ainda inexperientes, somados às falhas no comando cometidas pelos suboficiais em campo, acarretaram um episódio imprevisível de pânico entre as tropas, levadas a acreditar que as forças alemãs eram muito maiores do que de fato se apresentavam naquele setor. O que se viu foi um verdadeiro efeito

1942

dominó, uma vez que o capitão Cotrim, conhecido por sua índole combativa, se apavorou, e seu erro de avaliação levou os outros pelotões a abandonar suas posições. O major Jacy, comandante do batalhão, soube da retirada depois que havia sido efetuada.

Para cobrir o espaço deixado pela confusa retirada do 1º Batalhão do Onze naquele momento, houve a necessidade de chamar de volta à frente de combate um batalhão que estava em resguardo, depois de ficar em serviço durante todo o mês de novembro. Era o 3º Batalhão do 6º RI, considerado um dos mais experientes da FEB (sempre apresentado pelo seu comandante, o major Gross, como "afiado feito 'navaia'!"), incumbido de não deixar um buraco na linha de frente. Depois do ocorrido, várias versões dos fatos foram criadas, na tentativa de explicar o acontecido e culpar — ou eximir da culpa — os envolvidos. O 1º Batalhão do Onze recuou depois de permanecer sob fogo alemão durante cinco horas, sem apoio e sem comunicação; havia sido incumbido de realizar uma missão para a qual não estava plenamente capacitado. Outra explicação para o recuo seria a presença de tropas que se preparavam para a operação Tempestade de Inverno e que responderam com superioridade à chegada dos brasileiros. Como resultado dessas ações, os comandantes de algumas companhias foram afastados, como o capitão Cotrim, mas o major Jacy permaneceu no posto até fevereiro de 1945.

Dos 25 mil homens em serviço na FEB, cerca de 14 mil entraram em combate, e esse índice conferia aos brasileiros um longo período em ação no *front*, dadas as dificuldades com a reposição de tropas. O período estatístico de ação conferia à unidade o nível de atrito de combate, do qual a FEB recebeu um dos mais altos índices, somente comparado à 1ª Divisão de Fuzileiros Navais em ação no teatro de operações do Pacífico.

Enfim, a tomada de Monte Castello

O início de janeiro de 1945 marcou a entrada de mais um contingente americano no teatro de operações do Mediterrâneo. Ainda tentando cobrir a grande carência de efetivos, chegava à Itália a recém-criada 10ª Divisão de Montanha, a primeira tropa americana especializada na luta em terreno montanhoso, composta por hábeis esquiadores e alpinistas. A unidade, que chegava bem-treinada e pronta para entrar em ação, atuou por diversas vezes ao lado da FEB, nas escarpas e nos vales do Reno.

O início de 1945 também significou a volta às operações ofensivas, com a aplicação do Plano Encore, uma série de medidas que antecederam a fulminante Ofensiva da Primavera, que já era arquitetada pelo alto-comando Aliado. Ele previa a tomada dos montes Gorgolesco e Belvedere pela 10ª Divisão de Montanha, enquanto a FEB se encarregava de tomar o Monte Castello, contando com o apoio coordenado de artilharia e cobertura aérea.

No dia 19 de fevereiro, a 10ª Divisão de Montanha atacou e tomou o Belvedere e, no dia seguinte, o Gorgolesco. A FEB tomou posição na noite do dia seguinte, substituindo elementos da divisão.

Na madrugada do dia 21, teve início o ataque ao Monte Castello, numa ação conjunta com a 10ª Divisão de Montanha, que subia o vizinho Monte della Torraccia com dificuldade e muitas baixas. Precisamente às seis horas da tarde, a 1ª Companhia do Regimento Sampaio, tendo à frente o pelotão comandado pelo tenente Aquino, atingiu a crista do Monte Castello, enquanto as outras companhias cumpriam seus objetivos preestabelecidos e encontravam fraca resistência. Dessa vez, os alemães, com suas tentativas de contra-ataque, não retomaram a posição, mesmo com três dias consecutivos de intensos bombardeios sobre as posições ocupadas pelos brasileiros.

Depois dos quatro ataques frustrados e mesmo com a mítica da resistência alemã sobre aquele morro, finalmente a FEB conquistava o Monte Castello, que se tornou um símbolo da participação brasileira na guerra. As muitas baixas e os percalços que envolviam a autonomia no comando das ações aumentaram o valor dessa vitória sobre as forças inimigas, compostas por pouco mais de duzentos homens. Foram contabilizados mais de vinte ninhos de metralhadoras alemãs espalhados sobre as encostas do monte, apoiados por fogo de morteiros e canhões em pontos atrás das linhas.

O sucesso na tomada do Monte Castello foi resultado dos trabalhos feitos pela melhoria do quadro geral da FEB. Até mapas de situação — documentos imprescindíveis no planejamento e na realização das operações — foram impressos em português pelos americanos, o que ajudou muito os oficiais brasileiros. Esses mapas eram ricamente detalhados, com posições de latitude e longitude e marcações das tropas inimigas, efetuadas depois de patrulhas avançadas e voos recentes da ELO. Mesmo depois da queda desse grande obstáculo, os pracinhas brasileiros ainda veriam muita ação antes de terminar a guerra.

Uma mancada americana

Durante a progressão do ataque vitorioso sobre o Monte Castello, houve um episódio dramático. O 1º Batalhão do Sampaio, comandado pelo major Uzeda, foi acidentalmente atacado por uma unidade do 85º Regimento da 10ª Divisão de Montanha, que cruzava a linha da FEB em direção ao Monte della Torraccia.

Os brasileiros estavam sendo atacados pela dianteira pelos alemães, quando de repente foram atacados pela retaguarda, por fogo de armas e uma granada. Eram os americanos, que haviam confundido os pracinhas com tropas alemãs. O resultado foi trágico: o primeiro-tenente Godofredo Leite foi morto, e o capitão Yedo Jacob Blanth perdeu uma perna com a explosão da granada.

O chamado "fogo amigo" sempre esteve presente na rotina das batalhas ao longo das guerras. Mesmo recentemente, em conflitos modernos como a Guerra da Coreia, do Vietnã, do Iraque e do Afeganistão, muitos incidentes como esse aconteceram. O major Uzeda, que acompanhava seus homens em combate, inconformado com aquela situação, precisou ser contido pelo general Mascarenhas para não revidar o fogo dos americanos. Depois da confusão, quando os americanos se deram conta do ocorrido, o oficial brasileiro levou o equivocado capitão americano para ver os homens que matou e feriu por engano. O avanço brasileiro foi detido até que o regimento da 10ª de Montanha saísse do perímetro, o que propiciou a retirada de vários alemães para posições mais elevadas nas linhas de defesa do Monte Castello. Fora este episódio traumático, os componentes da 10ª de Montanha demonstravam muito respeito e atenção aos pracinhas da FEB, os "smoking cobras". Foi com eles que os americanos aprenderam a realizar patrulhas durante o inverno, recém-chegados, tomando noção da guerra com os que lá já estavam. Na retaguarda, sempre que encontravam um pracinha, os integrantes da 10ª faziam uma verdadeira festa.

Ninguém mais segura a FEB

Na sequência, a FEB conquistou La Serra, e a 10ª Divisão, o Monte della Vedetta, com o 6º RI tomando Castelnuovo e o Soprassasso, no dia 5 de março de 1945. O regimento paulista "ganhava o seu morro", considerado um dos melhores pontos de observação dos alemães, de onde atiradores de elite e morteiros disparavam em tudo que se movia na famosa Rota 64, que passava aos pés de Monte Castello. A conquista dessas elevações permitiu o livre trânsito pelas estradas que ligavam

Silla, Riola e Gaggio Montano. Com o derretimento da neve, aproximava-se a tão esperada Ofensiva da Primavera.

Com a supremacia aérea, os ataques e o desmantelamento das linhas de transporte inimigas que ainda operavam no norte da Itália, a franca superioridade material das forças Aliadas somava-se à certeza de que as tropas nazifascistas não conseguiriam sustentar suas linhas de defesa. Com o fim do inverno, aguardava-se o golpe final a ser desferido pelo V Exército americano e o VII Exército inglês, a grande Ofensiva da Primavera, prevista para começar nos primeiros dias de abril.

Uma reunião dos comandantes das unidades Aliadas foi convocada pelo general Crittemberger, para iniciar a ofensiva dali a poucos dias. Além de contra o inimigo, os alemães e os italianos lutavam contra a falta de recursos, o inevitável avanço por terra, os ataques aéreos dos *jabos* e a crescente participação dos *partigiani*. Muitos desses grupos operavam em conjunto com a FEB, que chegou a contar com mais de quatrocentos deles dentro de seus pelotões.

O plano que deu início às operações da Ofensiva da Primavera, no dia 14 de abril de 1945, recebeu o nome de Operação Craftsman. Era dividido em três fases: verde, marrom e preta. A FEB teve participação importante na fase verde, que incluiu a defesa dos setores Cappella de Ronchidos-Sassomolare e a tomada de Montese. A decisão partiu da afirmativa do general Mascarenhas, quando o comandante da 10ª Divisão de Montanha, o general George P. Hays, lhe perguntou se a FEB conseguiria tomar aquela localidade. A tomada de Montese se tornou um dos grandes marcos da FEB, tanto pela ação vitoriosa quanto pelo seu alto custo em baixas.

Na fase preta, a FEB tomaria parte na superação do setor em que se incluía Zocca-Monte Ombraro, ações que se desenrolaram ao longo da Rota 64, onde vários trechos das defesas alemãs ainda se encontravam ativas. A superação de Montese iria promover o avanço sobre o rio Panaro e sobre as planícies do rio Pó e a tão esperada conquista de Bolonha. No caminho, ocorreria mais uma vitória da FEB, com o cerco e rendição da 148ª DI alemã, em Fornovo-Colecchio, nos momentos finais da guerra na Europa.

O início da tomada de Montese

No início de abril, a oeste das posições do IV Corpo, na costa da Ligúria, começava a Ofensiva da Primavera, com um ataque da 92ª Divisão de Infantaria americana, mas o mau tempo adiou as ações para o dia 14 do mesmo mês. A FEB estava alocada à esquerda, a 10ª Divisão de Montanha, ao centro, e a 1ª Divisão Blindada, à direita, no avanço pela planície do rio Pó. Durante as reuniões de planejamento das ações, no dia 8 de abril, o general Hays, comandante da 10ª Divisão de Montanha, alertou para a concentração de tropas alemãs em Montese-Montelo, o que impedia a progressão naquele setor. O general Mascarenhas sugeriu que a FEB se incumbisse de avançar por aquela área, em vez de ficar no papel de apoio secundário inicialmente previsto, e foi apoiado pelo general Crittenberger. Quando o comandante da 10ª Divisão perguntou se o general Mascarenhas estava certo de que conseguiria tomar aquela posição alemã, o comandante brasileiro retrucou: "General, o senhor tem certeza de que vai aproveitar o sucesso brasileiro sobre Montese?"

A tomada de Montese mostrou que as tropas brasileiras haviam atingido seu ápice operacional e representou o amadurecimento definitivo da FEB, que, depois das agruras sofridas nas escarpas dos Apeninos, iria se deparar com um cenário inédito: o combate urbano. Antes do ataque, patrulhas brasileiras fizeram incursões em segredo no entorno dessa pequena localidade, como parte do planejamento das ações.

Campos minados foram identificados e alguns foram desativados, em antecipação ao combate por entre as ruas e esquinas, onde os alemães dominavam cada casa, cada prédio e a secular torre que servia de ponto de observação de toda a área. Durante uma das patrulhas precursoras à tomada de Montese, um dos nomes mais lembrados da FEB tombou em combate, o segundo-sargento Max Wolf Filho, que integrava justamente o 1º Batalhão do Onze, o famoso "Batalhão Laurindo".

Heróis são os que morrem em combate

O sargento Wolf, nascido em Rio Negro, Paraná, descendente de austríacos, mesmo com idade avançada para a linha de frente, apresentou-se como voluntário para integrar a FEB. Durante as ações na Itália, foi reconhecido como um dos mais destemidos líderes de patrulha. Seu pelotão era sempre chamado para missões perigosas. Por conta de suas mais de 35 ações, recebeu uma *Bronze Star* americana. No dia de sua última patrulha, acompanhada pelo correspondente de guerra brasileiro Joel Silveira, Wolf comandava um pelotão de 19 homens, em Riva di Biscia.

Perto dali, em Monteforte, ficava o Posto de Observação Avançado do Comando da FEB, que foi deslocado para acompanhar a tomada de Montese. Enquanto o pelotão subia por uma colina, Wolf, sob fogo de metralhadoras, foi atingido. Outros dois homens morreram pela ação de minas naquele terreno. Os corpos só foram recuperados vários dias depois. Atualmente, existe um marco que indica o local onde tombou Max Wolf, um dos muitos erigidos pela população de Montese aos seus libertadores.

Joel Silveira, correspondente da FEB, estava presente nos momentos dramáticos da última patrulha do sargento Wolf:

> *Vi perfeitamente quando a rajada de metralhadora rasgou o peito do Sargento Max Wolf Júnior. Instintivamente ele juntou as mãos sobre o ventre e caiu de bruços. Não se mexeu mais. O tenente que estava do meu lado no posto de observação apertou os dentes com força, mas não disse uma palavra. Quando lhe perguntei se o homem que havia tombado era o Sargento Wolf, ele balançou a cabeça afirmativamente. Menos de uma hora antes eu estivera conversando com o sargento. Creio que foi a mim que ele fez suas últimas confidências. Falou-me de sua filha, uma menina de dez anos. Disse-me que era viúvo e deu-me notícias de que a promoção a segundo-tenente, por ato de bravura, não tardaria a chegar. E como eu estava colhendo mensagens de homens do seu "Pelotão de Choque", já formados para a patrulha de minutos depois, o Sargento Max Wolf pediu-me que também enviasse sua carta. Estão comigo as poucas linhas da carta que escreveu com sua letra delicada, no meu caderno de notas:*
>
> *"Aos parentes e amigos: estou bem. À minha querida filhinha: papai vai bem e voltará em breve."*

A MAIOR GLÓRIA DE UM SOLDADO É MORRER EM COMBATE

Ao longo da história militar, a ideia de que não existe maior honraria para um soldado do que morrer em campo de batalha explica os inúmeros casos de homens valentes, comandantes ou comandados, que contribuíram para a lenda do herói em combate. No Onze, o sargento Medrado conseguiu comandar seu grupo de combate, mesmo transpassado por 13 balaços de metralha alemã. Assim também foi o caso de outro herói da FEB, menos conhecido que o sargento Max Wolf: seu nome era Francisco Mega, no posto de aspirante, que comandava um pelotão do 2º Batalhão do Regimento Sampaio, no dia 15 de abril de 1945. A missão dessa unidade era tomar a cota 778, uma elevação situada a leste de Montese, fortemente guarnecida pelos alemães. Ao chegar ao local, a unidade da FEB ficou sob fortíssimo fogo inimigo. O aspirante Mega foi atingido mortalmente por um estilhaço de morteiro. Enquanto possível, incentivou seus homens a prosseguir no ataque. A

1942   209

mítica do bravo comandante ferido recebia mais um personagem, que proferiu frases de efeito aos seus comandados:

Porque estão parados em torno de mim? A guerra é lá na frente. Quem está no fogo é para se queimar! Estou aqui porque quis! Se vocês estão sentidos com o que me aconteceu, vinguem-se acertando o comandante deles! De nada valerá o meu sacrifício se não conquistarem o objetivo. A minha vida nada vale, a minha morte nada significa diante do que vocês ainda têm para fazer, prossigam na luta...

Muito estimado pelos seus homens, o aspirante Mega ficaria orgulhoso deles depois que tomaram a cota 778 dos alemães, em honra ao seu comandante caído em combate.

Os "três bravos" que viraram seis

Juntamente com a figura do sargento Wolf e do aspirante Mega, encontra-se outra página que entrou para a mítica do herói brasileiro em combate. A história se desenrolou muito antes da queda desses conhecidos combatentes, quando o Pelotão de Sepultamento da FEB se deparou com uma cruz numa cova rasa onde estavam enterrados três soldados brasileiros. Na cruz, lia-se, em alemão: 3 tapfere ("três bravos") — Brasil — 24 i 45. A tosca sepultura dos brasileiros foi encontrada na localidade de Precaria, nos arredores de Vergato — localidade que a FEB ocupou apenas em 5 de março de 1945.

O fato de os alemães terem se dado ao trabalho de enterrar os "três bravos" foi algo bastante incomum, uma vez que era mais esperado que os *tedeschi* deixassem *booby traps* preparadas nos corpos insepultos dos inimigos. Enterrar os inimigos mortos, mesmo numa cova rasa, além da inscrição indicada na cruz de madeira, causou grande efeito nos brasileiros e originou questionamentos sobre as circunstâncias nas quais aqueles três soldados foram mortos. As evidências documentais recaem sobre os registros do Pelotão de Sepultamento, que encontrou as placas de identificação com os nomes dos soldados. Boletins de combate não contaram até hoje sobre que tipo de operação os três soldados realizavam na hora em que foram mortos. Esses homens receberam promoções póstumas, conforme boletim da 1ª Divisão de Infantaria Expedicionária:

Promoção de praças post mortem — o cabo José Graciliano Cordeiro da Silva, soldado Clovis da Cunha Paes de Castro e soldado Aristides José da Silva, integrantes de uma

patrulha de reconhecimento, lançada pelo Regimento Sampaio sobre as posições ini-
migas do ponto cotado 720, na região de Precaria, no dia 24 de janeiro de 1945, porta-
ram-se com evidente destemor na execução da missão que lhes foi confiada. Custou-lhes
a vida o cumprimento do dever. Esse ato bastante significante impressionou o próprio
inimigo, que, numa eloquente afirmação da bravura desses elementos da FEB, teste-
munhou sua admiração, gravando em seu túmulo a seguinte inscrição: "Três heróis —
Brasil — 24-1-1945". Esse Comando resolve, pois, promovê-los ao posto imediato, post
mortem, como justa homenagem aos que tão bem souberam sacrificar-se pela pátria,
com dignidade e bravura.

Aparentemente, os três destemidos brasileiros foram identificados como do Regimento Sampaio. Mas outra versão dos fatos surgiu, em que se considerava que os três bravos na verdade pertenciam ao Onze. Outros possíveis nomes dos três soldados foram descobertos e, depois, condecorados com a medalha Sangue do Brasil. O prontuário desses soldados na Associação Nacional dos Veteranos da FEB traz as seguintes informações:

- Geraldo Baeta da Cruz — 11º Regimento de Infantaria (...) Faleceu em ação no dia 14 de abril de 1945, em Montese, Itália (...) Foi agraciado com as medalhas de Campanha, Sangue do Brasil, de Combate de 2ª Classe. No decreto que lhe concedeu essa última condecoração, lê-se: "Por uma ação de feito excepcional na Campanha da Itália."
- Geraldo Rodrigues de Souza — 11º Regimento de Infantaria (...) Faleceu em ação no dia 14 de abril de 1945, em Natalina, Itália (...) Foi agraciado com as medalhas de Campanha, Sangue do Brasil, de Combate de 2ª Classe. No decreto que lhe concedeu essa última condecoração, lê-se: "Por uma ação de feito excepcional na Campanha da Itália".
- Arlindo Lúcio da Silva — 11º Regimento de Infantaria (...) Faleceu em ação no dia 14 de abril de 1945, em Montese, Itália (...) Foi agraciado com as medalhas de Campanha, Sangue do Brasil, de Combate de 1ª Classe. No decreto que lhe concedeu essa última condecoração, lê-se: "No dia 14 de abril, no ataque a Montese, seu pelotão foi detido por violenta barragem de morteiros inimigos, enquanto uma metralhadora alemã hostilizava violentamente o seu flanco esquerdo, o que obrigou os atacantes a se manterem colados ao solo. O

soldado Arlindo, atirador de fuzil automático, num gesto de grande bravura e desprendimento, levanta-se, localiza a resistência inimiga e sobre ela despeja seis carregadores de sua arma, obrigando-a a calar-se nessa ocasião. É morto por um franco-atirador inimigo."

Ao que parece, a história dos três bravos foi disputada pelo Regimento Sampaio e pelo Onze, o que criou uma polêmica sobre esses misteriosos caboclos brasileiros, elevados à categoria de mito. Uma visão mais pragmática leva a acreditar que a descoberta da sepultura pelo Pelotão de Sepultamento atestou claramente as origens dos soldados, identificados como integrantes do Sampaio.

A data inscrita na cruz de madeira, 24 de janeiro de 1945, fica distante das ações em Montese, realizadas três meses depois, em abril. A foto tirada por Horácio Coelho atesta o adjetivo que os alemães atribuíram aos soldados: *tapfere*, "bravos" e não "heróis". Não houve uma explicação sobre como os três soldados foram considerados baixas do Onze nos eventos precursores das ações em Montese, se a data da cruz era 24 de janeiro de 1945, quando a FEB estava em plena fase das patrulhas de inverno da "defensiva ofensiva", antes mesmo da tomada do Monte Castello, em 21 de fevereiro de 1945.

Os boletins de combate — obrigação que recaía sobre o suboficial da unidade —, que teoricamente deveriam ser entregues ao comando da tropa assim que terminassem as ações, poderiam atestar a verdadeira versão da história, mas até hoje não houve uma pesquisa mais apurada para esclarecer o episódio definitivamente.

Um possível motivo pelo qual se afirmaria que os três bravos foram integrantes do Onze seria a necessidade de apagar do retrospecto daquela unidade o evento da retirada de Guanella e o apelido de "Batalhão Laurindo". Não seria preciso tomar uma atitude do gênero, uma vez que o sargento Max Wolf — o maior herói da FEB — era integrante do Onze, além de esse regimento ser comprovadamente o principal protagonista das ações em Montese. É bom que se explique também que, dentro da narrativa militar, a retirada desordenada do Onze não foi diferente de inúmeros casos similares ocorridos com outras unidades Aliadas ou inimigas durante a guerra.

Cai o último ponto de resistência alemã

O avanço sobre Montese começou no início da tarde de 14 de abril de 1945, com a artilharia acompanhando a progressão das tropas da FEB e alvejando as casas e prédios enquanto a luta acontecia de casa em casa, lembrando a batalha de Stalingrado. Os alemães perderam a posição e tentaram contra-atacar de pontos ao redor da cidade, mas isso não impediu que o avanço brasileiro continuasse até o Monte Bufone, de onde as forças inimigas bateram definitivamente em retirada. A luta se estendeu até o dia 16 de abril, quando cessaram os contra-ataques alemães.

O saldo do confronto: do lado da FEB foram 34 mortos, 382 feridos e dez extraviados. As baixas alemãs foram estimadas no mesmo número de mortos e mais de quatrocentos prisioneiros. A tomada da cidade representou o rompimento do último ponto de resistência dos alemães nas montanhas do Vale do Reno.

O relato incluído na Citação de Combate do segundo-tenente Iporan Nunes de Olivera, que comandava o 3º Pelotão da 2ª Companhia do 1º Batalhão do Onze, no ataque a Montese, traz um esboço de como foram as ações:

Citação para a Cruz de Combate de 1ª Classe do tenente Iporan

Durante toda a campanha da FEB, destacou-se em diversas patrulhas de combate e em três batalhas — em Monte Castello, Castelnuovo e Montese — em que o 11º RI se envolveu, tendo recebido doze elogios por suas ações militares, nas quais sempre fazia prisioneiros alemães. Na antevéspera do ataque a Montese, na chefia de uma patrulha de combate, abriu uma pequena brecha em um campo minado que protegia uma das bordas fortificadas da posição alemã. Durante o ataque do dia 14 de abril, já conhecendo o terreno e sabendo da existência da brecha, a qual era desconhecida dos alemães, foi à frente da força de ataque, entrando com seu pelotão em Montese, tomando a torre local, onde fez vários prisioneiros, e manteve posição de resistência contra os alemães, contribuindo em larga escala para a vitória da FEB nessa batalha. Seu pelotão foi a primeira tropa brasileira a romper o dispositivo defensivo e adentrar no fortificado ponto de defesa dos alemães, em um momento em que as unidades da FEB engajadas na batalha sofriam pesadas perdas decorrentes da obstinada resistência inimiga. Demonstrou coragem, decisão, vontade, senso de cumprimento do dever e iniciativa.

O DIA EM QUE O AVESTRUZ SENTOU A PUA!

No dia 21 de abril de 1945, a FEB avançou sobre Zocca e, no dia 22, sobre Vignola, primeira localidade na planície do rio Pó tomada pela FEB. Os alemães batiam em retirada com tanta pressa que as forças Aliadas perderam totalmente o contato com o inimigo. Mas, enquanto fugiam, deixavam para trás campos minados, pontes e estradas destruídas, para dificultar o avanço das tropas. Mais à frente, para evitar que os alemães cruzassem o rio Pó, a FEB foi encaminhada para posições um pouco mais à esquerda de seu avanço rumo ao Norte, em direção a Piacenza. Para tal manobra, foi preciso contar com os caminhões da Artilharia para ajudar no transporte do grande contingente da infantaria, que estava sem viaturas suficientes para se deslocar até o ponto previsto. Esta ação, típico exemplo da criatividade e espírito do corpo de comando brasileiro, é estudada até hoje nas academias militares americanas. A estrada 12, que levava a Modena, foi bloqueada. As localidades de San Paolo d'Enza e Montecchio Emilia foram ocupadas, e o Quartel-General Avançado da FEB foi deslocado para Montecchio.

Os alemães, na medida do possível, mantinham a organização durante a retirada rumo ao Norte. As baterias antiaéreas das unidades ainda ofereciam cobertura para as operações. Muitas guardavam as pontes ainda inteiras na área de Sassuolo. Houve perigo considerável para as tropas durante a travessia de uma longa ponte sobre o rio Secchia, já que o comboio se estendia pela estrada. O general von Gablenz deu ordens expressas para que, caso enguiçassem, os veículos fossem imediatamente jogados ponte abaixo, para evitar o bloqueio do fluxo do grande deslocamento. Dia 22 de abril, durante um ataque aéreo, as baterias derrubaram um P-47 e danificaram vários que tentavam destruir a ponte.

O avião abatido na ocasião não era brasileiro, mas ao menos um dos Thunderbolts do Senta a Pua! foi derrubado nessa data, um domingo que entrou para a história da aviação brasileira. Os domingos de guerra são diferentes; não estão em nada associados ao dia de descanso da semana. Nesse, o 1º Grupo de Aviação de Caça da FAB trabalhou como nunca. Os homens do Senta a Pua!, aviadores, mecânicos, armeiros, o comando tático, toda a corporação, realizaram seu maior número de missões num mesmo dia, ao longo de todo o período em ação na guerra. Desde as oito e meia da manhã, as esquadrilhas brasileiras efetuaram 44 sortidas (saídas para missões), com 23 aviões e 22 pilotos. Das 44, 11 tornaram-se missões armadas, ataques ao solo com bombas e *straffing*. Foi uma marca acima da média, o que exigiu um esforço coletivo de todo o grupo para que tudo funcionasse em sintonia. Pilotos e equipes de solo possibilitavam o andamento das operações previstas para a Ofensiva da Primavera sobre o vale do rio Pó, onde atacaram concentrações de tropas alemãs, comboios, paióis, pontes e demais alvos de oportunidade que encontrassem. Como resultado desse marco para os aviadores brasileiros, a

JOÃO BARONE

data foi escolhida para celebrar o Dia da Aviação de Caça, por conta dos resultados superlativos obtidos pelos aviadores em combate. Atestando a grande realização do Senta a Pua!, o comandante do 350th Fighter Group, coronel Ariel Nielsen, apresentou uma menção ao XXII Comando Aerotático:

> *Proponho-vos que seja o 1º Grupo de Caça brasileiro citado pelos relevantes feitos realizados no conflito armado contra o inimigo, no dia 22 de abril de 1945.*
>
> *Esse grupo entrou em combate numa época em que era máxima a oposição da antiaérea aos caça-bombardeiros. Suas perdas têm sido constantes e pesadas e têm tido poucas substituições. À medida que se tornaram menos numerosos, cada um passou a voar mais, expondo-se com maior frequência. Mesmo assim, em várias ocasiões, tive que refreá-los quando queriam continuar voando, porque considerei que já haviam ultrapassado o limite de resistência.*
>
> *A perícia e a coragem demonstradas nada deixam a desejar. Chamo-vos a atenção para a esplêndida exibição do seu excelente trabalho contra todas as formas de interdição e coordenação de alvos.*
>
> *Em minha opinião, seus ataques na região de San Benedetto, no dia 22 de abril de 1945, ajudaram a preparar o caminho para a cabeça de ponte estabelecida pelos Aliados, no dia seguinte, na mesma região. A fim de completar isso, o 1º Grupo de Caça brasileiro, em seus feitos, excedeu os de todos os outros grupos e sofreu sérias perdas.*
>
> *Acredito estar refletindo o sentimento de todos os que conheceram o trabalho do 1º Grupo de Caça brasileiro, ao recomendar que receba a Citação Presidencial de Unidade. Tal citação é não só meritória, mas tornar-se-ia carinhosa à lembrança dos brasileiros, na comemoração dos esforços que foram desenvolvidos neste teatro de operações.*

O gesto do comandante americano foi ousado, uma vez que só as unidades americanas eram agraciadas com essa condecoração. Segundo conta o major John Buyers, nascido no Brasil e oficial de ligação americano para o Senta a Pua!, o documento foi arquivado para ser enviado ao Congresso americano, mas, por algum capricho do destino, ficou perdido por mais de quarenta anos. O tenente-aviador Eduardo Coelho de Magalhães, em suas sortidas no dia 22 de abril de 1945, foi atingido 15 vezes pela antiaérea alemã. Enquanto atacava uma coluna alemã, foi derrubado. Saltou de paraquedas e quebrou as pernas. Foi impedido por um alemão de ser executado pelo soldado fascista italiano que o havia capturado. Foi então levado ao hospital em Reggio Emilia, onde foi devidamente tratado pelo médico responsável. Em poucos dias, com o avanço Aliado, os alemães bateram em retirada, mas o aviador brasileiro recebeu um pedido do médico alemão: a garantia de que os 12 feridos que seriam deixados fossem bem-tratados pelas tropas que chegavam. O tenente cumpriu o combinado, impedindo que os prisioneiros caíssem nas mãos dos vingativos *partigiani*.

As missões do Senta a Pua! durante a guerra na Itália também são fonte de inúmeros registros e livros, muitos deles escritos por seus aviadores, naqueles dias de ação contínua. Durante todo o período operacional, o grupamento brasileiro não recebeu pilotos para recompletamento, embora tenha realizado mais do que as 25 missões que os americanos cumpriam, quando então eram enviados de volta para casa. Entre os brasileiros, cinco pilotos foram mortos em combate, oito feitos prisioneiros, seis afastados por determinação médica (esgotamento físico-nervoso) e três mortos em acidentes (um nos treinamentos realizados no Panamá).

Passados 41 anos, nas comemorações do 22 de abril de 1986, o 1º Grupo de Aviação de Caça da FAB recebeu enfim a Presidential Unit Citation americana. O grupo foi a terceira unidade não americana a ser condecorada com essa medalha durante a Segunda Guerra Mundial, ao lado de uma esquadrilha da RAF que participou da Batalha da Inglaterra.

O ESFORÇO FINAL DOS *PARTIGIANI*

Paralelamente à grande retirada alemã no vale do rio Pó, a movimentação dos grupos de *partigiani* aumentava e se organizava. Grupos em Sassuolo, como a Divisão Armando, e em Modena, como a Divisão Guerrilheira Modena Montagna e a Modena Pianura, uniram-se e deram origem ao Comitê de Libertação Nacional. Formaram-se diversas brigadas de *partigiani*, como a Garibaldi, a Allegretti, a Italia Montagna e a Matteotti.

Mais de nove mil homens integravam as brigadas da resistência italiana em Modena, no fim de abril de 1945. Havia uma formação dos *partigiani* chamada Battaglione Alleato, que reuniu desertores russos das companhias alemãs, soldados ingleses do lendário SAS (Special Air Service, tropas de elite inglesa para operações atrás das linhas inimigas) e guerrilheiros italianos.

Essas unidades davam muito trabalho aos alemães que batiam em retirada, pois realizavam ataques furtivos vindos das montanhas, a maioria com morteiros, além de emboscadas e tiros de franco-atiradores, o que provocava nos inimigos um clima de terror constante. As unidades alemãs se dissolveram durante a retirada, e a 232ª DI se desmembrou totalmente. A última ordem era atingir o lago de Garda, nas encostas dos Alpes, de onde cada um tentaria voltar ao território alemão pelo Passo de Brenner.

O Esquadrão de Reconhecimento do capitão Pitaluga chegou em Collecchio e em Parma, no dia 26 de abril de 1945, depois de avançar quase cem quilômetros, cruzando os rios Parma e Bragança. Finalmente se depararam com os alemães, quando receberam ordens do alto-comando da FEB para atacar as posições inimigas, juntamente com elementos do 6º e do Onze. Os alemães tentaram superar os brasileiros, mas foram batidos e se retraíram para o Sul, para os arredores de Fornovo. Enquanto ocupava Collecchio, a FEB fez 588 prisioneiros e capturou grande quantidade de material inimigo, num prenúncio do grande episódio que estava por vir.

No dia 25 de abril de 1945, a 232ª DI alemã, que se encontrava a oeste de Parma, sofreu pesadas baixas com um ataque aéreo Aliado. Na madrugada do dia 25 para o 26, o caos imperava nas linhas alemãs, que chegaram à margem do rio Pó. Com a ausência de pontes ou balsas e a impossibilidade de cruzar o leito do rio, as carroças e os reboques de tração animal foram destruídos, e os animais, sacrificados. A maioria dos veículos foram jogados no rio, tudo para facilitar ao máximo o deslocamento planejado até Nazzaro. No dia 26 de abril, em Montecelli, os alemães resistiram a um ataque de elementos da 34ª Divisão de Infantaria americana e ainda fizeram mais de cinquenta prisioneiros durante a ação. A guerra ainda não havia terminado.

Últimos capítulos

No caminho para Fornovo, o Esquadrão de Reconhecimento entrou na localidade de Felegara, onde um de seus blindados M-8 foi destruído por um morteiro anticarro Panzerfaust. Havia uma grande movimentação de todas as unidades Aliadas, que cercavam e aprisionavam milhares de alemães. A 10ª Divisão de Montanha havia feito mais de três mil prisioneiros até então. Os alemães foram encurralados em Fornovo, o que não evitou que continuassem tentando romper as linhas.

Eles tentariam se agrupar e fazer um ponto de resistência, caso conseguissem escapar para o leste, até chegar ao Passo de Brenner, na fronteira italiana com a Áustria. No local, apenas cinco anos antes, em 18 de março de 1940, Hitler havia se encontrado com Mussolini para formalizar o Pacto de Aço entre Itália e Alemanha.

1942

A região teve grande importância estratégica por séculos a fio, por ser o ponto mais baixo na passagem dos Alpes. Uma rápida conferida no mapa da região permite entender como Churchill e o general Mark Clark acreditavam que, por esse local, adentrariam as forças Aliadas, para então ocuparem a Áustria e as planícies dos Bálcãs. Sem parar a ofensiva, desfechariam um ataque a Berlim pelo Sul, na esperança de impedir o avanço do Exército Vermelho até a Europa Central, cenário que representava a importância estratégica do território italiano. Porém, a maré da guerra mudou, com os esforços através da França diminuindo o peso da ofensiva Aliada na Itália, onde os exércitos passaram tão somente a segurar o possível das divisões alemãs. Mais tarde, o Passo de Brenner serviria como rota para os nazistas que fugiram da Alemanha depois da guerra, muitos deles em direção à América Latina.

Nos arredores de Fornovo, à frente dos alemães estavam as tropas do 1º e do Onze, enquanto o 6º se deparava com a retaguarda do contingente alemão. O comando da FEB ordenou o ataque, bombardeando o inimigo pela artilharia brasileira. Eles revidaram com seus canhões durante toda a madrugada de 27 para 28 de abril. Ainda na tarde do dia 27, o comandante do 6º RI, o coronel Nelson de Melo, havia pedido ao padre local que ajudasse a convencer os alemães a se renderem, para evitar um massacre desnecessário.

O vigário de Neviano di Rossi, D. Alessandro Cavalli, conseguiu chegar até o comando inimigo e avisar sobre o cerco das forças brasileiras. Os oficiais alemães se mostraram inclinados à rendição, mas queriam garantias. O padre retornou e reportou tudo ao coronel Nelson. Na manhã do dia 28 de abril, depois de contatos com o general Mascarenhas, foi enviado um ultimato aos alemães. O conteúdo do documento, escrito em italiano pelo padre, era um apelo ao bom senso das tropas cercadas, já sem meios e sem munição:

Ao Comando da tropa sitiada na região de Fornovo e Respicio,

Para poupar sacrifícios inúteis de vidas, intimo-vos a render-vos incondicionalmente ao comando das tropas regulares do Exército brasileiro, que estão prontas para vos atacar. Estais completamente cercados e impossibilitados de qualquer retirada. Quem vos intima é o comandante da Vanguarda da Divisão Brasileira que vos cerca. Aguardo dentro do prazo de duas horas a resposta do presente ultimatum.

Nelson de Melo — Cel Cmte

O vigário D. Alessandro retornou com a resposta dos alemães antes do meio-dia:

Coronel Nelson de Melo,

Depois de receber instrução do comando, seguirá resposta.

Ass.: major Kuhn

CABOCLOS CERCAM E RENDEM UMA DIVISÃO NAZISTA INTEIRA

Passado o prazo estipulado, não restava alternativa ao coronel Nelson de Melo, senão insistir que os alemães se rendessem, o que aconteceu no início da noite do dia 28 de abril. Enquanto aconteciam os combates, oficiais alemães foram até as linhas brasileiras para iniciar a rendição. Representando o general Otto Fretter Pico, comandante das tropas, o major Kuhn chegou ao posto de comando do 6º, em Colecchio. O oficial alemão, que falava um pouco de espanhol, declarou que as tropas alemãs e italianas não dispunham mais de meios para lutar e estavam dispostas a baixar armas.

Após a ordem de cessar-fogo, ficou decidido que as tropas inimigas se apresentariam à uma da tarde e entregariam inicialmente seus oitocentos homens feridos, única exigência dos alemães que foi aceita pelo comando da FEB, por questões humanitárias. Cerca de 14 mil homens, a maioria da 148ª DI, além de integrantes da 90ª Divisão de Infantaria Mecanizada e de italianos da Divisão Itália, foram encaminhados para grandes áreas descampadas da região.

Os soldados, em grandes filas, depuseram suas armas, observados pelos pracinhas da FEB, e depois foram removidos para os campos de prisioneiros em Modena e Florença. Enormes pilhas de armas e munição se formaram, e mais de mil e quinhentos veículos de todos os tipos e cerca de quatro mil cavalos foram entregues durante a rendição. No fim da tarde de 30 de abril, após supervisionar todos os procedimentos e dando por encerrada a rendição, o general Fretter Pico e o general italiano Mario Carloni se apresentaram aos oficiais da FEB presentes.

Ninguém acreditava que, em algum momento durante a guerra, uma divisão inteira dos experientes soldados alemães se renderia aos caboclos brasileiros, algo absolutamente improvável, se alguém tivesse apostado meses antes. Mesmo o alto-comando Aliado se surpreendeu com o acontecido, pois nenhuma divisão alemã ainda havia se rendido integralmente para outra unidade Aliada na Itália. A FEB conseguiu um feito inédito, pois a 148ª DI alemã foi a única unidade alemã que se rendeu integralmente antes do armistício no teatro de operações italiano.

1942

A leste de Turim, o Exército alemão da Ligúria, com mais de 35 mil homens, se renderia aos americanos. Seu comandante, o general Schlemmer, prometia lealdade ao *Führer*, quando o IV Corpo preparou um cerco que incluiu a FEB ao lado do famoso 442º RI americano, formado por nipo-americanos que voltavam ao *front* italiano, vindos da França, integrados à 92ª DI, e que haviam participado bravamente na tomada de Monte Cassino. Essa tropa, formada por voluntários americanos de origem japonesa, tornou-se a unidade mais condecorada em toda a história militar dos Estados Unidos.

Nipo-americanos de fibra

Os 14 mil homens do 442º RI receberam mais de 18 mil medalhas, o que significa que muitos foram condecorados várias vezes. Só a medalha Purple Heart, concedida aos feridos em combate, foi entregue mais de nove mil vezes, ou seja, mais da metade do regimento foi ferida em ação. A maior condecoração americana, a Medalha de Honra, foi entregue a 25 soldados nipo-americanos.

Em outra ocasião promovida anos depois da guerra, integrantes da 442ª RI receberam várias Presidential Unit Citation, em abril de 2000, entregues pelo presidente Bill Clinton. A bravura dos membros da 442 atenuou a perseguição aos japoneses dentro dos Estados Unidos, uma comunidade que era muito grande. Esses cidadãos foram detidos em campos de concentração — em especial, na Costa Oeste americana — sob alegação de serem potenciais inimigos infiltrados. Antes do fim da guerra, os campos de concentração foram desativados.

Alemães de fibra

Ainda sobre a surpreendente rendição alemã em Fornovo, existem duas histórias dignas de menção. Uma vem de relatos que carecem de comprovação documental, testemunhas, lugares e nomes, mas vale a pena ser mencionada. Durante a deposição de armas dos pelotões da 148ª DI, um pracinha resolveu levar de lembrança uma daquelas cruzes "iguais à do Vasco da Gama" que alguns alemães traziam no peito. Num gesto de arroubo, arrancou uma Cruz de Ferro de um sargento alemão que estava em fila. O sargento, ofendido, saiu da formação, pegou uma arma da grande pilha que se formava ao lado de seus homens e disparou um único tiro no peito do pracinha.

JOÃO BARONE

Depois do gesto extremo, entrou novamente em forma, quando o capitão daquela tropa tratou de fazer justiça, antes que os brasileiros que presenciaram a ação interferissem: sacou sua pistola e disparou na cabeça do sargento, que já esperava em posição de sentido pelo tiro fulminante.

Uma outra história diz respeito ao general Fretter-Pico, ex-comandante da 148ª DI. O relato foi narrado no polêmico livro sobre a FEB do jornalista William Waack, *As duas faces da glória* (1985). Pouco tempo antes de sua morte, em 1966, a filha do antigo militar alemão contou ter visto seu pai sorrir bem-humorado na sala de sua casa, enquanto lia num jornal alemão que no Brasil ocorreram comemorações pela rendição de Fornovo. O general alemão comentou com a filha: "Engraçado saber que eles comemoram aquilo." Fretter-Pico frequentava os encontros de veteranos da 148ª DI, e muitos deles se mostravam agradecidos ao seu comandante pela rendição que os salvou de sacrifícios desnecessários. Num campo de batalha, quando muitas vezes se acreditava que o certo é lutar até morrer, também havia honradez em reconhecer a derrota.

A GUERRA NA EUROPA CHEGA AOS MOMENTOS FINAIS

Os acontecimentos que sucederam a grande rendição de Fornovo não foram menos surpreendentes. A guerra chegava aos seus momentos finais. As tropas da FEB avançavam pelo território do Piemonte, e as ordens eram continuar cortando a retirada alemã. No dia 29 de abril, havia uma grande concentração de tropas alemãs em Cascina Malpaga, província de Varese. O comando dessas unidades recebeu uma comitiva de oficiais Aliados para combinar a entrega de mais de cinquenta prisioneiros americanos, para depois efetuar a rendição de parte de seu efetivo, enquanto boa parcela dos homens decidiu fugir na direção dos Alpes.

No dia 1 de maio, chegam as notícias da morte de Hitler, o que deixava claro que a guerra estava terminada.

No dia 3 de maio, no quartel-general do 15º Grupo de Exércitos Aliados, durante a cerimônia de rendição alemã aos americanos, o general alemão Von Senger Und Etterlin, que chefiou a resistência alemã na linha Gustav e Monte Cassino, se apresentou ao general Clark prestando continência militar tradicional entre todos os soldados, em vez do esperado braço direito erguido dos nazistas. Já não se fazia mais a saudação ao *Führer*. Von Senger se dizia antinazista, assim como todos os oficiais de alta patente, os soldados e toda a população alemã, que apenas cumpria ordens ou não sabia de nada do que se passava nas frentes de combate e nos campos de extermínio. Não havia nenhum oficial ou representante brasileiro na ocasião que formalizou o fim da guerra no setor onde a FEB lutava.

Antes de se matar, o *Führer* escolheu seu sucessor: o almirante Karl Dönitz, o maior responsável pela entrada do Brasil na guerra, quando obedeceu às ordens de Hitler e autorizou as ações dos submarinos alemães e italianos no Atlântico Sul. Apesar da confiança nele depositada pelo *Führer*, nada lhe restou a não ser aceitar a rendição incondicional alemã, que foi assinada pelo general Alfred Jodl, na manhã de 7 de maio de 1945. O dia 8 de maio foi a data oficial do fim da guerra na Europa.

Durante toda a campanha da FEB, o soldado Dálvaro José de Oliveira serviu na seção de Comunicações da Artilharia, onde viu muita gente morrer. Uma de suas missões mais frequentes era estender linhas telefônicas entre os postos de comando e as baterias da artilharia em operação, numa rotina de extremo perigo, quando muitas vezes se deparava com inimigos, ficava sob mira de morteiros e francoatiradores ou preso em campos minados. Faltava pouco para Dálvaro voltar para casa, sobrevivente de dois torpedeamentos e dos campos de batalha italianos.

Ainda nos primeiros dias de maio, alguns bolsões de resistência alemã ocorriam na Itália. Oficiais deixados para trás pelo alto-comando da *Wehrmacht* negociavam pessoalmente a rendição de suas tropas aos Aliados. As ações das brigadas italianas aumentavam, adentrando livremente inúmeras localidades, muitas já sem a presença de tropas alemãs. Os fascistas sumiram com a mesma rapidez com que surgiram *partigiani* em grande número, segundo comentários dos soldados brasileiros. No dia 2 de maio, representantes do general Vietinghoff se encontraram com o general Harold Alexander, em Caserta, para assinar os termos da rendição na Itália. A FEB seguiu em operações de desmantelamento do restante das forças alemãs, como em Turim e Alessandria. Ao leste, os brasileiros vigiaram os limites da fronteira italiana, que ameaçavam ser transpostos por franceses e iugoslavos. Em pouco tempo, a FEB seria deslocada de volta até o seu ponto de chegada na Itália, em Nápoles, para o retorno ao Brasil. Em breve, os pracinhas estariam de volta ao lar, com seus sacos A e B repletos de *souvenirs* e troféus de guerra. Mas a maior bagagem era a que levavam na lembrança, as marcas da vivência em meio aos horrores e as lições de superação pelas quais passaram, ao longo daqueles nove meses em ação.

Durante aqueles estendidos nove meses na Itália, os brasileiros tiveram a oportunidade única de se comparar com outros homens, de outras nações, dentro de um cenário que deixava aflorar o melhor e o pior da natureza humana: a guerra. Frente ao inimigo, sofreram e superaram dificuldades. Com eles constataram que, por mais que se prepare para a luta, somente em campo de batalha se aprende a lutar. Com seus aliados, obtiveram recursos materiais para lutar e lições de planejamento e organização — tão importantes na guerra quanto em tempos de paz. Os pracinhas provaram que o brasileiro tem seu valor, seu próprio jeito de realizar as coisas. Quem ainda não sabia, descobriu aquilo que todo brasileiro parece já nascer sabendo: por mais que existam outros países em melhor situação, nada supera o sentimento pela sua terra natal. Voltar para casa depois da guerra — vivo — era o maior prêmio para aqueles caboclos brasileiros. O então correspondente de guerra Rubem Braga, que se tornou grande escritor depois da guerra, fez as seguintes considerações sobre a FEB e seus homens:

> *A FEB era bem um resumo do povo do Brasil, não só porque tinha soldados de todos os seus estados e de todas as classes sociais e níveis de cultura, como porque levava todos os seus defeitos e improvisações, todas as suas incoerências e mitos, todas as falhas e virtudes desse povo. Pois estou convencido de que, dentro da modéstia de nossas forças, o pracinha brasileiro deu o seu recado, cumpriu sua missão. E a sua melhor vitória me parece a ressonância de afetos e de saudades que ainda guarda, entre as paredes de pedras dessas casas isoladas da montanha, no coração da gente simples e boa da Itália, esta palavra:* brasiliano.

O
PÓS-GUERRA

14. O crepúsculo de deuses e demônios

O desfile da FEB na chegada ao Rio de Janeiro foi um evento grandioso. Toda a população da capital federal se reuniu pelas ruas do centro da cidade, acotovelada no grande corredor da avenida Rio Branco coberto de faixas de boas-vindas e com chuva de papel picado, por onde desfilavam os pracinhas. Cenas de grande apelo pontuavam o evento, quando parentes esperavam ver seus entes queridos de volta da guerra, pais e filhos, esposas e maridos, namorados e namoradas, que muitas vezes não conseguiam frear a emoção e corriam por entre as fileiras para o abraço do reencontro.

Os pracinhas feridos em combate que estavam sob tratamento no Hospital Central do Exército foram levados até um trecho especialmente reservado da avenida, onde puderam assistir ao desfile. Entre eles, estava o sargento Medrado, que se emocionou com a passagem de seus irmãos de armas, de volta ao Brasil.

No meio da grande festa, houve também tristeza. Muitos dos presentes não reencontraram seu pracinha. Quem sabe chegaria no próximo navio. Enquanto isso, era aguentar o grande temor de um final triste para aquela história dos caboclos que voltavam da guerra.

A guerra havia terminado para aqueles brasileiros que foram lutar em terras distantes, mas outra guerra estava para começar, em seu próprio país. Mal sabiam os pracinhas da FEB que as promessas do governo de apoiar e ajudar os combatentes não seriam cumpridas; que da glória inicial da partida para o combate até o retorno triunfal ao lar, os ex-combatentes seriam desmerecidos, depreciados e esquecidos com o passar dos anos.

Atualmente, a maior parte dos interessados na história da FEB acredita que a tal "Canção do Expedicionário" era conhecida por todos os pracinhas, que bradavam a plenos pulmões sua enorme letra durante os desfiles realizados na volta dos heróis ao Brasil. Mas não era assim. Durante a permanência na Itália, a banda da 1ª Divisão de Infantaria Expedicionária não tocou uma única vez o tema que viria a se tornar o hino da FEB. Não seria exagero afirmar que nenhum pracinha conhecia a música, escolhida por votação dos ouvintes da rádio Tupi de São Paulo. O fato é que, assim como as condecorações que os pracinhas receberiam apenas depois da guerra, a "Canção do Expedicionário" virou o hino da FEB somente após a volta da Itália. Muitos ex-combatentes acabaram aprendendo a cantá-la, já que a música se repetia *ad nauseam* nas cerimônias e festejos de retorno da FEB.

Um dos grandes representantes da democracia, personagem principal das decisões mais importantes da Segunda Guerra Mundial, não veria seu desfecho. Roosevelt, que sofria com as lesões da poliomielite, tinha a saúde seriamente comprometida por conta de uma cardiopatia aguda, que o vitimou no início de 1945. Sua morte serviu para alimentar uma louca esperança de Hitler, que acreditou ser o sinal de uma reviravolta na guerra.

Causou grande alívio para o mundo o fato de os alemães não terem conseguido obter a fissão nuclear — a tecnologia que permitiria que eles desenvolvessem bombas e outros artigos nucleares —, uma vez que seus cientistas não tiveram, assim, nem meios nem tempo hábil para utilizá-la para fins bélicos, antes da derrota nazista. Albert Einstein fugiu da Alemanha e entregou uma carta a Roosevelt na qual o alertava sobre essa ameaça, antes mesmo de a guerra começar. Como resultado, o Projeto Manhattan, que culminou com a fabricação da primeira bomba atômica, contou com vários cientistas que fugiram dos nazistas.

Nos últimos instantes da guerra, os alemães tentariam fazer uma associação com o Ocidente para combater a União Soviética, numa suposta cruzada anticomunista para conter a expansão vermelha. Heinrich Himmler, o agrônomo que se tornou chefe da SS, chegou a tentar negociações com os Aliados, ao procurar o presidente da Cruz Vermelha Suíça, conde Folke Bernadotte, em abril de 1945, mas sem a menor chance de obter uma paz em separado com as forças ocidentais. Os alemães tinham ido longe demais para que isso pudesse acontecer. Apenas a rendição incondicional dos nazistas pôs fim à guerra na Europa. Ao saber da atitude, Hitler expulsou Himmler do partido, ordenando sua prisão e fuzilamento imediatos. Ele foi preso pelos ingleses ao tentar fugir e suicidou-se.

Depois da morte de Roosevelt, a presidência americana foi assumida por Harry S. Truman, veterano da Primeira Grande Guerra, o homem que dali a pouco entraria para a história como o primeiro líder mundial a autorizar o emprego de armas nucleares.

As esperanças de Hitler na mudança do panorama da guerra apagaram definitivamente quando ele soube do destino cruel reservado ao seu velho ídolo fascista. Em 28 de abril de 1945, Mussolini foi fuzilado pelos *partigiani*, e seu corpo, o de sua então amante Clara Petacci e os de outros fascistas que foram mortos com ele serviram como bonecos de judas para o povo, pendurados pelos pés num posto de gasolina em Milão. Dois dias depois, com a certeza da queda de Berlim, o ditador que liderou a Alemanha em direção ao fundo do abismo, encurralado nos subterrâneos da devastada capital do *Reich*, casou-se com sua amante Eva Braun, ditou seu testamento e se matou, enquanto as tropas do ditador Stalin desfechavam o golpe final sobre o que havia sobrado dos exércitos nazistas.

Também nos momentos finais da guerra, Winston Churchill, outro grande representante da luta contra os nazistas, perdeu seu lugar nas decisões para definir o futuro mundial. Ao contrário de seu amigo Roosevelt — reeleito para o quarto mandato na liderança dos Estados Unidos —, Churchill perdeu a cadeira de primeiro-ministro, depois das eleições de maio de 1945, e foi sucedido por Clement Attlee, que estaria ao lado de Truman e Stalin na Conferência de Potsdam, em julho de 1945. Foi uma extrema ironia não se ver as caras tão conhecidas dos carismáticos Roosevelt e Churchill — os grandes responsáveis pela mobilização mundial contra o Eixo no início da guerra — na reunião com os chefes Aliados para definir as tantas questões sobre a Alemanha derrotada e preparar o golpe de misericórdia contra o Japão. E, mais uma vez, o Brasil estava longe do palco das decisões mundiais.

A DESMOBILIZAÇÃO

A desmobilização da FEB teve início ainda no território italiano. Aparentemente, Getúlio Vargas estaria receoso de ser derrubado por uma frente formada por opositores, daí sua pressa em extinguir a força enviada para a guerra. Na verdade, a dissolução da FEB passava pelo simples fato de que uma força expedicionária só tem validade para lutar fora do seu país de origem. Portanto, não havia necessidade de a FEB voltar ao Brasil ainda oficialmente atuante. Além do mais, a mera extinção da FEB por decreto não seria capaz de dissipar tudo que havia acontecido naquele breve período de três anos, desde a entrada do Brasil na guerra, o alinhamento com os Estados Unidos e a luta ao lado das nações Aliadas em defesa da democracia. O

1942   229

regime ditatorial de Vargas estava com as horas contadas, e ele certamente sabia disso. Depois de quinze anos no poder, Vargas faria uma pequena pausa como líder da nação, até seu retorno ao cenário político, em 1950.

A volta dos combatentes ao Brasil demorou alguns meses desde o fim oficial dos conflitos, o histórico 8 de maio, Dia da Vitória na Europa ("VE Day" — "Victory in Europe Day"). Os pelotões do Sampaio, do 6º e do 11º se concentraram mais uma vez no acampamento de Francolise, de onde se deslocariam — sob o manto da poeira esbranquiçada do solo italiano — em caminhões até Nápoles, agora servindo de porto de embarque dos navios para a jornada de regresso ao Brasil.

Até o início de outubro de 1945, os cinco escalões já teriam retornado à terra natal. Durante esse período de espera, muitos pracinhas aproveitaram as licenças e o tempo ocioso para conhecer algumas cidades próximas da região. Muitos desses caboclos não teriam outra chance de pôr os pés na Europa, ver Roma, a Cidade Eterna, o Vaticano, Pisa, Pompeia e suas seculares ruínas aos pés do Vesúvio. Muitos voltaram com fotos, postais e livros de pontos turísticos; era um prêmio merecido para quem cruzou meio mundo e foi participar de uma guerra.

Alguns pracinhas mais ousados, depois de "tomar emprestado" um dos muitos jipes ao dispor das tropas, conseguiriam esticar uma visita até Veneza e mesmo cruzar a fronteira com a Áustria, a França e a Suíça. O episódio foi capaz de criar o mito de que os soldados brasileiros foram "fazer turismo" na Europa, mais uma detração rancorosa criada contra a FEB, vinda dos que não se conformavam com a participação do Brasil no conflito.

Buenos Aires, capital do Brasil

Os comandantes de campos de extermínio, ex-membros da SS e demais criminosos de guerra não queriam saber de geografia, principalmente quando o assunto era fugir do enforcamento garantido nos tribunais de Nuremberg, rumo à liberdade nos longínquos rincões da América do Sul. Aproveitando-se do grande caos vigente na Alemanha depois da derrota, muitos criminosos que participaram dos massacres efetuados em países ocupados pelos nazistas conseguiram escapar de serem julgados por suas atrocidades. Para tal, usaram a rede de fuga apelidada de "caminho de rato" (*rat line*), que contava com ajuda explícita de elementos que operavam dentro do Vaticano. Recebiam vistos emitidos pela Cruz Vermelha e apoio dos órgãos dos serviços secretos americano e inglês, que faziam vista grossa aos nazistas de alta patente que decidissem ajudar na campanha anticomunista iniciada com a Guerra Fria.

O caminho de rato foi a rota que levou inúmeros desses criminosos a escapar pela Itália em direção ao Oriente Médio e à América do Sul. Basta dizer que Adolf Eichmann, procurado como maior responsável ainda vivo pela Solução Final no pós-guerra, foi parar na Argentina, onde viveu sem chamar atenção, até que fosse capturado por um comando secreto israelense numa ação cinematográfica e levado a julgamento em Israel no começo dos anos 1960. Sua sentença foi a forca. Em 1967, Franz Stangl, SS comandante do campo de extermínio de Treblinka, foi preso em São Paulo e extraditado para a Alemanha. O nazista cumpria pena de vinte anos quando morreu de causas naturais em 1971. Vários nomes de renomados assassinos nazistas escondidos no Brasil, Argentina, Paraguai, Uruguai, Bolívia e Chile foram revelados pelo Centro Simon Wiesenthal, organização de caça aos fugitivos chefiada por Simon Wiesenthal, austríaco sobrevivente de Auschwitz, o mais notório caçador de nazistas de que se teve notícia, falecido em 2005. Gustav Wagner, subcomandante do campo de extermínio de Sobibor, na Polônia, também foi preso no Brasil em 1979, mas se suicidou antes de ser extraditado. Klaus Barbie, o "carniceiro de Lyon", torturador e responsável pelo envio de milhares de judeus franceses para a morte, foi preso na Bolívia e extraditado para a França em 1983. Lá, foi condenado à prisão perpétua em 1987, mas viveu apenas até 1991. O mais procurado dos muitos nazistas que escaparam para a América do Sul, Josef Mengele, conseguiu se esquivar dos caçadores de Simon Wiesenthal, e morreu incógnito, quando nadava numa praia do litoral paulista em 1979. A constatação forense de que os ossos encontrados no cemitério de Embu eram realmente de Mengele indignou os que ainda esperavam capturá-lo vivo.

Por essas e outras histórias a América do Sul ganhou a má reputação de ter sido o lugar para onde assassinos nazistas fugiam e eram protegidos por ditadores locais. Livros e filmes sobre o tema ajudaram a firmar esse clichê inconveniente, porém reflexo da realidade. O pior é que, além do desconhecimento geográfico, muitos estrangeiros ainda hoje acham que o Brasil participou da Segunda Guerra, mas do lado do Eixo.

PREMIANDO A LUTA

Na história militar, a concessão de medalhas sempre foi uma forma de incentivar e elevar o moral das tropas combatentes. A urgência em formar a FEB criou a necessidade de instituir condecorações que não existiam formalmente nas Forças Armadas brasileiras. Assim, condecorações foram criadas em decretos do governo, em agosto de 1944, um pouco em cima da hora, pois a FEB já havia enviado o 1º Escalão para a Itália. Os soldados brasileiros que se destacaram em combate receberam uma citação baseada nos relatórios das unidades, que na verdade serviram como um "vale-medalha", uma vez que as medalhas brasileiras ainda não estavam disponíveis. Por outro lado, as condecorações concedidas aos brasileiros pelo V Exército americano foram entregues ainda durante as operações. Receber medalhas dos americanos foi um incentivo para acelerar o processo de condecoração dos brasileiros. Seria vergonhoso não premiar os soldados da FEB com medalhas nacionais, o que se tornou uma questão de honra.

HONRA NACIONAL PREMIADA

As condecorações americanas entregues aos soldados da FEB foram as seguintes:
- **Distiguished Service Cross (Cruz de Serviços Notáveis)**
- **Silver Star (Estrela de Prata)**
- **Bronze Star (Estrela de Bronze)**

Terminada a guerra, aconteceu em Alessandria, no dia 19 de maio, um grande evento para a concessão das condecorações aos soldados das forças do *front* italiano. Só então alguns poucos brasileiros receberiam suas medalhas, o que não aconteceu durante a campanha. Os principais comandantes Aliados estavam presentes, dos quais os vários brasileiros condecorados receberam medalhas americanas. Um grande número de praças e oficiais só receberia suas medalhas ao retornar ao Brasil, como a Medalha de Campanha, que todos os pracinhas receberam; a Cruz de Combate de Primeira e de Segunda Classe, entregue aos que efetuaram atos de bravura em campo de batalha; e a Medalha Sangue do Brasil, criada em 1946 — a mais alta condecoração nacional aos feridos em combate.

Em 12 de dezembro — durante o penúltimo ataque da FEB ao Monte Castello — outro soldado brasileiro receberia mais uma *Silver Star*. Apollo Miguel Rezk, primeiro-tenente, numa ação conjunta com tropas americanas, foi citado por bravura em combate, por permitir que um grupo de americanos escapasse da linha de fogo alemã, enquanto resistia na posição. Mesmo depois do malogrado ataque ao Monte Castello, o tenente Rezk foi condecorado por suas ações, que foram incluídas em seu prontuário:

> *O comando Aliado na Itália resolveu louvar um oficial da Força Expedicionária Brasileira pelos seguintes motivos: cada ação em combate é um pretexto para evidenciar suas belas qualidades de soldado e sua excelência no comando do pelotão, conduzindo a sua tropa ao objetivo com o exemplo da sua própria coragem. Conquistou La Serra, em cujas ruínas se manteve até ser evacuado algumas horas depois de gravemente ferido, lutando ainda. Sua posição estava cercada de metralhadoras inimigas, à esquerda, à frente e à direita, seis ao todo. As mais próximas distavam cerca de 15 metros do objetivo alcançado, e as mais afastadas, oitenta metros. Suportou contra-ataques e esteve cercado durante quase toda a primeira noite. Fez cinco prisioneiros. Ferido em combate às 23 horas do dia 23, só pôde ser evacuado na manhã seguinte, às dez horas, devido ao intenso bombardeio da artilharia e morteiros a que estava sujeita a posição. Sua audácia em marchar para o objetivo fixado, que sabia fortemente defendido, completou-se com a decisão de manter o objetivo conquistado. Mesmo ferido, contra-atacado e cercado, em momento algum pensou em retrair. Revelou bravura, firmeza e acerto de decisão, excepcional calma em presença do inimigo, exata noção dos seus deveres em combate, a par de elevado sentimento de honra militar e superior capacidade de sacrifício.*

Foi condecorado com a Medalha de Campanha, a Cruz de Combate de primeira classe, a medalha Sangue do Brasil e a Medalha de Guerra, do governo brasileiro.

Dois meses depois, na madrugada de 24 de fevereiro de 1945, durante as ações conjuntas da FEB com a 10ª Divisão de Montanha americana, na tomada do Monte della Torraccia, o tenente Rezk, no comando de seu pelotão no ataque a La Serra, protagonizou o maior feito obtido por um soldado brasileiro. Mais uma vez, enquanto segurava sua posição, permitiu a progressão das forças americanas e brasileiras, até consolidar a tomada de La Serra, de onde comandou as ações mesmo ferido com um tiro na mão. Por essas ações, Rezk recebeu a *Distinguished Service Cross* — a segunda maior condecoração militar americana depois da Medalha de Honra, que apenas três soldados não americanos receberam ao longo de toda a Segunda Guerra Mundial. Durante o funeral do ex-combatente, àquela altura major, em 1999, o governo americano enviou seu representante militar para o enterro, um oficial da Marinha, que confidenciou aos presentes: "Não entendo vocês, brasileiros. Na minha terra, alguém com as importantes condecorações de guerra do major Apollo teria recebido, ao longo de sua vida, as maiores homenagens, o respeito e a gratidão de seu povo."

O Exército americano condecorou mais de cem soldados brasileiros com a sua *Bronze Star*, medalha concedida por atos de bravura em combate. Dentre os agraciados, estava o cabo Izino Neumann, natural de São Bento do Sul, Santa Catarina, descendente de alemães. Mesmo ressentido com a perseguição que a colônia germânica sofria em sua cidade, Izino foi voluntário da FEB. No *front*, o soldado Neumann integrou o Grupo de Comando da 6ª Companhia do Regimento Sampaio, no setor de comunicações. Nas ações em seguida à tomada de Monte Castello, no ataque à elevação de La Serra, conseguiu manter operando as linhas de comunicação, especialmente as linhas de telefone, quando os fios se rompiam com as salvas de artilharia inimiga. Mesmo sob fogo, remendou seguidamente os fios e manteve os canais com as necessárias unidades de comando e artilharia, o que era crucial para o desfecho das operações naquele setor. A citação americana da *Bronze Star* ao pracinha da FEB é um exemplo de destemor e heroísmo dos nossos soldados em campo de batalha:

> *"Izino Neumann, (2G-126.8830, soldado da Infantaria da Força Expedicionária Brasileira. Por mérito sob serviço em combate, de 23 de fevereiro de 1945, em La Serra, Itália. Quando o sargento de Comunicação de seu grupo foi ferido e evacuado, o soldado Neumann assumiu a responsabilidade de manter as comunicações. Sob fogo pesado e contra-ataques do inimigo durante quatro dias, ele efetivamente manteve as comunicações de rádio e telefone com apenas um assistente. A habilidade soldadesca e devoção ao serviço evidenciaram que o soldado Neumann é exemplo da mais alta tradição do soldado aliado. Adentrou ao serviço militar no Brasil."*

Dos soldados negros da 92ª Divisão "Buffalo Soldiers" que lutaram ao lado da FEB, apenas dois receberam a lendária *Medal of Honour*, apenas entregues em 1997. O soldado John Robert Fox, condecorado *post mortem*, morreu em ação durante a operação Vento de Inverno das forças alemãs, no dia 26 de dezembro de 1944, quando chamou o fogo de artilharia americana sobre sua própria posição, para debelar o ataque dos alemães naquele setor. O outro soldado da Buffalo Soldiers era o primeiro-tenente Vernon Joseph Baker, que durante as ações em Viareggio, no início de abril de 1945, destruiu seis ninhos de metralhadora, dois postos de observação e quatro trincheiras alemãs. Estes feitos, mesmo reconhecidos tão tarde, atestaram contra os relatos preconceituosos sobre o baixo valor de combate dos soldados negros.

QUADRO DAS MEDALHAS RECEBIDAS PELA FEB:

TOTAL DE MEDALHAS RECEBIDAS	
Medalha de Campanha	591
Medalha de Guerra	113
Cruz de Combate de primeira classe	88
Cruz de Combate de segunda classe	42
Legião do Mérito (Estados Unidos)	2
Legião do Mérito — grau comandante (Estados Unidos)	1
Silver Star (Estados Unidos)	20 (ou +)
Bronze Star (Estados Unidos)	100 (ou +)
Croce al Valore Militare (Itália)	49
Ordem de Aviz	1
Cruz de Guerra com Palma (França)	2
Total	891

TOTAL DE MEDALHAS POR UNIDADE	
GENERAIS (4)	
Medalha de Campanha	2
Medalha de Guerra	4
Cruz de Combate de primeira classe	2
Legião do Mérito (Estados Unidos)	1
Legião do Mérito — Grau Comandante (Estados Unidos)	1
INFANTARIA	
Medalha de Campanha	242
Medalha de Guerra	56
Cruz de Combate de primeira classe	60
Cruz de Combate de segunda classe	31
Croce al Valore Militare (Itália)	1
CAVALARIA	
Medalha de Campanha	28
Medalha de Guerra	5
Cruz de Combate de primeira classe	1
Croce al Valore Militare (Itália)	2

1942

ARTILHARIA	
Medalha de Campanha	156
Medalha de Guerra	36
Cruz de Combate de primeira classe	14
Cruz de Combate de segunda classe	4
Croce al Valore Militare (Itália)	31
Cruz de Guerra com Palma (França)	1
Medalha da Cruz Vermelha Alemã	1
ENGENHARIA	
Medalha de Campanha	45
Medalha de Guerra	8
Cruz de Combate de primeira classe	9
Cruz de Combate de segunda classe	7
Croce al Valore Militare (Itália)	2
Cruz de Guerra com Palma (França)	1
INTENDÊNCIA	
Medalha de Campanha	34
Medalha de Guerra	2
Croce al Valore Militare (Itália)	11
Ordem de Aviz	1
SAÚDE	
Medalha de Campanha	84
Medalha de Guerra	2
Cruz de Combate de primeira classe	2
Legião do Mérito (Estados Unidos)	1
Croce al Valore Militare (Itália)	2

Nos momentos posteriores ao fim da guerra, circularam rumores preocupantes de que as tropas brasileiras seriam enviadas para o *front* do Pacífico, onde a guerra continuava. Outra possibilidade, menos terrível, foi a de que uma parte do contingente da FEB seria incluída nas tropas de ocupação da Áustria. O general Mark Clark estava no comando da ocupação do território austríaco quando considerou que a FEB poderia atuar nesse setor.

O alto-comando da FEB não aceitou a missão de estender sua permanência na Europa, após o fim da guerra. As razões oficiais para a negativa ainda são motivo de discussão, já que havia a expectativa de que os brasileiros participariam dos eventos pós-guerra, para que fossem levados em consideração em meio à nova ordem mundial. Uma razão seria o elevado custo em manter um contingente da

FEB para esse fim, uma vez que a conta da participação brasileira na guerra já estava muito alta. Antes mesmo que as duas bombas nucleares fossem lançadas pelos americanos sobre Hiroshima e Nagasaki, em agosto de 1945, os rumores sobre o envio de tropas brasileiras para o Pacífico desapareceram tão rapidamente quanto surgiram.

Depois que as tropas brasileiras voltaram ao Brasil, uma comitiva com os comandantes da FEB voltou à Europa, acompanhando os altos dirigentes militares Aliados em cerimônias e encontros. Os oficiais do Estado-Maior da FEB foram convidados para visitar com o general Mark Clark as ruínas do Ninho das Águias, o famoso refúgio pessoal de Hitler, em Berchtesgaden. Ironicamente, só nesse momento, após o término da guerra, foi possível ao controverso comandante Aliado do *front* italiano pôr os pés em território alemão.

ACIDENTE E INTRIGAS NO FINAL DA CONTENDA

Durante as operações navais no Atlântico após o fim da guerra, o cruzador *Bahia* acompanhava pelo mar, numa faixa de segurança, o intenso tráfego aéreo de retorno dos aviões americanos, para o caso de algum resgate ou emergência em alto-mar. Numa posição próxima a Fernando de Noronha, o *Bahia* sofreu um grave acidente, e cerca de trezentos de seus 350 tripulantes morreram. Esse traumático incidente gerou grande consternação e polêmica. Houve rumores de que o seu afundamento teria sido ocasionado pelo ataque de um submarino alemão em fuga para a Argentina. As especulações sem nenhuma comprovação documental chegaram a dizer que o próprio Hitler estaria a bordo do suposto submarino. Na verdade, de acordo com os sobreviventes do naufrágio, um simples exercício de tiro gerou a tragédia, quando a bateria antiaérea que ficava na popa do navio teve os limitadores do ângulo inferior retirados sem explicação. Durante o treino, uma das cargas de profundidade do convés de popa foi acidentalmente alvejada, o que ocasionou uma grande explosão em série. Mal houve tempo para a tripulação abandonar o navio. Ao longo dos quatro dias que antecederam o resgate, muitos dos náufragos pereceram em alto-mar. O acidente causou profundo desconforto para a Marinha brasileira, e permaneceu envolto em polêmicas e guardado em documentos longe da opinião pública, o que gerou especulações quanto a sua verdadeira causa. Mais uma vez, mesmo depois de apurados os fatos, foi impossível frear as versões fantasiosas sobre o incidente.

15. Do triunfo ao silêncio

A chegada do 1º Escalão da FEB foi aguardada com grande expectativa na capital federal, onde uma multidão se concentrou nas ruas para o desfile dos pracinhas de volta ao lar. A avenida Rio Banco, no centro do Rio de Janeiro, estava repleta de populares, faixas, cartazes, bandas de música e chuva de papel picado lançada dos prédios; tudo dava o clima da grande festa. Foram muitas as alegrias e emoções dos reencontros de parentes e namoradas. Os desfiles continuariam nas cidades para onde seguiram os contingentes com maior número de integrantes da FEB, nas capitais ou em outros municípios, onde até a chegada de um pracinha era celebrada com grande mobilização popular. A alegria da volta para casa foi um dos momentos mais intensos daqueles homens que haviam testemunhado as agruras da guerra. Mas a comemoração pela chegada dos heróis sobreviventes, com honras de Estado, não duraria para sempre.

Dentro em breve, começariam os novos dissabores pelas quais passariam os pracinhas recém-chegados. Durante o desembarque no porto do Rio de Janeiro, houve uma ordem para confiscar toda a bagagem dos soldados — os sacos A e B — que seria encaminhada para os quartéis do Exército para ser inspecionada. Em seguida, praticamente todos os objetos trazidos pelos pracinhas — troféus de guerra, como armas, capacetes, facas e medalhas — foram saqueados e roubados, e poucos dos pertences pessoais chegaram aos seus donos.

Durante o desmantelamento da FEB, houve uma tentativa de manter o mínimo de organização para o seu processo de retorno, quando foi criado o Destacamento Precursor, composto pelo recém-extinto Estado-Maior Divisionário, liderado pelo coronel Lima Brayner, que voltou ao Rio de Janeiro ainda no início de junho de 1945 para coordenar a chegada dos escalões ao Brasil.

Como parte dos preparativos da volta triunfal dos pracinhas, foi programada uma grande recepção, que incluía um desfile em carro aberto no centro da capital federal, no dia 11 de julho, para a chegada por via aérea do comandante da FEB, o general Mascarenhas de Moraes, depois de escalas em Natal e Recife, onde recebeu homenagens por dois dias. A multidão que se reuniu no aeroporto Santos Dumont foi surpreendida com a notícia de que não haveria teto para pouso e que o avião do general Mascarenhas havia rumado para a base aérea de Santa Cruz.

Houve frustração geral, pois era impossível chegar em tempo ao longínquo subúrbio carioca para realizar a recepção programada. Posteriormente, o cancelamento da recepção foi atribuído aos integrantes do governo, na conhecida estratégia varguista de "desinflar" uma possível demonstração de força popular, vinda de qualquer vulto que pudesse significar uma ameaça política aos governistas. No dia 18 de julho, o general Mascarenhas se tornou um mero coadjuvante que assistia junto ao general Mark Clark o desfile de chegada do 1º Escalão da FEB, na avenida Rio Branco, sob o comando do general Zenóbio da Costa. O presidente Getúlio Vargas era de novo o centro das atenções no palanque oficial do concorrido evento.

Algo de muito peculiar aconteceu durante os desfiles. Os pracinhas, representantes de uma força militar, que empunharam as armas que ajudaram a derrotar as forças nazifascistas, desfilaram, na sua grande maioria, desarmados. Todo o armamento usado pelos brasileiros na guerra foi recolhido ainda na Itália, antes do embarque. Essa foi mais uma das várias contradições que acompanhariam a FEB em seu retorno ao Brasil.

Mesmo o grande entusiasmo popular com a volta dos pracinhas não evitou que muita gente achasse estranho ver aqueles soldados sem armas. De um ponto de vista mais elaborado, muitos podem ter entendido que aqueles homens estavam cansados de empunhar armas e, dessa forma, simbolizavam que jamais seria necessário aos brasileiros entrar numa guerra novamente. Mas, na prática, muita gente concluiu que o governo evitou que os pracinhas — vitoriosos da guerra pela democracia — marchassem armados até o palácio do Catete para depor Vargas.

Após o desembarque, os desfiles e as efusivas comemorações, houve uma estranha ordem imposta pelos órgãos governamentais: os integrantes da FEB foram proibidos de vestir seus uniformes, de expor o símbolo da Força Expedicionária — o emblema da cobra fumando — e, o mais estranho de tudo, de usar suas medalhas e condecorações em público. Também foram proibidas reuniões e qualquer outra forma de agremiação voltada para os relatos dos ex-combatentes, que estavam impedidos da mais simples menção sobre seus feitos e suas histórias na Itália.

240   JOÃO BARONE

O governo parecia querer amordaçar os ex-combatentes para impedir que comentassem suas experiências de guerra. Isso era apenas uma pequena mostra das grandes decepções que os pracinhas ainda iriam sofrer.

Comemoração Aliada

Durante o desfile militar em comemoração à vitória Aliada realizado em Londres, em junho de 1946, que reuniu as forças que venceram a guerra, foi de se estranhar a ausência de representantes da Polônia dentro das cerimônias, uma vez que o país foi o sofredor da primordial agressão que iniciou o conflito. Milhares de soldados poloneses compunham as forças Aliadas nas esquadrilhas da RAF, nos pelotões de infantaria e em todas as frentes de combate. Na Itália, os poloneses realizaram a tomada do Monte Cassino, onde lutaram revirando pedra sobre pedra para derrotar os alemães, escondidos entre os escombros da famosa abadia destruída no topo da montanha.

A Polônia, nos dias finais da guerra, foi abandonada à própria sorte pelos Aliados, que não enviaram o apoio combinado para as ações do heroico Levante de Varsóvia, que ajudaria a expulsar os nazistas do país e ao mesmo tempo serviria para intimidar a ocupação soviética. A Polônia se encontrava no contexto do novo eixo Leste-Oeste, provocado pela queda e a divisão de Berlim, que não seria feita através de uma linha imaginária, mas na forma de um muro de concreto.

Os temores de Churchill sobre a permanência dos russos nos territórios do Leste Europeu se comprovaram pouco tempo depois de sua menção, num discurso no Parlamento inglês em agosto de 1945 sobre a "cortina de ferro" que dividiria a Europa, até a construção efetiva do Muro de Berlim, em agosto de 1961. Estava definida a nova contenda global: a Guerra Fria, entre o capitalismo e o comunismo.

O Brasil foi representado por um tímido destacamento formado por componentes do 1º Batalhão de Guardas, da Marinha e da Força Aérea Brasileira, que participaram do desfile da vitória, em Londres. Isso simbolizou o pouco peso político e reconhecimento que o único país da América do Sul a enviar tropas para lutar na Segunda Guerra receberia no pós-guerra.

O alinhamento brasileiro com os Estados Unidos trouxe alguns benefícios e teve como maior símbolo a construção da Usina Siderúrgica de Volta Redonda. A ocupação da Alemanha e do Japão — onde os Estados Unidos mantêm tropas até hoje — era estrategicamente muito mais importante para os americanos, a ponto de perderem o interesse em manter as bases aeronavais no território brasileiro depois do fim do conflito, como foi inicialmente previsto nos Acordos de Washington. Esse foi um claro exemplo de como os americanos mobilizaram enormes recursos para a reconstrução tanto da Europa quanto do Japão. Em pouco tempo, o projeto do general George Marshall seria implantado para recolocar de pé os países destroçados pela guerra e devolver a estabilidade econômica ao Velho Mundo, o que mais tarde lhe rendeu o Prêmio Nobel.

O Brasil no Tribunal de Nuremberg

Também em 1946 foi instituído o Tribunal de Nuremberg, um marco na história do direito internacional, que julgou os maiores responsáveis pelos atos do regime nazista. Os julgamentos levaram cerca de quatro anos, e os mais proeminentes representantes do nazismo foram condenados à morte.

Dos 12 sentenciados à forca, dois escaparam da condenação: Hermann Göring se matou antes que a sentença fosse cumprida, e Martin Bormann — um dos homens mais próximos de Hitler até sua morte — foi julgado *in absentia*, uma vez que desapareceu ao fim da guerra, mas, mesmo assim, foi condenado à pena máxima.

A grande mobilização em torno do julgamento foi marcante, uma vez que categorizou, pela primeira vez, os crimes contra a paz, os crimes de guerra e os crimes contra a humanidade, baseados nos atos desumanos perpetrados pelo regime nazista. Entre eles, podem ser mencionados a guerra de agressão (invasão), o roubo de riquezas de outros países, os assassinatos em massa e o genocídio. Sem participar ativamente, o Brasil apenas acompanhou o Tribunal de Nuremberg com a presença do jornalista Samuel Wainer, único sul-americano a comparecer às sessões.

Se não havia nenhum jurado brasileiro no Tribunal de Nuremberg, ao menos nas acusações aos comandantes da marinha de guerra alemã o Brasil foi mencionado: os primeiros ataques aos nossos navios configuraram-se como uma agressão a um país neutro, ato que incriminava Erich Raeder — supremo almirante da marinha até 1943 — e o almirante Karl Dönitz, que comandava a força de submarinos nazistas e substituiu Raeder no comando da *Kriegsmarine*. Ambos alegavam que os navios brasileiros não navegavam sinalizados como neutros e que submarinos do Eixo já tinham sido atacados por aviões norte-americanos que decolaram do Brasil (fato que na época foi anunciado com grande alarde pelo ministro da aeronáutica Salgado Filho, em maio de 1942). Analogamente aos outros vários exemplos da fogueira de vaidades entre altas patentes do comando alemão, esses militares da marinha desenvolveram uma enorme rivalidade entre si, já que Hitler condenava Raeder pelos grandes fracassos da marinha de guerra alemã, enquanto elogiava Dönitz no comando de seus eficientes submarinos. Em suas defesas em Nuremberg, ambos os comandantes atestavam que não eram políticos, mas soldados que estavam apenas cumprindo ordens do Führer, apesar das evidências de que, durante o regime nazista, eram fervorosos seguidores de Hitler. Raeder recebeu várias acusações enquanto comandava a marinha, em especial pela invasão da Noruega, o que foi a maior ação naval alemã. Dönitz foi acusado de promover guerra irrestrita, culminando com a notória "ordem Lacônia" — que impedia o socorro de náufragos pelas tripulações dos submarinos do Eixo. Esse comando foi assim chamado depois do incidente com o navio inglês *RMS Laconia* — afundado em setembro de 1942 perto da costa africana pelo *U-156*, quando levava refugiados e quase dois mil prisioneiros italianos a bordo. Um submarino italiano — o *Capellini* — e dois submarinos alemães — o *U-506* e o famigerado *U-507*, algoz da costa brasileira —, numa operação humanitária, ajudaram a resgatar as centenas de vítimas, incluindo mulheres e crianças, rebocando dezenas de botes até a costa de Dacar. Entretanto, um avião americano atacou os submarinos, que levavam bandeira branca, matando vários náufragos. Os submarinos do Eixo escaparam por pouco e ainda voltaram para ajudar os náufragos. Contudo, depois do ocorrido, Dönitz emitiu a aparentemente cruel *Laconia Befehl* (ordem Lacônia):

Todos os esforços para salvar sobreviventes de afundamentos — tais como resgatar homens na água e colocá-los em botes salva-vidas, rebocar barcos virados ou fornecer água ou comida — devem ser cessados.

O resgate contradiz a mais básica das normas da guerra: a destruição de barcos hostis e suas tripulações.

A ordem também diz respeito a e tem efeito sobre capitães e chefes de máquinas. Somente serão resgatados se seus postos forem importantes para a marcha do navio.

Mantenham-se firmes. Recordem que o inimigo também não se preocupa com nossas mulheres e crianças quando bombardeiam a Alemanha.

O próprio *Laconia*, um navio para quase três mil passageiros convertido em transporte de tropas, armado com canhões e cargas de profundidade, estava fora das regras navais, ao levar civis, soldados ingleses, poloneses e prisioneiros de guerra reunidos. Dönitz alegou em sua defesa que tanto a marinha americana quanto a inglesa usaram os mesmos métodos de "guerra irrestrita", especialmente no vasto *front* naval do Pacífico. Inclusive, o capitão americano da B-24 que atacou os submarinos reunidos em missão humanitária declarou que não teve remorso ao fazê-lo.

No final, ambos os chefes navais alemães responsáveis diretos pelos ataques ao Brasil foram condenados: Raeder pegou prisão perpétua, mas teve sua pena afrouxada, sendo libertado em 1955, pouco antes de morrer devido ao seu estado de saúde. Dönitz foi condenado a dez anos de prisão, sendo que a principal acusação contra ele foi a de fazer vista grossa em relação aos mais de dez mil trabalhadores escravos nos estaleiros navais alemães. Foi libertado em 1956 e morreu em 1980. Dönitz, o homem escolhido por Hitler como seu sucessor, conseguiu supostamente manter a guerra dentro dos padrões mínimos de conduta, durante o cruel combate nos mares, razão pela qual recebeu o reconhecimento até mesmo de seus inimigos Aliados.

Novos ditadores

Ao fim da Segunda Guerra, a crença geral era a de que as ditaduras estariam definitivamente extintas, mas muitas ainda despontariam na cena mundial. Josef Stalin, o único ditador comparável a Hitler em sua grandeza sanguinária, permaneceria na liderança da União Soviética até sua morte, em 1953. A conturbada China, mergulhada numa guerra civil até 1949, veria Mao Tsé-Tung no poder até sua morte, em 1976. Salazar se manteria no poder em Portugal até 1968. Francisco Franco — que apertou a mão de Hitler — governaria a Espanha até sua morte, em 1975. Josip Broz Tito, líder da resistência na Iugoslávia durante a guerra, permaneceria no poder até sua morte, em 1980. O modelo-padrão do ditador ficaria mais associado aos líderes apoiados pelo governo americano durante a Guerra Fria, especialmente na America Latina. Washington trabalhou abertamente para impedir a influência de Moscou na região, onde Cuba chegou a receber mísseis nucleares soviéticos, no episódio da Crise dos Mísseis durante o governo Kennedy, o que quase levou o mundo ao primeiro — e talvez último — conflito atômico. Apenas o colapso da União Soviética, em 1989, pareceu encerrar a contenda entre capitalismo e comunismo que se arrastou durante as décadas posteriores ao fim da Segunda Guerra. Os Estados Unidos se tornariam a "polícia mundial", principalmente depois dos atentados de setembro de 2001, que seriam usados como justificativa para intervenções contra grupos terroristas em ação no Afeganistão e no Iraque — onde os americanos deporiam um ditador que anos antes havia assumido o poder do país com seu apoio. A guerra agora se empenhava contra um inimigo sem quartéis e bandeiras e que lutava somente pela ideologia do extremismo religioso. Em meio ao conturbado cenário mundial da atualidade, não é à toa que a Segunda Guerra ganha contornos de uma organizada contenda travada por oponentes bem-definidos — mocinhos e bandidos, o bem e o mal.

A RETIRADA ESTRATÉGICA DE VARGAS

Em outubro de 1945, ao mesmo tempo que os pracinhas da FEB apenas se preocupavam em voltar para casa — longe de terem se tornado uma força organizada para retirar o ditador brasileiro do poder —, uma conspiração era preparada nos bastidores do gabinete do governo Vargas, que seria deposto pelos mesmos militares que o apoiaram no Estado Novo. O presidente do Supremo Tribunal Federal, José Linhares, assumiu provisoriamente o comando da nação durante três meses. As eleições diretas, convocadas para dezembro, ao mesmo tempo que recolocavam o país no rumo democrático, representavam um jogo de cartas marcadas, com a influência determinante dos militares na política do país dali em diante.

Vargas aparentemente orquestrou uma retirada estratégica do poder e apoiou a candidatura do seu Ministro da Guerra, general Eurico Dutra, eleito presidente em 1945. Dos que estavam presentes ao lado de Vargas durante o Estado Novo, Góis Monteiro assumiu o Ministério do Exército e Oswaldo Aranha foi nomeado representante do Brasil na ONU. O comandante da FEB, general Mascarenhas, depois de precisar defender em público sua nomeação, foi promovido a marechal, mas não entrou na política, ao contrário do comandante Aliado Eisenhower, que seria eleito presidente dos Estados Unidos, sucedendo Truman.

Depois de Eisenhower, outros cinco ex-combatentes americanos da Segunda Guerra se tornariam presidentes: John Kennedy, Lyndon Johnson, Richard Nixon, Gerald Ford e George Bush. No Brasil, dos veteranos de guerra, apenas o marechal Castelo Branco — que era tenente-coronel do Estado-Maior da FEB — se tornou presidente militar, depois do Golpe de 1964. A seu favor, contava o fato de ter sido um dos militares a integrar o grupo que garantiu a posse de Juscelino Kubitschek, em 1955. A condição de ex-combatente da FEB — algo que se tornou um estorvo para a maior parte dos militares que serviam nas Forças Armadas — não ajudou em

1942   245

nada no currículo do primeiro presidente da ditadura, que infelizmente retornava como regime político no Brasil.

O governo Dutra deu seguimento à aproximação brasileira com os Estados Unidos, o que resultou na ruptura das relações do Brasil com a União Soviética, assim como partidos de esquerda e sindicatos foram perseguidos e fechados. Mas o gesto mais impopular ocorrido durante o governo Dutra foi a proibição do jogo no Brasil. Prometendo grandes modernizações no país, o presidente Dutra abriu o capital brasileiro para empresas estrangeiras e implantou um plano de desenvolvimento nacional que incluía a construção de estradas, ferrovias e a prospecção de petróleo. No entanto, além da conhecida Rodovia Presidente Dutra, pouco do que havia sido planejado se realizou. Os planos para estabelecer estradas e ferrovias no Brasil nunca foram implementados devidamente ao longo dos governos subsequentes.

O ESQUECIMENTO DOS SOLDADOS DA BORRACHA

Enquanto esses fatos ocorriam, ninguém se lembrou de avisar aos soldados da borracha que a guerra havia terminado. Abandonados à própria sorte, foram esquecidos mesmo antes do fim do conflito, quando os territórios da Malásia e seus seringais foram retomados pelos ingleses (o que fez com que o Brasil deixasse de ser o único fornecedor de borracha natural).

Os fundos americanos para fomentar a produção da borracha na Amazônia foram extintos, mas milhares de homens continuaram sendo explorados pelos donos dos seringais brasileiros, que não deixaram que os trabalhadores engajados pelo SEMTA fossem embora, impondo um regime de escravidão explícita. Dos 57 mil soldados da borracha, 31 mil morreram, muitos sem conseguir pagar suas dívidas com os patrões. Poucos conseguiram voltar aos seus locais de origem. Esquecidos pelos governantes, apenas em 1988 conseguiram uma pensão vitalícia de dois salários mínimos por mês, mas até hoje lutam para equiparar esse valor com a pensão dos ex-combatentes da FEB, correspondente a dez salários.

Se os soldados da borracha queriam equiparar seu sacrifício ao dos pracinhas, em 1948 entrava em vigor a Lei da Praia, uma polêmica lei que garantia os mesmos direitos dos integrantes da FEB aos demais integrantes das Forças Armadas e até aos funcionários públicos que serviam no Brasil em áreas consideradas zona de guerra. Sem desmerecer o esforço dos que se empenharam na defesa do país enquanto a FEB lutava na Itália, foi um enorme erro do governo Dutra aprovar essa lei, que representou mais um duro golpe na autoestima dos ex-combatentes que de fato estiveram sob fogo durante a guerra.

RECUPERANDO MEMÓRIAS: TERRORISMO NIPÔNICO

Nos momentos posteriores ao fim da guerra, houve no Brasil terríveis consequências das medidas segregacionistas impostas pelo Estado Novo à população imigrante japonesa, especialmente nos estados de São Paulo e do Paraná. Além das medidas restritivas à imigração, quando quase foi aprovada a lei que impedia a chegada de japoneses ao país, entrava em ação o grupo formado por extremistas que não aceitavam a derrota nipônica, chamado Shindo Renmei (Liga do Caminho do Súdito).

Esse grupo terrorista foi criado em 1942 por um ex-militar imigrante japonês, Junji Kikawa, como resposta às agruras que presenciou face à discriminação sofrida pelos japoneses. Só em 1944 os integrantes do grupo programaram ações de sabotagem no cultivo do bicho-da-seda, para fabricação de tecidos de paraquedas, além das plantações da aparentemente inofensiva hortelã, usada na produção do mentol, composto incluído na fórmula da nitroglicerina, poderoso explosivo.

Mas as ações de sabotagem não foram adiante. Além do mais, não existem registros de que a produção brasileira desses produtos fosse direcionada para fins militares. Certos da vitória do imperador semideus Hirohito e da "fraude" sobre a derrota do Japão, os integrantes da Shindo Renmei, que se autonomeavam "*kashigumi*" ("vitoriosos"), seguiram com suas ações agressivas dentro da comunidade japonesa. Lançando mão das tradições nipônicas, exigiam a morte dos *makegumi* (derrotistas) através do *sepuku*, ritual de suicídio em que se utiliza a tradicional espada japonesa *katana*.

Os fanáticos executaram a tiros mais de vinte nipo-brasileiros. Quatorze dos terroristas foram presos e condenados por homicídio pela justiça comum. Na época, os eventos relativos ao grupo extremista fizeram aumentar o preconceito contra os nipo-brasileiros, considerados fanáticos nacionalistas. Hoje, o tema permanece um tabu dentro da comunidade japonesa, mesmo depois de décadas.

1942

Nasce a ONU

Em 1944, quando já se anunciava como certa a Vitória Final Aliada, uma conferência entre representantes das potências mundiais foi realizada em Washington, na mansão Dumbarton Oaks, que deu nome ao encontro. Em agosto daquele ano, já existia a clara intenção de criar uma nova ordem mundial para substituir a Liga das Nações, o que se considera o nascimento da Organização das Nações Unidas. A ONU foi criada com o firme propósito de estabelecer a segurança mundial, interferindo por meios diplomáticos sobre qualquer questão internacional, antes que se transformasse num conflito bélico, por meio do debate e da diplomacia. O uso da força — na forma de uma coalizão multinacional de paz — poderia ser aplicado sempre que houvesse consenso entre os signatários, para restabelecer a ordem e o estado de direito.

Em agosto de 1941, Roosevelt e Churchill redigiram e assinaram a Carta do Atlântico, documento que preconizava a convivência pacífica entre as nações, com as primeiras ideias do que viria a ser a Declaração dos Direitos Humanos: livre-arbítrio, liberdade de comércio, de religião, desarmamento, entre outros conceitos civilizatórios. Era uma clara oposição à criação do Eixo e seu expansionismo por vias militares, antes mesmo de os Estados Unidos entrarem na guerra. Outros países foram signatários; o Brasil assinou em abril de 1943. Não demorou para que a ideia evoluísse com a adesão de varias nações, até a criação da ONU, antes do fim da guerra.

As potências vencedoras da Segunda Guerra — Estados Unidos, Reino Unido, França e Rússia, além da China, incluída pela sua importância geográfica e populacional — receberam papel de destaque e cinco cadeiras permanentes na formação do Conselho de Segurança, com poder de veto sobre as votações e decisões. Para contrabalancear o papel reservado às outras nações, foram criados seis acentos adicionais no Conselho de Segurança, para ser ocupados num revezamento entre as então 117 nações que integravam a ONU.

Já nesse primeiro instante, apresentaram-se os primeiros conflitos de interesse e demais diferenças de pontos de vista entre os participantes, que precisavam ser resolvidos para a formação da ONU. A União Soviética, por exemplo, negou-se a sentar na mesa de conversações com a China. Foi preciso que os encontros entre as delegações russa e chinesa com os americanos e ingleses fossem realizados separadamente.

A China, com a maior população do planeta, e a União Soviética, que formava o maior país do mundo, seriam garantia de conflito nos anos seguintes à guerra. A China estava em plena guerra civil, entre as forças comunistas de Mao Tsé-Tung e as forças republicanas de Chiang Kai-Shek. Com as preocupações geradas por essas duas potências, que ocupavam todas as atenções do encontro, o Brasil e suas aspirações dentro do cenário mundial foram totalmente eclipsados. União Soviética e Inglaterra não desejavam mais do que cinco integrantes na formação do Conselho de Segurança. Mesmo Churchill e Stalin, ferrenhos oponentes, rechaçaram a sugestão de Roosevelt em incluir o Brasil como sexto participante. Estava claro para russos e ingleses que o Brasil seria sempre voto garantido a favor dos Estados Unidos, em quaisquer circunstâncias.

Com o tempo, os resultados práticos da entidade não seriam aqueles imaginados com as ideias de equilíbrio e manutenção da paz entre as nações. Um exemplo disso foi a União Soviética não ter desocupado os países do Leste Europeu que invadiu durante a guerra. Em vista das claras intenções e ameaças russas de ampliar sua "esfera de influência", os países da Europa Ocidental fundaram em 1949 a Organização do Tratado do Atlântico Norte, a OTAN, para intimidar qualquer gesto mais ousado dos russos.

Em contrapartida, os russos juntaram os estados do Leste Europeu sob seu domínio para assinar o Pacto de Varsóvia, em 1955. Com o colapso da União Soviética em 1989, o Pacto de Varsóvia foi extinto, em 1991, e alguns países do Leste Europeu, como a Polônia, a Hungria e a reformulada República Tcheca, foram incorporados à OTAN. A comunidade europeia foi criada no início dos anos 1990 e vem ampliando o número de países participantes, embora alguns não façam parte da OTAN.

O Brasil acabou ganhando o papel de moderador ao longo das ações da ONU. Tradicionalmente o representante brasileiro abre a primeira sessão anual da entidade. Um momento importante foi a votação que determinou a criação do estado de Israel, em maio de 1948, cujo voto determinante foi dado por Oswaldo Aranha, chefe da delegação brasileira na ONU. Tropas brasileiras formaram o Batalhão Suez, que integrou as forças de paz internacionais enviadas para a região de Gaza, durante o conflito de fronteira entre Egito e Israel, em 1950.

Nesse mesmo ano, começava a Guerra da Coreia, um dos muitos conflitos pontuais que surgiriam ao redor do mundo e que não conseguiriam ser resolvidos pela intervenção da ONU. Quanto mais o Brasil procurava exercer um papel de destaque no contexto da entidade, mais esperava pelo momento de ser incluído no Conselho de Segurança.

1942

Mesmo depois de as cadeiras não permanentes da ONU serem ampliadas para dez, em 1965, não se ampliaram os lugares permanentes. Até hoje essa condição é cobrada pelos presidentes brasileiros, sempre que abrem as sessões da entidade. Mais do que representar uma esfera regional, ficou claro que ocupar um lugar no Conselho de Segurança da ONU confere ao país status de potência econômica, algo que o Brasil chegou a demonstrar durante alguns anos. Muitos estudiosos da economia brasileira reconhecem que o primeiro passo para essa transformação aconteceu com a construção da siderúrgica de Volta Redonda, uma das mais evidentes vantagens obtidas depois da participação do Brasil na Segunda Guerra Mundial.

A FALTA DE APOIO AOS EX-COMBATENTES

O retorno dos pracinhas ao Brasil demonstrou que o mesmo mal presente na mobilização da FEB continuaria presente durante sua desmobilização: a total falta de planejamento. Os mais de 25 mil homens que foram enviados para o *front* voltariam com muitas marcas, físicas e psicológicas. Não houve o menor cuidado em apoiar esses homens que voltaram da guerra, na qual presenciaram horrores e situações extremadas, dentro e mesmo fora do campo de batalha. Mutilados, cegos e traumatizados não tiverem qualquer apoio de órgãos médicos e sociais.

Muitos destes ex-combatentes, abandonados à própria sorte, se tornaram indigentes. Os casos mais acentuados da chamada "neurose de guerra" foram tratados como exceção. Muitos ex-combatentes foram internados em hospitais ou mesmo em hospícios e encontraram enormes dificuldades em ser reintegrados na sociedade. Estava criado o mito do neurótico de guerra, que acompanhou a maioria dos ex-combatentes brasileiros. Para piorar, muitos eram acusados de fingir que sofriam problemas psiquiátricos, apenas para pleitear pensões de saúde do governo.

Na volta ao país, os pracinhas passaram a ser chamados de "veteranos de guerra", "febianos" ou "ex-combatentes", o que incluía tanto os militares de carreira quanto os convocados. Dentro da entidade militar brasileira, houve uma clara discriminação aos soldados que voltaram da guerra com experiência de combate.

A FEB representava um novo episódio dentro da história militar brasileira, pois, em menos de um ano, se tornou um exército muito diferente daquele que permaneceu no país. Personificava o ideal de modernização e reconhecimento atingido por mérito, contra todo o fisiologismo e carreirismo que ainda existia dentro das Forças Armadas, antes, durante e depois da guerra, mesmo depois da queda do governo Vargas.

A FEB era formada por homens que tiveram experiência de combate numa guerra moderna e que aprenderam importantes lições de treinamento, comando, planejamento de ações e demais aspectos com os quais os militares brasileiros só teriam contato na teoria das escolas militares. O soldado da FEB voltou bem-nutrido, vacinado e mais bem-instruído que qualquer soldado das casernas brasileiras. Repassar essa experiência seria um grande trunfo. Dos muitos oficiais da ativa e da reserva que decidiram permanecer em serviço, a maioria foi transferida para quartéis em regiões longínquas, de menor importância estratégica ou hierárquica, o que comprometeu a transmissão de seus valiosos conhecimentos e experiências de guerra. Mas isso era pouco, num momento em que as promoções, menções honrosas e até condecorações dos oficias da reserva recebidas em combate foram desconsideradas e tornadas sem efeito na volta ao Brasil. Muitos desses oficiais, da chamada R-2 (Reserva) que tentaram continuar em serviço, resolveram dar baixa, depois da vergonhosa demonstração de inveja e ressentimento vinda dos quadros da ativa. As Forças Armadas seguiam a cartilha do já enfraquecido Estado Novo, que impedia a qualquer custo o surgimento de heróis e personalidades importantes que pudessem ofuscar a figura do ditador Vargas.

Triunfo ou descrédito?

Existem muitas abordagens sobre a participação do Brasil na Segunda Guerra Mundial. Algumas são exemplos extremados de patriotismo e valor varonil, visões apaixonadas que descambam para o lado da "patriotada", como se tivéssemos tomado parte numa competição na qual ganhamos uma medalha de ouro. Sob a ótica de outros, no entanto, a participação foi desnecessária, uma vez que não foi determinante no esforço Aliado, mas apenas uma barganha política que favoreceu os americanos em sua expansão geoeconômica. Essa abordagem argumenta que, se o Brasil apenas tivesse negociado o uso das bases aeronavais no Nordeste, a vida de 475 brasileiros mortos em combate na Itália teria sido poupada.

O fato é que o Brasil lutou devido à agressão dos torpedeamentos realizados em represália ao alinhamento do país com os americanos e da cessão de suas bases em território brasileiro. Houve forte comoção nas ruas para que o Brasil entrasse em guerra. Numa comparação, o número de mortos da FEB foi quase a metade do total de brasileiros mortos nos torpedeamentos até 1943 (971). Quanto ao número de inimigos mortos infligido pela FEB, as estatísticas são nebulosas, perdidas nos relatórios do V Exército americano. Alguns profundos conhecedores da história da FEB arriscam a marca de dois mil alemães e uma centena de italianos mortos em combate pelas forças brasileiras.

Uma homenagem concreta aos praças

Em junho de 1960, terminaram as obras do Monumento aos Mortos da Segunda Guerra Mundial, popularmente conhecido como Monumento aos Pracinhas, no Aterro do Flamengo, no Rio de Janeiro. Quem ficou responsável por sua realização foi o então marechal Mascarenhas de Moraes, eterno comandante da FEB. O monumento representou um dos maiores gestos de reconhecimento pelo papel dos brasileiros em combate, nas suas imponentes estátuas e arrojadas linhas de arquitetura. O trabalho conjunto de Marcos Konder Neto e Hélio Ribas ganhou o concurso nacional criado para a escolha do projeto mais original de um monumento em homenagem à FEB. Para Mascarenhas, era o compromisso moral de cumprir com uma promessa: trazer de volta todos os seus comandados, vivos ou mortos. O também marechal Cordeiro de Farias, ex-comandante da artilharia da FEB, ficou incumbido do transladado dos restos mortais dos soldados brasileiros mortos na Itália. No mausoléu preparado no subsolo, se encontram os 468 jazigos de mármore com os nomes dos soldados, quinze deles desconhecidos, onde se lê Aqui jaz um herói da FEB — Deus sabe o nome. Um painel externo mostra gravados oitocentos nomes de vítimas dos torpedeamentos. Essas lembranças são, para as gerações futuras, um precioso documento sobre uma guerra na qual os brasileiros lutaram com valor. Durante a cerimônia de inauguração, que contou com a presença do presidente Juscelino Kubitschek, foi cantada a "Canção do Expedicionário". Os versos "Não permita Deus que eu morra,/ Sem que eu volte para lá" ganharam um tom profético, eternizados numa das lápides no mausoléu. Parecia que finalmente o Brasil estava reconhecendo o valor dos pracinhas, mas foi apenas um breve momento. Em seguida, continuaram as cobranças das promessas que os governantes anteriores não cumpriram, com os ex-combatentes causando incômodo e sendo solenemente ignorados em suas reivindicações.

LIÇÕES PARA O FUTURO

O legado da participação brasileira na guerra está eternizado na experiência adquirida por seus soldados em combate. Na tentativa de engajar o Brasil num contexto de influência mundial, a FEB tornou-se a maior expressão desse esforço, quando tomou parte num conflito bélico que representava a inserção do país na comunidade global, uma chance real para adentrar na modernidade. O Brasil fez uma escolha e decidiu lutar, mesmo sabendo de todas as deficiências existentes para se realizar tal proeza.

Se recentemente vimos as dificuldades em planejar e realizar as mudanças e melhorias tão necessárias para sediar os Jogos Olímpicos e a Copa do Mundo em nosso país, onde projetos, obras e demais ações ficam para a última hora, talvez seja essa a lição que não foi aprendida com a história da FEB. A falta de infraestrutura e a necessidade de improvisação pareciam justificar o que os americanos destacavam em seus boletins sobre o convívio com os brasileiros, ocorrido durante a construção das bases aéreas em Natal e em Recife, em 1942, ou ao longo do treinamento dos oficiais e soldados da FEB, em 1943, quando anotaram: "No Brasil, parece que sempre deixam tudo para depois." Se a improvisação está associada ao despreparo, o fato é que ao menos essa capacidade dos brasileiros se tornou uma virtude durante a guerra, somada à vontade de superação demonstrada por aqueles valentes caboclos.

Os resultados das ações da FEB foram além do esperado. Mesmo assim, ninguém se pergunta sobre o motivo pelo qual um grande número de praças, ruas e escolas públicas brasileiras, especialmente no Rio de Janeiro, foram batizadas com nomes de cidades do norte da Itália. "Monte Castello" é mais conhecido como título de uma música da lendária banda de rock brasiliense Legião Urbana, e muitas vezes é confundido com o triste episódio ocorrido numa outra montanha italiana, o Monte Cassino.

A legenda FEB é desconhecida pela quase totalidade dos alunos de uma importante universidade paulista, de acordo com uma enquete realizada entre seus estudantes, quando não é confundida como Federação Espírita do Brasil. Quem demonstra os conhecimentos mais elementares sobre o Brasil na Segunda Guerra Mundial parece fazer parte de um grupo secreto. Passados setenta anos da entrada do Brasil na guerra, os feitos dos brasileiros em combate ainda são capazes de surpreender. Muitos estrangeiros sequer sabem que o Brasil partici-

1942   253

pou da Segunda Guerra e ficam duplamente surpresos ao constatarem que o fez junto aos Aliados.

RECUPERANDO MEMÓRIAS: LEMBRANÇAS PERDIDAS

Meu pai, o veterano João de Lavor Reis e Silva, faleceu aos 83 anos, em abril de 2000, e deixou um buraco que dificilmente conseguirei preencher, na forma da infindável curiosidade que tenho pela sua ida para a guerra. Pouco tempo depois de sua morte, procurei a sede da associação nacional dos veteranos da FEB (ANVFEB), a Casa da FEB, conhecida entidade assistencial inaugurada em 1976, frequentada por ele durante algum tempo. Foi uma tentativa de manter viva sua lembrança de veterano, buscando sua ficha cadastral, encontrando outros veteranos e procurando suprir minha inesgotável fome pelo assunto. Meu pai havia deixado de contribuir para a Casa da FEB havia muitos anos, distanciou-se dos poucos amigos veteranos que ainda tinha e nunca se preocupou em pleitear qualquer vantagem salarial por parte de sua condição de veterano de guerra. Parecia mesmo que desejava esquecer tudo; seus dias de pracinha eram definitivamente uma página virada em sua vida. Desde então, eu e meu irmão mais velho passamos a contribuir com as anuidades e incentivamos os muitos amigos, filhos e parentes de veteranos já falecidos a fazer o mesmo, para assim ajudar a entidade, que passava por sérios problemas de orçamento. Foi na Casa da FEB que encontrei um personagem surpreendente, o coronel Sérgio Pereira, que era presidente da entidade naquela época. Suas memórias sobre as ações da FEB eram vívidas e, quando narradas, pareciam substituir na medida certa as histórias que meu pai não me contou sobre a guerra. As narrativas do coronel Sérgio ficaram eternizadas num excelente documentário sobre o Regimento Tiradentes, no qual o militar era comandante, intitulado *O Lapa Azul* — nome-código que identificava o regimento nas transmissões de rádio durante a guerra. Quem conhecia o coronel Sérgio, um típico carioca sempre bem-humorado, dotado de grande cultura e uma invejável memória, surpreendeu-se ao ver seus depoimentos no documentário, no qual por muitas vezes teve a voz embargada pela emoção, como no momento em que narrou a morte de seu sargento Orlando Randi, durante a tomada de Montese. O coronel Sérgio faleceu em setembro de 2007, e a Casa da FEB por pouco não encerrou suas atividades em 2008. Quem assumiu a presidência da entidade em 2009 foi ninguém menos que o veterano agora tenente Dálvaro José de Oliveira, o incrível homem que sobreviveu a dois torpedeamentos e a uma guerra. Iniciou-se uma campanha que tinha como objetivo sensibilizar as autoridades governamentais, para que liberassem verba de apoio para a ANVFEB, o que infelizmente não aconteceu. No ano seguinte, a ANVFEB foi salva depois que, milagrosamente, uma empresa de Curitiba resolveu adotar a entidade. Os escritórios e o pequeno museu que dividem o mesmo endereço na rua das Marrecas, no Centro do Rio de Janeiro, foram totalmente reformados, evitando a perda de um precioso acervo que seria consumido por traças, baratas e cupins.

Recentemente, em Belo Horizonte, houve uma grande mobilização para reerguer a sede da ANVFEB local, que passou por uma reforma completa, graças aos esforços de seu vice-presidente, meu amigo Marcos Renault, com o apoio de empresários e unidades militares da região. Passados mais de setenta anos da declaração de guerra do Brasil ao Eixo e do fim da Segunda Guerra, talvez seja hora de fazer justiça, homenageando os brasileiros que lutaram pela liberdade ao longo da história do nosso país.

Algumas mensagens do passado distante, como se colocadas numa garrafa lançada nos mares do tempo, chegaram para mim nos dias de hoje com grande emoção. Meu amigo pesquisador Rostand Medeiros descobriu, em seu vasto material de pesquisa, duas entradas com o nome de meu pai no jornal *O Globo Expedicionário*. Na primeira, datada de 21 de setembro de 1944, meu pai responde a uma enquete sobre qual seria o fim de Hitler. Segundo ele, o líder nazista seria julgado e condenado à morte em Paris por um tribunal internacional. A pergunta era parte de um concurso em que quem acertasse qual seria o fim do famigerado causador da guerra levaria um prêmio de 1.500 cruzeiros. Meu pai, no exercício de sua civilidade, errou longe. No jornal, lê-se a resposta do pracinha Jersey Pinheiro Guimarães: "Hitler se suicidará, com medo de ser preso, estourará os miolos!" Estava certíssimo, o que deixa uma outra pergunta no ar: será que lhe entregaram o prêmio ao fim da guerra?

O segundo achado dá conta de uma seção de mensagens de parentes e amigos dos pracinhas e demais oficiais da FEB incluída no jornal. Numa das longas colunas, acha-se a mensagem de meus avós paternos, João e Alda, dedicada ao filho, desejando segurança, rezas e lembranças dos irmãos. Achar essas passagens foi algo como encontrar uma agulha num palheiro. Se já não bastasse isso, logo abaixo da mensagem para meu pai, encontra-se uma outra, dos parentes do tenente Paulo Carvalho, que era da mesma companhia do meu pai. Trivialidades da guerra trazem uma dimensão de quanto os brasileiros que foram lutar tentavam manter a normalidade, afastando a saudade de casa e o medo da morte. Meu pai cumpriu seu destino, voltou de uma guerra, vivo.

16. Viagens ao mundo da guerra

Nos dias de hoje, visitar os campos de combate da Segunda Guerra se tornou um roteiro turístico cada vez mais requisitado. Pude comprovar isso quando realizei uma viagem à Normandia, em junho de 2004, para acompanhar as cerimônias alusivas aos sessenta anos do Dia D. Na ocasião, filmei meu primeiro documentário, *Um brasileiro no Dia D*, nas lendárias praias da região, tão conhecidas nas dramáticas fotos do tempo da guerra. Atualmente, os restos dos *bunkers* alemães pontuam as praias, assim como baterias de canhões, monumentos, cemitérios e museus temáticos perpassam a região. Visitar esses lugares se tornou um objetivo que ganhou contornos de uma peregrinação mística para os entusiastas na Segunda Guerra Mundial, a ponto de existirem inúmeras operadoras de turismo que oferecem pacotes para visitação de sítios importantes da guerra, na Alemanha, na Inglaterra, na Rússia, na Polônia e no Oriente, como as cidades de Hiroshima e Nagazaki, no Japão, ou mesmo a base de Pearl Harbor, no Havaí.

Anos depois de conseguir eternizar num documentário a última entrevista do personagem brasileiro que participou do Dia D — o ás da aviação Pierre Clostermann, nascido em Curitiba —, fui surpreendido ao saber que outro brasileiro também havia participado do desembarque na Normandia. Os detalhes dessa história são um ótimo exemplo de como atuaram as imponderáveis encruzilhadas do destino em tempos de guerra.

Em novembro de 2010, durante a visita de meu amigo e cofundador do Grupo Histórico FEB, Marcos Renault, ao município de Jaraguá do Sul, em Santa Catarina, onde ocorreu a reunião anual da Associação Nacional dos Veteranos da FEB, em novembro de 2010, fui informado por ele sobre a existência de um monumento em praça pública, com uma placa em homenagem a mortos da Segunda Guerra. A placa indica os lugares de origem e as datas de nascimento e de falecimento dos homenageados. A data e o local referentes a um certo Arthur Scheibel indicavam:

Normandia, 6 de junho de 1944. Isso indicava que outro brasileiro participou do Dia D, uma vez que o aviador Pierre Clostermann era o único conhecido que, nascido no Brasil, havia realizado tal proeza. Na época em que procurei pelo registro de qualquer brasileiro, mesmo naturalizado americano, que tivesse participado daquele mítico episódio, apenas consegui encontrar o nome de Clostermann, que relatou sua participação nas ações do Dia D no livro *O grande circo*, testemunho de suas experiências de combate nos céus da Europa. Clostermann também se tornou o protagonista do meu documentário *Um brasileiro no Dia D*, sua derradeira entrevista antes de falecer, em março de 2006. O maior ás francês da aviação de caça realizou uma missão na tarde de 6 de junho, quando ainda aconteciam as ações de desembarque. A surpresa com o achado de Arthur Scheibel foi geral, e ainda levei algum tempo para tomar conhecimento da incrível história desse "outro brasileiro no Dia D".

Em agosto de 2011, recebi um e-mail de Ivo Kretzer, secretário executivo da seção regional da ANVFEB (Associação Nacional dos Veteranos da Força Expedicionária Brasileira) em Jaraguá do Sul, em Santa Catarina. Não por mera coincidência, Ivo é filho de um expedicionário, o veterano Fridolino Irineu Kretzer, que durante a guerra serviu como estafeta, levando e buscando correspondências entre os quartéis-generais e os postos de comando da FEB, usando um jipe. A intenção de Ivo era me relatar o fato de que outro brasileiro havia participado do Dia D, depois que ele assistiu ao meu documentário sobre Pierre Clostermann. Essa revelação tirou do ás da aviação francês — mas nascido em nosso país — seu status de único "brasileiro" conhecido que participou do Dia D, mas, ao mesmo tempo, fez de Clostermann o único brasileiro a deixar um depoimento sobre sua participação na Operação Overlord.

A saga do "outro brasileiro no Dia D" começa na família Scheibel, descendente de imigrantes alemães, em Corupá, município vizinho de Jaraguá do Sul, em Santa Catarina. De acordo com a versão contada pelos familiares, Arthur deixou a cidade para morar em Florianópolis no início de sua juventude, onde estudou e ingressou na Marinha Mercante. Antes da guerra, servia num navio mercante na costa brasileira que afundou depois de se chocar contra um navio alemão. Os sobreviventes foram salvos por um navio de bandeira americana. Pouco depois, Arthur decidiu migrar para os Estados Unidos, onde naturalizou-se americano, alistou-se na Marinha Mercante e chegou ao posto de segundo-engenheiro, entre 1943 e 1944. Ainda segundo os familiares, Arthur serviu num dos cinco mil barcos que participaram da grande operação do desembarque Aliado na Normandia, que foi alvejado pela artilharia alemã e afundou, vitimando o brasileiro justamente no Dia D, em 6 de junho de 1944.

Passaram-se angustiantes meses sem que os parentes recebessem notícias de Arthur, uma vez que não chegavam mais suas cartas, enviadas com muita frequência. Essa ausência fez com que seu irmão, Bruno Scheibel, se alistasse na FEB, junto aos voluntários de Jaraguá do Sul. Bruno alimentava a ingênua esperança de que, ao chegar na "guerra", encontraria seu irmão, ou ao menos conseguiria notícias sobre seu paradeiro. O tempo passou até o momento em que a FEB chegou à Itália e Bruno entrou em ação no 6º RI, quando foi ferido em combate e chegou a receber sua passagem de volta ao Brasil por conta disso. Bruno preferiu ficar em serviço e continuar lutando, ainda na esperança de encontrar seu irmão. Os relatos dos familiares contam sobre o dia em que Bruno acabou por encontrar alguém. Durante uma ação na qual a FEB aprisionou vários alemães (possivelmente durante a rendição de Fornovo), Bruno estava revistando os prisioneiros quando se deparou com um rosto conhecido. Chegou perto do prisioneiro alemão e constatou: "Eu te conheço, tu és o Georg Keidel! Nós estudamos juntos em Corupá! Eu sou o Bruno Scheibel!" Os dois homens, jovens combatentes de lados opostos, se abraçaram e choraram. O inimigo alemão na guerra era seu amigo dos tempos de paz, saído da mesma cidade de Bruno. O inusitado encontro não compensou seu grande desapontamento em não encontrar o irmão, durante os dias de luta. Apenas na volta ao Brasil, Bruno e seus familiares receberiam a triste notícia, por meio dos órgãos militares americanos, da morte de Arthur. Quanto a Georg, não houve notícia sobre seu paradeiro depois da guerra.

ACHADO SURPREENDENTE

Embora tenha pesquisado nos sites americanos que possuem a listagem de marinheiros mortos em ação, não encontrei nenhum registro que indicasse onde Arthur Scheibel havia sido sepultado. Foi então que o amigo Ivo Kretzer me enviou um achado curioso: o nome de Arthur se encontrava numa lista no sítio eletrônico da Marinha Mercante americana, que indicava os nomes dos que morreram em ação durante a Segunda Guerra. Segundo essa fonte, Arthur servia como segundo-engenheiro no navio *SS Paul Hamilton*, nau da classe Liberty Ship (enormes navios pré-moldados, fabricados em massa durante a guerra). O navio foi atacado por aviões alemães e afundou, em 20 de abril de 1944, na costa da Argélia, no Mediterrâneo. Carregado de munição, o navio explodiu e afundou em trinta segundos, e vitimou os mais de quinhentos homens a bordo. Devido à violência da explosão, apenas um corpo foi encontrado.

Mesmo sendo essa a história documental para o desaparecimento de Athur Scheibel durante a guerra, em nada diminui o dramático acontecimento, e nos deixa a dúvida sobre sua versão definitiva. Inevitável pensar que, enquanto o curitibano de coração Pierre Clostermann sobrevoava as praias da Normandia em seu Spitfire, o marinheiro catarinense Arthur Scheibel era morto em combate naquele 6 de junho de 1944. Ao menos uma das 307 cruzes sem nome no cemitério de Colleville-sur-Mer, na Normandia, podem representar o nome de um brasileiro: Arthur Scheibel.

Outra história pitoresca aconteceu tempos depois, quando recebi um *e-mail* de alguém que se surpreendeu com uma rápida cena do meu documentário na Normandia. Para não alterar seu impacto emocional, transcrevo a mensagem na íntegra:

Caro João Barone,

fiquei surpresa e emocionada com o seu filme Um brasileiro no dia D, *a que assisti no último dia 6 [de junho de 2009]. Foi engraçado, porque o filme estava começando, quando meu ex-marido, Christopher Pattison, que mora na casa ao lado da minha, numa chácara em Vinhedo, SP, entrou em minha casa para pegar emprestada uma garrafa de tônica para seu costumeiro gin & tonic. Como o assunto era a Segunda Grande Guerra, Chris ficou por um tempo, em pé, assistindo ao filme, mas, à medida que ele se tornava mais e mais interessante, ele acabou sentando-se e assistiu a tudo até o fim. Eu ficava me perguntando se iríamos ver John Pattison, meu sogro, em algum momento, já que ele havia participado da solenidade de condecoração dos veteranos. John foi commanding officer do 485th New Zealand Spitfire Squadron.*

E não é que na cena da cerimônia oficial o primeiro e único veterano que você mostrou sendo beijado por Jacques Chirac foi John Pattison!!! Aí não nos contivemos e ficamos gritando o nome do John que nem malucos. Foi muito emocionante!! Na época desse evento, John comentou que preferia ter sido beijado por alguma moça bonita!! Hoje com 92 anos, ele mantém seu bom humor e goza de relativa boa saúde, apesar das sequelas por ter sido atingido em 1944 e ter passado meses se recuperando.

Foi uma coisa muito inesperada ver John no seu filme — do qual, aliás, desculpe a minha ignorância, não sabia da existência. Até mesmo Chris, uma pessoa muito contida, foi imediatamente ligar para seu pai para contar a ele sobre o filme.

No começo deste ano, depois de 65 anos, John teve a oportunidade de voar em um Spitfire sobre a cidade de Wellington, na Nova Zelândia.

Bem, João, achei que você fosse gostar de saber que o filho e o neto de uma pessoa contemplada no seu filme, por coincidência, moravam bem aqui no Brasil. Christopher e Gabriel, meu filho, são tradutores, e eu sou secretária.

Parabéns pela iniciativa e pelo belo resultado do filme, que vamos comprar para Christopher levar em sua próxima viagem à Nova Zelândia.

Desejo muita saúde e sucesso a você.

Um abraço.

Marisa Fonseca
13 de junho de 2009

Em setembro de 2009, recebi outra mensagem de Marisa, dessa vez comunicando o falecimento de *Mr.* Pattison. De todas as respostas que recebi depois da realização desse trabalho, essa foi sem sombra de dúvida a mais tocante.

Posfácio: A lembrança da FEB junto à população italiana

Entre todos os interessados pela história da FEB, existe o sonho comum de visitar os caminhos por onde os brasileiros lutaram na Itália. Os ecos das histórias da Tomada do Monte Castello e da Batalha de Montese causam uma enorme curiosidade sobre como se encontram esses lugares atualmente, a possibilidade de conhecer os campos de batalha onde brasileiros deixaram seu sangue e conseguiram vitórias sobre o lendário inimigo nazifascista. O fato de esses lugares existirem e serem de fácil acesso, onde ainda se encontram nítidas referências da passagem dos brasileiros — tanto nos resquícios materiais da época em que lutaram quanto na memória dos habitantes —, já levou muita gente até as regiões da Toscana e da Emília-Romagna.

A rica região norte da Itália sempre foi privilegiada pela sua proximidade com a Europa Central, suas fronteiras com França, Suíça, Áustria e Eslovênia, antiga parte da Iugoslávia. A região tem a maior concentração de indústrias e comércio da Itália, onde Milão — cidade famosa como polo mundial de moda — é o centro de destaque. Em Modena — uma das cidades por onde a FEB passou — fica a sede da marca de carros esportivos mais conhecida do mundo: a Ferrari. Da mesma forma, em Bolonha, está a fábrica de outra marca lendária de carros esportivos sofisticados: a Maserati. Já em Turim, uma das últimas cidades na rota da FEB, está a fábrica de automóveis mais popular da Itália: a Fiat. Além disso, olhar o mapa da região traz à mente vários nomes de conhecidos pratos da culinária italiana, como o lendário espaguete à bolonhesa, com o tradicional molho italiano *ragù*, feito de carne e molho de tomate, típico da cidade de Bolonha. Mas o forte da região é o renomado queijo parmesão, sem sombra de dúvida o ingrediente mais conhecido e associado ao cardápio italiano. Fechando a rica tradição culinária do norte da Itália, recebe destaque o famoso presunto de Parma, curado a seco, sem ser cozido, razão pela qual é conhecido como *prosciutto crudo* (presunto cru), uma iguaria que tem séculos de tradição. Ao contrário do que pode parecer, o arroz *à piemontese* é um prato inventado no Brasil, sem nada ter a ver com a região do Piemonte, onde fica Turim e a igreja do Santo Sudário, uma das mais intrigantes relíquias da religião católica. Da mesma forma, a mundialmente conhecida pizza não tem nada a ver com Pisa, cidade famosa pela torre inclinada, onde nasceu Galileu. Se fôssemos citar os inúmeros vultos históricos dessas cidades italianas na rota da FEB, como Michelangelo, nascido em Caprese (que também é nome de uma salada de tomate e mozarela!), que fica na comuna de Arezzo, e Leonardo da Vinci — nascido ao lado do maior centro de propagação do Renascimento, Florença —, seria preciso escrever outro livro.

O capítulo sobre a produção vinícola da Toscana também é extenso, com alguns dos melhores expoentes dos vinhos italianos, como os tintos Chianti e Brunello de Montalccino, feitos com a nobre uva *sangiovese*. Os brancos da região são produzidos com base na uva *trebbiano*. A região é realmente forte na tradição culinária e vinícola. Não à toa, durante a guerra, enquanto foi possível, os alemães trataram de roubar para o *Reich* tudo que os italianos dispunham de precioso nessa rica região, desde comida até obras de arte.

Em abril de 2009, um grupo de entusiastas da história da FEB foi criado para realizar um antigo sonho: viajar até os lugares por onde os pracinhas brasileiros lutaram na Itália. Era o Grupo Histórico FEB — 6º Escalão, numa alusão ao fato de o Brasil ter enviado apenas cinco escalões para a Itália durante a guerra. Formado por 25 integrantes, o grupo percorreu os sítios e localidades nos quais ocorreram as ações dos brasileiros em combate, assim como participou das diversas homenagens feitas em honra aos pracinhas, que são até hoje calorosamente lembrados e reverenciados pela população de todos os lugares por onde passaram. Praças, ruas e monumentos receberam nomes e referências aos brasileiros da FEB, considerados na memória local como *"liberatori"* (libertadores) do povo italiano.

O Grupo Histórico FEB saiu do Brasil levando dois jipes originais da Segunda Guerra, embarcados por via aérea, ambos com as marcações do Cruzeiro do Sul, usadas pelas forças brasileiras. Um deles, já "veterano" das areias da Normandia, era o mesmo jipe que eu havia levado para as filmagens realizadas em 2004. Para essa viagem especial, meu jipe recebeu as marcas do 1º RI "Sampaio", unidade onde meu pai serviu durante a guerra. Os jipes do Sampaio tinham o número 310

264   JOÃO BARONE

pintado no para-choque. O segundo jipe foi restaurado por meu amigo Adolfo Paiva, filho de um ex-combatente do 9º Batalhão de Engenharia. Aydo Martins de Souza, pai de Adolfo, batizou seu jipe com o nome de sua então namorada Abigail e o pintou no para-brisa. Abigail veio a ser a mãe de Adolfo, anos depois da guerra. Assim, a "segunda encarnação" de Abigail voltaria a percorrer os caminhos da FEB na Itália. Os jipes do 9º Batalhão tinham o número 610 pintado no para-choque.

Na chegada à Itália, nos deslocamos de Milão até Montese, onde fomos recebidos pelo historiador Giovanni Sulla, reconhecido como um dos maiores conhecedores da história da FEB. Ao longo de oito dias, pudemos percorrer e visitar a maioria dos lugares importantes por onde os brasileiros passaram durante a guerra. Foram vários momentos emocionantes vivenciados pelos participantes do grupo, ao constatar que ali estava a memória viva daqueles episódios dramáticos que nossos soldados protagonizaram. A emoção tomou conta de todos ao longo das homenagens que foram realizadas aos brasileiros, em diversas ocasiões da jornada.

Nosso grupo era formado por gente de várias partes do país, que se conheceu nos clubes de veículos militares antigos criados no Brasil nos últimos anos e se tornou grande apoiadora da manutenção da memória da FEB em suas regiões. Nos moldes dos grupos de *reenactment* (reencenação) e *living history* (história viva) existentes em várias partes do mundo, o Grupo Histórico FEB tem como foco recriar a atmosfera da época da guerra, quando seus integrantes participam de cerimônias e encontros temáticos representando integrantes da FEB, usando fardas e equipamentos da época para uma correta — e realista — caracterização. Uma vez alojados no hotel Belvedere — o mesmo que aparece destruído nas fotos da tomada de Montese —, nosso grupo foi incorporado ao grupo de história viva Fratelli de La Montagna, formado na área de Gaggio Montano por italianos dedicados ao resgate temático da FEB. Juntos, percorremos os vários eventos e cerimônias em honra às forças brasileiras, onde representamos os pracinhas e recriamos com grande destaque um pouco do clima da época da guerra. Diversos veículos militares antigos de colecionadores da região se juntaram ao nosso grupo, que formou um chamativo comboio, como nos tempos da guerra, que se deslocou para os locais dos eventos levando os integrantes. Nessas horas, tivemos uma pequena medida da sensação que tomava os pracinhas, na época recebidos efusivamente pelos habitantes dos lugares por onde passavam.

"Non dimenticare"

Na região da Emília-Romagna, ficam as comunas de Gaggio Montano — onde estão o Monte Castello, Montese e Porretta Terme, todos vizinhos de poucos quilômetros, lugares míticos da participação brasileira na guerra. O cenário atual em nada lembra a paisagem desoladora da época da guerra, com morros carecas e pontuados por inúmeros buracos de bombas. É difícil descrever a beleza das colinas e elevações da região, que formam uma espécie de tobogã gigante. A paisagem é pontuada por casas rústicas, que parecem estar ali por séculos, todas obedecendo a mesma geometria quadrada, com grandes portas e janelas de madeira, paredes de pedra e telhas de cerâmica. Algumas construções da região ainda mostram marcas de bala dos tempos da guerra, como os portões e as janelas das casas, os portais da edificação do cemitério Africco, perto de Torre di Nerone, e a fonte na praça de Montese. A maioria das casas apresenta ligeiras variações da cor ocre, terracota e tons de terra, de acordo com a lei municipal. Ninguém pode pintar as casas de outra cor sem pedir autorização da "comuna" e pagar uma taxa de permissão para usar tonalidades diferentes das permitidas.

Atualmente, a crista dos morros está recoberta de bosques, e as encostas ficam completamente forradas por uma rica vegetação rasteira, chamada de dente-de-leão, que, durante a primavera, toma forma de um gigantesco tapete verde, pontilhado por milhões de pequenas flores amarelas. Aquela onipresente forração verde e amarela parece que brotou ali depois que o sangue dos caboclos da FEB escorreu pela terra, numa homenagem aos brasileiros. Mas isso é a nossa impressão. A impressão dos italianos é outra, baseada na lembrança dos brasileiros que davam comida, remédios, agasalho e água para quem precisasse, ao se depararem com aquela gente desprovida de tudo, arruinada pela guerra. Em matéria de lembrar e valorizar o que a FEB realizou, os italianos dão uma lição aos brasileiros, que mal sabem o que aconteceu durante o conflito. Quase setenta anos depois do final da guerra, não é à toa que, durante as cerimônias e eventos, nos vários discursos proferidos pelas autoridades, a expressão que mais se escutava era *"non dimenticare"*, que significa "não esquecer".

O que chamou a atenção de todos foi a lembrança terna e sentimental que os italianos têm dos brasileiros que lutaram em suas cidades e vilarejos. Onde quer que nosso grupo chegasse, era saudado com entusiasmo e alegria, aos gritos de *"Brazzile! Brazzile!"*, assim que os habitantes reconheciam a insígnia da cobra fumando em nossos uniformes e a bandeira do Brasil em nossos veículos. Giovanni Sulla, morador de Montese, por décadas se dedicou ao estudo do Brasil na Segunda Guerra, saindo em campo para fazer a chamada arqueologia militar. Munido de um detector de metais, encontrou inúmeras relíquias de guerra, que estavam enterradas durante décadas. Nos últimos vinte anos, Giovanni encontrou vários restos mortais de soldados brasileiros e alemães. Ele relatou os inúmeros depoimentos dos italianos que na época da guerra viram as tropas americanas, inglesas e francesas cavarem enormes buracos, onde jogavam e queimavam todas as sobras de seus acampamentos. Descartavam comida, roupas e até remédios, em vez de distribuírem os preciosos restos à população carente. Quando os brasileiros entraram em ação, aos poucos quebraram uma regra que parecia muito rígida entre as outras nacionalidades que lutavam por lá: a de manter distância da população local. Em pouco tempo, os pracinhas construíram a reputação de *buona gente* com os italianos.

Muito além dos casos dos descendentes de italianos que chegaram a encontrar com parentes durante a guerra, os veteranos relataram com muita frequência sobre como se emocionavam ao ver as crianças pedindo comida e os velhos e mulheres sem agasalho no frio, o que inevitavelmente levou muitos deles a entregarem sua própria comida aos necessitados. Em pouco tempo, uma verdadeira rede solidária se criou entre as unidades da FEB e a população dos lugares por onde passavam. Esse foi o grande diferencial dos brasileiros em relação às forças de outros países naquele cenário de luta, brutalidade e destruição. Giovanni contou que, nos lugares por onde a FEB passou, presentear alguém com uma lata de pêssego em calda se tornou um gesto de amizade, uma lembrança dos tempos em que as latas de ração eram distribuídas aos habitantes pelos pracinhas. O mingau que muitas vezes era oferecido pela FEB à população, tornando-se a única refeição quente consumida no dia, virou adjetivo no linguajar regional para qualquer coisa boa.

Todos os anos, no dia 25 de abril, os italianos festejam o grande levante da resistência contra a ocupação alemã, conhecido como Dia da Liberação. E foi durante essa data que o Grupo Histórico FEB presenciou as várias homenagens que a população italiana até hoje presta aos pracinhas brasileiros, termo sempre pronunciado com reverência e emoção. No sopé do Monte Castello, na localidade de Guanela, foi erigido um monumento em homenagem aos brasileiros que tombaram tentando ocupar aquele morro, que hoje parece apenas mais uma das muitas elevações ao redor daquela região. A obra de arte, que nos causou grande impressão, foi idealizado pela renomada artista plástica brasileira Mary Vieira, mineira nascida em 1920, falecida na Basileia, na Suíça, em 2001, onde residiu durante décadas. Ainda em 1994, a artista teve a ideia de homenagear os pracinhas com um monumento erguido na Itália, por ocasião dos cinquenta anos do fim da Segunda Guerra na Europa, que aconteceu em maio de 1995. A obra, batizada de *Monovolume a ritmos abertos*, representaria o ideal de liberdade pelo qual lutaram os brasileiros, na forma de dois grandes arcos de mármore, com imponentes sete metros de altura e 14 de largura, sobrepostos, cada um voltado com sua abertura para cima e para baixo. O fim do processo para liberar a construção ocorreu em 1996, o que impediu que fosse inaugurado em tempo das celebrações. Mary Vieira chegou a lançar a pedra fundamental da obra de construção do monumento, em 1999, mas infelizmente faleceu antes de sua inauguração, em junho de 2001. Pouca gente no Brasil sabe da existência da obra. Um entusiasta médio da Segunda Guerra preferiria ver um monumento que mostrasse estátuas de soldados empunhando seus fuzis, mas existe uma beleza solene que foge das obviedades nessa homenagem de profundo cunho artístico aos brasileiros que ali morreram.

Posteriormente, ali perto, Giovanni Sulla, conhecedor de cada canto e de cada história dos brasileiros em ação naquela área, nos levou até o local onde ocorreu o massacre de Abetaia, no qual 17 pracinhas foram mortos pelas metralhadoras alemãs, durante o ataque do dia 12 de dezembro de 1944. Apenas semanas depois do trágico evento os corpos dos soldados mortos foram encontrados, congelados, com armas engatilhadas e granadas sem pino nas mãos, como testemunho do violento embate.

Subindo até a crista do Monte Castello, o Grupo Histórico FEB preparou uma homenagem, na forma de uma cápsula do tempo: mensagens escritas por veteranos brasileiros foram colocadas num cartucho de obus calibre 105mm, semelhante aos utilizados pela artilharia divisionária da FEB, e então depositado numa urna de mármore, que seria enterrada entre árvores no alto do morro. Pela primeira vez na história militar brasileira, os nomes de todos os mortos no Monte Castello foram lidos pelos presentes. Não foi possível deixar a urna no local, uma vez que ainda não se autorizou erguer um marco em homenagem às ações ali ocorridas. A urna se encontra atualmente exposta no museu da Torre de Montese, aguardando tal iniciativa.

Em Montese, todos os anos, na manhã do dia 25 de abril, ocorre uma parada cívico-religiosa em homenagem aos brasileiros, aos *partigiani* e aos mais de cem mil soldados italianos que morreram na frente russa. A primeira homenagem tem lugar no Largo Brasiliano, onde está o Monumento alla Libertà, idealizado e esculpido pelo artista Ítalo Bortolotti, da comunidade de Fanano. A escultura em alto relevo, com representações de um rosto masculino e um feminino em expressão de dor, foi inaugurado em 1995, por ocasião dos cinquenta anos do fim da guerra. Ao longo da procissão de que participamos, um coral com crianças das escolas locais cantou os hinos nacionais da Itália e do Brasil, além da "Canção do Expedicionário", para a emoção dos presentes. Autoridades municipais e veteranos discursaram e entregaram medalhas, o Grupo Histórico FEB recebendo a medalha Três Heróis Brasileiros. Logo adiante, a procissão se deteve para uma missa em praça pública. Em todas estas passagens, os soldados brasileiros foram relembrados por terem libertado a cidade do domínio nazifascista. Pela primeira vez na cerimônia, nosso grupo leu o nome de cada um dos soldados brasileiros que morreu durante a tomada de Montese.

Ao longo das comunas que ficavam no caminho libertador da FEB, o Grupo Histórico foi recebido em caráter oficial pelas prefeituras locais. Gaggio Montano, Porretta Terme, Collecchio, Fornovo, Stafolli, Livergnano e Parma, em todas essas localidades houve uma sessão solene em homenagem aos pracinhas brasileiros. Nessas ocasiões, nosso grupo entregou uma placa alusiva ao encontro a autoridades da comuna e ao *sindaco*, equivalente a prefeito no Brasil.

O cemitério militar de Pistoia era o único do gênero na história militar brasileira. Ficava na área do quartel-general recuado da FEB, onde funcionavam vários serviços de intendência, saúde e comunicações, num terreno arrendado para sepultar os soldados brasileiros mortos, no final de 1944. Para lá foram removidos os mortos que já haviam sido enterrados em outros cemitérios da região. Depois que foi decidido que os restos mortais dos soldados brasileiros seriam repatriados e incorporados ao mausoléu do Monumento aos Mortos da Segunda Guerra Mundial, no Rio de Janeiro, em 1960, o antigo cemitério militar foi transformado no Monumento Votivo de Pistoia — local de grande beleza, onde se encontra um único soldado desconhecido da FEB, enterrado sob a chama solene, acesa eternamente. O projeto, inaugurado em 1966, ficou a cargo do arquiteto brasileiro Olavo Redig de Campos, que usou elementos reconhecidos na moderna estética arquitetônica da recém-inaugurada capital brasileira, Brasília. Nesse monumento, nosso grupo promoveu outra emocionante homenagem, quando trocamos a Bandeira Nacional existente por uma nova, que trouxemos do Brasil. O administrador do local, Mário Pereira, italiano de nascimento, é filho do pracinha brasileiro Miguel Pereira, que ficou na Itália e se casou com uma italiana. Mário herdou de seu pai a missão de cuidar daquele lugar, com a mesma dedicação que ele mostrou durante décadas. Na pequena cerimônia da qual participamos, Mário nos relatou o orgulho que ele sente em hastear de manhã e recolher de tarde, todos os dias, a bandeira do Brasil que fica no mastro daquele monumento. Depois, plantamos uma árvore, depositamos uma coroa de flores e deixamos uma placa marcando nossa presença, afixada na ala principal. A lembrança da minha visita ao imenso cemitério americano na Normandia me veio à cabeça. Guardadas as devidas proporções, o nosso monumento de Pistoia, erguido em honra aos brasileiros que tombaram na Itália, não deixa nada a dever em termos emocionais, se comparado àquele tão conhecido campo solene dos americanos. Depois da emoção de ver o grande número de lápides que indicavam soldados desconhecidos na Normandia, em Pistoia, o sentimento foi muito mais profundo, ao ler os nomes dos pracinhas brasileiros inscritos nas placas deixadas onde eram os jazigos, dos aviadores do Senta a Pua! abatidos e do sargento Max Wolf. Mesmo sabendo que não aparecem muitos brasileiros nesse local, fica a certeza de que as pessoas que chegam ali demonstram um profundo sentimento de respeito e o reconhecimento de que as vidas desses homens não se perderam em vão.

Em abril de 2012, retornei aos campos de batalha da FEB, repassando em muitos locais que ainda não havia visitado, como o museu de Iolla, pequeno, porém imponente pelo seu acervo. Depois, tomei parte num enorme comboio de veículos militares antigos reunidos de clubes europeus, batizado de Coluna da Libertação, que partiu numa jornada de três dias de Bolonha até o litoral do Adriático. Quem visitar essa região certamente voltará outras vezes, seja para refazer o roteiro da FEB ou para se encantar com as inúmeras atrações turísticas do riquíssimo itinerário histórico italiano.

O TÚMULO DO SOLDADO CONHECIDO

Algumas situações foram criadas com a saída dos restos mortais dos brasileiros em Pistoia. A prefeitura local requereu o terreno de volta, mesmo sabendo que havia a intenção de manter o lugar como monumento em lembrança aos *caduti brasiliani*. Alegavam que não havia mais ninguém enterrado lá. Chegaram mesmo a sugerir que retornassem com ao menos uma das urnas levadas ao Brasil, caso fossem erguer um monumento ao soldado desconhecido. Na época, a ideia foi rechaçada pelo Marechal Mascarenhas. Foi então que surgiu a alternativa de procurar um dos corpos dos brasileiros ainda desaparecidos em combate, para que fosse deixado lá e proporcionasse a condição de mausoléu de guerra ao local. Em 5 de agosto de 1967 o monumento foi inaugurado, com um dos pracinhas ocupando o jazigo do soldado desconhecido. Mas o pracinha não é tão desconhecido assim. Seus restos foram encontrados nos arredores de Montese e identificados como sendo do soldado Fredolino Chimango, que integrava o 3º Batalhão do Onze.

É curioso observar que os terrenos dos vários cemitérios que abrigam os mortos de outras nacionalidades em território italiano foram doados às nações que participaram da guerra. Alguns ocupam áreas muito grandes, como o cemitério alemão em Passo della Futa, perto de Florença, com mais de trinta mil mortos enterrados no local, ou o cemitério polonês em Bolonha, com mais de mil cruzes. O cemitério americano em Florença ocupa setenta acres e tem mais de quatro mil lápides. Mais ao Sul, o cemitério inglês do rio Sangro tem cerca de três mil lápides, e o cemitério em Cassino tem mais de quatro mil, sem contar os existentes em Anzio e na Sicília. Mas, por razões desconhecidas, o pequeno terreno onde está o Monumento Votivo Brasileiro, em Pistoia, até hoje não foi doado ao governo brasileiro. Enquanto os entendimentos diplomáticos entre o governo italiano e o brasileiro não chegarem num termo, o Brasil continuará inaceitavelmente pagando uma tarifa simbólica pelo uso daquela área em Pistoia, onde, sob o eterno fogo solene, encontra-se o soldado brasileiro desconhecido, tão desconhecido quanto os outros mais de 25 mil pracinhas que lutaram na Segunda Guerra Mundial.

No monumento de Livergnano, em homenagem ao primeiro piloto brasileiro morto em ação, o jovem segundo-tenente aviador John Richardson Cordeiro e Silva, abatido pela antiaérea alemã num ataque sobre Bolonha, mais uma vez fizemos uma leitura solene, dessa vez com o nome dos mortos do Senta a Pua!. A emoção tomava conta de todos: olhos marejados e choro embargado eram comuns durante as cerimônias de que participamos. Até a ingênua "Canção do Expedicionário" provocava uma reação muito além da imaginada, fazendo com que todos entoassem a plenos pulmões seus versos aparentemente sem fim, durante cada uma das homenagens.

Emoção é a melhor palavra para descrever a jornada realizada por nosso grupo nos caminhos da FEB. Um de nossos integrantes, Telmo Fortes, profundo conhecedor da história do Brasil na guerra, relatou uma viagem que realizou anteriormente à nossa, pela região onde a FEB lutou. Sem lembrar exatamente o nome da pequena localidade, que poderia ser qualquer uma das que visitamos, Telmo presenciou uma tocante homenagem aos brasileiros, provavelmente uma das muitas que ocorrem por ocasião do celebrado Dia da Liberação. Numa bucólica praça no centro da comunidade, ao entardecer, tocaram os sinos de uma pequena capela. Atrás de uma grande mesa e ao lado de grandes panelas fumegantes, atendentes começaram a servir as pessoas que se alinhavam numa longa e organizada fila, quase como se participassem de um ritual. Curioso, Telmo perguntou a um dos presentes do que se tratava. Então soube que era uma homenagem aos soldados brasileiros, em lembrança às ocasiões em que ofereciam mingau aos habitantes da cidade, que não tinham o que comer naqueles dias difíceis. Essa marca da solidariedade que os brasileiros deixaram vai muito além do que se pode esperar como reminiscências de uma guerra, em que o comum seriam as lembranças da morte, da destruição, dos confrontos com o inimigo, dos atos de heroísmo e bravura. Dentre as centenas de milhares de homens que passaram por entre aquelas localidades, soldados de várias nacionalidades, os brasileiros são lembrados pela população de forma especial, totalmente distinta. Os caboclos brasileiros, os pracinhas da FEB, foram os que deixaram as melhores lembranças.

A História da FEB — uma obra inacabada

Passados mais de setenta anos desde a entrada do Brasil na Segunda Guerra Mundial, o tema até hoje não foi inserido nem recebeu maiores considerações dentro da historiografia nacional, sendo excluído nos currículos escolares do ensino básico e médio, ou raramente lembrado dentro das aulas em abordagens pontuais. Muito se discute sobre as razões pelas quais uma página tão interessante da nossa História fica tão à margem de outros temas do passado recente brasileiro. Alguns alegam razões doutrinárias que ultimamente orientaram os currículos escolares, desde o retorno da democracia, como a principal causa desse esquecimento sobre o Brasil na Segunda Guerra, uma vez que qualquer associação com o militarismo estaria ligada ao período em que o país esteve sob o regime militar. Sob essa ótica, não seria possível considerar de relevância os acontecimentos que levaram o Brasil e os brasileiros a combater na maior guerra da História, em que os militares tiveram um papel preponderante. Se isso realmente for a explicação, todos perdem a oportunidade de conhecer uma narrativa valorosa de nosso povo, pois, acima de qualquer ótica política, foi o brasileiro que mostrou seu valor ao contribuir nos esforços em prol da democracia, igualdade e liberdade no mundo. Perdemos o reconhecimento das lições que podem ser passadas com o sacrifício e empenho de nossa gente numa luta justa e custosa em favor destas que são as maiores riquezas da humanidade.

A valiosa História da Força Expedicionária Brasileira — em cujas fileiras podiam se encontrar um sem número de simpatizantes do comunismo e integrantes do PCB (Partido Comunista Brasileiro) — fica muitas vezes eclipsada por um certo espírito "anti-militar", um sentimento geral muitas vezes explicado pelas lembranças mais instantâneas dos militares brasileiros que estiveram envolvidos com a implantação do regime ditatorial, sendo o primeiro presidente deste período o marechal Castelo Branco — que integrava o Estado-Maior da FEB — a figura mais notória. Outro personagem muito lembrado dessa época é o antigo major Vernon Walters, oficial de ligação entre a FEB e o V Exército americano no *front* italiano, velho amigo de Castelo Branco, que veio ao Brasil como adido militar dos Estados Unidos e articulou o apoio americano ao golpe militar de 1964. Essa lembrança de certos personagens de uma época conturbada do país acabou maculando o significado da luta dos brasileiros contra o nazi-fascismo. De forma enviesada, desmerecer o capítulo da participação brasileira na Segunda Guerra por conta do regime militar no Brasil significa jogar fora um pedaço importante da nossa História, algo que um dos maiores intelectuais da esquerda no país, Jacob Gorender, nunca deixou de enaltecer. Ele foi ex-combatente da FEB e era reconhecido até mesmo pelos militares do regime de 64 como um grande pensador. O legado dos brasileiros que lutaram pela Democracia e Liberdade não pode ser desmerecido de forma equivocada, é uma página de valor do nosso povo.

Depois de anos propagando a memória dos ex-combatentes da FEB, posso afirmar categoricamente que não há quem não se surpreenda ao saber dos rumos que nosso país tomou em consequência da entrada na guerra, nem se emocione ao tomar conhecimento do que nossos pracinhas foram capazes de realizar em campo de batalha. Esforços deveriam ser empenhados para que essa história seja definitivamente incluída nos currículos escolares brasileiros.

A história do Brasil na Segunda Guerra muitas vezes é resumida em generalidades, como a opção político-econômica feita por Vargas e pela resposta depois da agressão sofrida nos torpedeamentos de nossos navios por submarinos do eixo em águas territoriais, mas um resumo deixaria de lado muitas questões importantes que formam um grande mosaico explicativo. As fontes de informações sobre os brasileiros em combate, por exemplo, compõem um vasto manancial ainda pouco explorado. O pouco que se escavou sobre isso já deu uma ideia da capacidade de lutar e superar adversidades não muito associada à índole do brasileiro comum. Nos anos seguintes ao fim do conflito, houve uma grande discussão sobre as lições e o legado de nossa participação na guerra. Constataram-se esforços em perpetuar esta história através dos canais oficiais, livros lançados por militares que participaram da campanha, pelos próprios pracinhas, correspondentes de guerra, políticos eminentes e os relatos diretos dos ex-combatentes. Tudo isso acabou construindo um rico caleidoscópio mesclado de muitos fatos e pelas mais variadas visões pessoais sobre os acontecimentos, o que ajudou a criar certa mitologia sobre os brasileiros no conflito. Muitas destas versões já foram citadas e desmistificadas ao longo desta obra, mas é comum nos depararmos com os mitos ainda existentes, ou alguma nova discussão sobre a validade do país entrar em guerra e realizar a campanha da FEB.

Na medida em que historiadores, pesquisadores sérios e professores tentam propagar as versões mais corretas desta história, ainda assim persistem os fatos mais fantasiosos que surgiram sobre o tema, muitas vezes embasados num relato oral feito pelos próprios ex-combatentes, como os que afirmam categoricamente que o jornal e o feno usados dentro das galochas de neve pelos pracinhas, para esquentar os pés dentro das botas durante o rigoroso inverno italiano, era a regra para evitar o temido pé-de-trincheira (congelamento dos dedos dos pés, que levava até mesmo à amputação) e como esse "jeitinho brasileiro" surpreendeu os médicos americanos. É uma pena desmentir essa história proferida de forma tão eloquente por tantos veteranos, ao se constatar que não houve nenhuma diferença nos casos de pé-de-trincheira entre os prontuários médicos americanos e os da FEB. Da mesma forma, causa espanto quando um náufrago da Marinha Mercante diz ser testemunha ocular de que submarinos americanos afundaram navios brasileiros no Caribe, mais um eco das intrigas políticas da época, que culpavam os americanos por nossa entrada na guerra. E ainda é comum o pensamento de que os americanos exigiram o envio de tropas brasileiras para lutar, como compensação aos acordos financeiros. Quase ninguém sabe que a conta da saga brasileira na Segunda Guerra, cada bala, fuzil, metralhadora, canhão, veículos, aviões, navios, uniformes, latas de comida, gaze, remédios, sulfa, gasolina, tudo enfim, custou cerca de 21 bilhões de Cruzeiros (cerca de 7 bilhões de Reais no câmbio atual) aos cofres públicos, pagos aos bancos americanos em 12 anos.

Ainda existem muitos documentos e prontuários das ações de cada uma das nossas armas, a Divisão de Infantaria, o Grupo de Aviação de Caça, a nossa Marinha, com minuciosas informações desde sua criação, treino e entrada em combate. Mesmo nos inúmeros documentos do Arquivo Nacional Americano (NARA), certamente haverá muito o que se descobrir sobre as ações em conjunto com o V Exército. As pastas sobre os acordos de empréstimo e comodato ("Lend-Lease") podem oferecer muitos detalhes sobre como o Brasil efetivamente cerrou fileiras com os Estados Unidos. É possível que, neste exato momento, algum dedicado pesquisador esteja vasculhando estas fontes primárias de informação para trazer ainda mais fatos sobre os brasileiros em combate. No Arquivo Histórico do Exército Brasileiro existe um extenso registro oral de histórias narradas por ex-combatentes, realizado no fim dos anos 1990, quando ainda muitos oficiais, sargentos e vários pracinhas estavam em condições de reportar suas experiências de guerra.

Durante o encontro nacional dos ex-combatentes da FEB ocorrido no Rio de Janeiro em novembro de 2014, todos os presentes ao evento tiveram uma inevitável constatação: passado o período de um ano, o número de ex-combatentes participantes se reduziu a apenas 19 pracinhas. Parentes, amigos e entusiastas do tema ajudaram a aumentar modestamente as presenças neste tradicional encontro. Uma estimativa atualizada indica cerca de 400/500 pracinhas ainda vivos ao fim da segunda década do século XXI, em sua maioria, impossibilitados de comparecer aos eventos alusivos à FEB. Vindos de Jaboticabal, os sempre animados Vitor Santos e Ana Nogueira Mestre, conhecidos no meio dos entusiastas da FEB, mobilizaram-se para trazer o ex-combatente José Marino, que foi cabo da FEB, morador de Araraquara. Seu Marino, na época com 94 anos, demonstrou ter uma memória vivaz. Esteve no Rio anteriormente apenas para embarcar e voltar da guerra. Serviu no 6º RI, o primeiro a chegar e entrar em ação na Itália. Seus relatos dos tempos de serviço, sempre muito focados e precisos, com nomes de pessoas e lugares, oferecem uma noção real do que era a guerra, onde morrer e viver parecia mera questão de sorte, estar no lugar certo — ou no errado — durante os combates. Nestas narrativas, não faltam descrições de soldados que morreram de forma violenta em combate, por tiros de metralhadoras ou mesmo despedaçados por explosões de morteiros. Foi o caso de seu amigo do mesmo grupo de combate, cabo Weber, que estava ao seu lado quando operavam uma peça de morteiro, durante uma ação na localidade de Barga. Durante este episódio, contou como escapou da morte ao sair por um instante de sua posição. Depois de uma explosão, ele se deu conta de estar vivo e "num pedaço só", mas seu amigo fora despedaçado pela ogiva inimiga. Marino recebeu ordens de seu tenente para mudar imediatamente o ponto de tiro para outro local, momento em que ele teve que limpar a peça de artilharia do sangue e dos pedaços do amigo cabo Weber e assim cumprir as ordens recebidas de seu superior. Seu Marino contou como estava entregue à própria sorte, na ocasião em que foi ferido na perna. Levado ao hospital de campanha, ficou largado no chão por excruciantes horas, sem ser atendido. Mais uma vez, a sorte lhe sorriu, quando foi removido para um hospital de retaguarda americano, onde foi tratado com a maior atenção pela equipe de médicos e enfermeiras, quando se comunicavam através de gestos. "Até comida na boca as enfermeiras me deram", reportou. Com a melhora dos ferimentos na perna, ficou em condições de voltar ao seu pelotão, tomando parte em várias das ações importantes da FEB, Monte Castello, tomada do Soprassasso, Torre di Neroni, Montese, mas guarda até hoje sequelas do ferimento. Não foi de graça que recebeu a medalha Sangue do Brasil, aquela entregue apenas aos que foram feridos em combate. Pude acompanhar a grande emoção do Seu Marino ao visitar pela primeira vez o mausoléu onde estão os restos mortais dos combatentes da FEB. "Era para eu estar aqui também, tive foi muita sorte de não ter caído junto com estes que estão aqui hoje", comentou com a voz firme.

Mais adiante, um forte momento de emoção estava reservado: o produtor do documentário *Lapa Azul*, Durval Junior, estava acompanhando Seu Marino e filmando relatos para mais um trabalho sobre os brasileiros em combate. Das muitas histórias reportadas, a perda do cabo Weber se destacou, ainda mais no instante em que Seu Marino foi levado até a lápide onde se encontrava seu companheiro de combate, separados depois de 70 anos. Os que presenciaram este instante puderam sentir a emoção no ar. Afinal, são poucos os ex-combatentes que visitam aquele mausoléu e que ainda são capazes de reconhecer os nomes de amigos tombados em combate. Dentro em breve, não haverá mais nenhum. Caberá a nós, conhecedores da saga da FEB, manter suas histórias vivas para as futuras gerações.

Mais simbologia

A falta de documentos oficiais sobre alguns fatos relativos à iconografia da FEB ainda hoje é motivo de dúvidas e questionamentos, dos quais as versões mais ingênuas, fantasiosas e de fácil elaboração ainda prevalecem. O debate sobre a versão mais historicamente correta da criação do termo "a cobra fumou" ganhou um relato apresentado no blog World War II — Histórias Esquecidas da Segunda Guerra Mundial, que era mantido pelo pesquisador Ricardo Lavecchia. Trata-se da história contada pelo ex-combatente do 6º RI, na época, sargento Newton La Scaleia. De acordo com este integrante da FEB, antes de seguir para o centro de treinamento em Caçapava, todos os alistados — que começavam a chegar em grandes levas na capital paulista — passaram um período no quartel do Parque D. Pedro II, nesta capital. As horas de dispensa dos alistados eram gastas nos arredores da Praça da Sé e da República, onde muitos vendedores ambulantes, mais conhecidos como camelôs, ocupavam as calçadas das praças e ruas com suas malas repletas de cacarecos e produtos dos mais diversos, que eram anunciados e vendidos aos transeuntes. Havia um certo camelô que usava um artifício para atrair mais a atenção dos compradores: retirava de sua mala uma enorme cobra sucuri (ou talvez jiboia) e exibia o chamativo animal com um cigarro curiosamente colocado em sua boca. Enquanto fazia a pregação de seus produtos e ofertas, o articulado comerciante fingia a todo momento que acenderia o cigarro na boca do animal, usando um isqueiro aceso. Entretanto, ao invés de acendê-lo, o performático vendedor criava um suspense sem fim, anunciando aos curiosos transeuntes: "daqui a pouco, a cobra vai fumar". A performance do camelô de fato chamava muito a atenção de todos e acabou ficando na memória de muitos dos alistados em São Paulo. Enquanto isso, as levas de futuros pracinhas iam chegando ao quartel, todos de malas na mão, lembrando os camelôs da Praça da Sé. Foi então que os alistados que já se encontravam sob treinamento resolveram aprontar com os recém-chegados e gritavam para os calouros com suas malas: "Olha a cobra! A cobra vai fumar!". Alguns se assustavam, outros não entendiam direito aquele alarde. A brincadeira ficou instituída no quartel, e sempre que os novatos chegavam com suas malas, os já alistados tratavam de aplicar-lhes as "boas vindas".

Quem inventou que a cobra fumou? Você escolhe

A semelhança entre os novos alistados e suas malas com o camelô da Praça da Sé trouxe a expressão "a cobra vai fumar" para dentro do quartel, já naquele momento inicial da formação da FEB. O ex-sargento Newton relatou a primeira vez que a expressão foi usada como um termo da caserna. Aconteceu que muitos soldados de licença se recusavam a voltar de suas andanças pela zona do meretrício da capital, depois do horário estipulado das dez da noite. Estes mais teimosos acabavam presos pela patrulha militar, criada especificamente para este serviço. Quem era escalado para realizar esta ronda comentava, de véspera: "amanhã à noite, a cobra vai fumar".

Depois de tomar conhecimento desta curiosa versão da cobra fumando, soube que o ex-sargento Newton La Scaleia — sempre muito ativo na associação de veteranos da capital paulista — escreveu um verdadeiro tratado sobre as origens deste termo, o qual tentou popularizar junto aos interessados na história da FEB, uma vez que ele nunca aceitou as versões mais facilmente apregoadas, todas sem nenhuma fonte documental, como a tal afirmação sem dono de que "seria mais fácil uma cobra fumar que o Brasil enviar tropas para a guerra", ou a "poética" visão do trem que trazia os alistados de Minas Gerais para o embarque no Rio de Janeiro, serpenteando pela ferrovia e soltando fumaça, "tal qual uma cobra fumando". Aparentemente, a versão atestada pelo ex-combatente Newton La Scaleia constitui a explicação mais coerente para o termo que deu origem ao símbolo dos brasileiros em combate.

Guarda-roupa, adereços e alegorias

Ainda sobre a simbologia da FEB, existe a comprovação documental de que os pracinhas queriam um emblema mais vistoso para ser usado em seus uniformes no lugar do simplório escudo verde em forma de coração escrito Brasil, principalmente depois que viram os distintivos bordados com os símbolos das unidades que os americanos usavam nos seus uniformes. Foi então que, em 17 de outubro de 1944, enquanto os brasileiros já estavam em combate, foi emitido um ofício com a criação do "patch" (emblema bordado) representando a FEB, que consistia no conhecido escudo octagonal com o desenho inscrito da cobra fumando um cachimbo, cujas proporções e cores estavam determinadas no desenho executado pelo tenente-coronel Sena Campos, como descrito no livro de memórias do marechal Mascarenhas:

"Quando de sua visita à linha de frente, o General Dutra, observando que as divisões americanas usavam um distintivo de braço que as diferençava, sugeriu que a tropa brasileira também adotasse aquele sistema. Surgiu, assim, a ideia de se representar em desenho a frase 'A cobra está fumando', motivo originário da tropa, já conhecido na gíria militar. Incumbi, então, o Tenente-coronel Aguinaldo José Sena Campos, chefe da 4ª Seção do Estado-Maior da 1ª Divisão de Infantaria Expedicionária, de traduzi-la em desenho sob a forma de distintivo. Aprovado por mim o projeto, foi ele apresentado ao General Mark Clark, comandante do V Exército, também interessado em que a tropa brasileira tivesse seu distintivo, tendo-o julgado bem escolhido, por já ser de seu conhecimento a expressão popular brasileira, que dessa forma se incorporava indelevelmente à vida da FEB. Posteriormente, o ministro da Guerra confirmou esse meu ato."

Os soldados "pé-de-chão" da FEB ganhavam seu distintivo, assim como os eminentes aviadores do Senta-a-pua!, que também desenharam e usaram a sua "bolacha" do avestruz. O aspecto curioso desta história é que o Exército não mandou confeccionar o distintivo da FEB, algo que demandava muito trabalho e se tornava impossível de realizar para suprir a demanda das tropas brasileiras. Simplesmente não havia máquinas nem mão de obra disponível para a tarefa. Alguns poucos exemplares do emblema da cobra fumando foram encomendados em alfaiates italianos, cuidadosamente costurados à mão e depois entregues especialmente para alguns dos comandantes e oficiais superiores da FEB. Nas fotos de época, é fácil notar que a grande maioria dos soldados da FEB não usava o distintivo da cobra em seus uniformes de combate, fossem as jaquetas M-41 ou 43 americanas, ou mesmo a casaca de fabricação nacional. Mas usar o distintivo passou a ser almejado por todos os pracinhas. A maneira encontrada foi encomendá-lo aos alfaiates e costureiras locais (muitas vezes em troca de um maço de cigarro ou barra de chocolate), que bordavam o escudo da melhor maneira possível, quase que artesanalmente, apenas baseados num desenho feito pelos soldados. Isso explica a infinita variedade nos acabamentos, que, apesar das regras de cor e tamanho, eram totalmente diferentes um do outro. A maioria dos soldados acabou usando o distintivo da FEB apenas na japona ou no uniforme de passeio, que era parecido com a jaqueta modelo "Ike" americana, costurado no ombro esquerdo. Muitos colocavam o escudo do V Exército americano (conseguido com algum "gringo" ou também feito sob encomenda) no ombro direito.

As muitas formas de um uniforme

E por falar em uniforme, eis aí mais um tema muito complexo: o tipo de fardamento que a FEB usou em campanha. Sabemos que o uniforme brasileiro era muito parecido com o clássico modelo francês dos anos 20, uma túnica de cintura alta com longo abotoamento frontal. Estas fardas tinham alguma semelhança, na cor verde-acinzentado do tecido, com a tonalidade do uniforme alemão, apesar de diferenças mais evidentes. O uniforme de retaguarda brasileiro era simples, quase um pijama de brim. A farda de combate tinha a camisa feita de um brim verde-acinzentado grosso e uma calça de lã grossa marrom-esverdeada, com dois bolsos quadrados frontais, logo abaixo da cintura. Japonas grossas feitas de mescla de algodão e lã de fabricação nacional foram distribuídas aos soldados, mas a quantidade era menor que a necessária. A botina ou borzeguim nacional era preto, de cano baixo, sola de couro, com seis ilhoses, cadarço preto. Era conhecida por sua baixa durabilidade. Não foi à toa que o material americano precisou ser distribuído para nossas tropas, uma vez que, além da baixa qualidade do fardamento brasileiro, não havia material suficiente para atender a demanda da FEB. Daí que muitos soldados acabaram usando as jaquetas M-41, M-43, camisas e calças de lã, casacões e sobretudos para neve, macacões de tanquista, ceroulas e outras roupas de baixo, luvas, capotes, gorros e as botas de fivela dupla e galochas de neve americanos. Fica bastante evidente nas fotos de época que os pracinhas quase nunca apareciam com uma farda igual à outra; havia uma total mistura de material nacional e americano, inclusive, com alguns utensílios de lona, como bornal, coldres, cintos e demais acessórios de fabricação brasileira, usados juntamente com os de fabricação americana. Parecia que o termo "uniforme" ganhava um outro sentido. Uniformizar a tropa significaria ver todos com o mesmo fardamento. No caso da FEB, cada soldado parecia ter seu "uniforme" individualizado.

Mais um exemplo do atraso crônico nas ações corriqueiras que aconteciam durante as operações da FEB na Itália: foi apenas quando a guerra acabou que os órgãos oficiais mandaram fabricar e distribuir uma quantidade — que se constatou insuficiente — de distintivos da cobra fumando, feitas numa placa de metal, com o desenho impresso em tinta colorida, com quatro furos nas extremidades para permitir que fossem costuradas no ombro da farda. Atualmente, dos diversos itens que despertam interesse dos colecionadores de militaria, um distintivo da FEB original é possivelmente o mais cobiçado, apenas um pequeno pedaço de pano, muitas vezes desbotado, desgastado pelo tempo, furado de traças, mas ainda assim de valor inestimável.

Ministro mandou e a Canção do Expedicionário mudou

Quando se achava que nada mais poderia ser dito sobre a notória Canção do Expedicionário, eis que mais alguns fatos pitorescos ainda surgem à baila. Enquanto a versão do tema do maestro Spartaco Rossi e letra de Guilherme de Almeida para os nossos pracinhas foi gravada pelo grande ídolo das rádios Francisco Alves, em outubro de 1944, uma outra canção foi vencedora de um concurso realizado também pela mesma emissora de São Paulo, a rádio Tupy, em sua filial no Rio de Janeiro, capital federal. Talvez por mera imposição do próprio ministro da guerra, general Eurico Dutra, se explique a tentativa de emplacar esta outra música como hino oficial da FEB. Quem cantou no disco da gravadora Continental foi o desconhecido Manoel Reis, mas a versão gravada por Francisco Alves já havia caído no gosto popular, lançada em outubro de 44, enquanto o decreto impositivo do general Dutra só foi emitido no começo de 45.

No aviso nº 520, de 28 de Fevereiro de 1945, o Ministério da Guerra anunciava: "Fica adotada no Exército a Canção do Expedicionário" de autoria de Alda Caminha (Música) e Luiz Peixoto (Letra)":

ESTROFE I

Enquanto pelos campos

de Batalha

Altiva tremular nossa

bandeira

Com fé eu lutarei, a vida

arriscarei,

E o inimigo sem temor

esmagarei

ESTROFE II

No instante decisivo da

Arrancada

Em ti só pensarei Pátria

adorada

Por céu e terra e mar há

de o meu braço varonil

Honrar-te ó meu Brasil

ESTROFE III

E no dia em que eu

voltar

Hão de os pássaros

cantar

E surgirá do sol estranha

claridade

E entre salvas de

canhões

Pulsarão mil corações

Porque trarei comigo a

Paz e Liberdade.

Mesmo sendo mais curta e enaltecendo os pracinhas à luta, esta versão do hino não emplacou, vendendo alguns poucos discos e caindo no esquecimento.

A VERSÃO POLITICAMENTE INCORRETA DA CANÇÃO DO EXPEDICIONÁRIO

Provando que o brasileiro sempre foi bom de satirizar as instituições, houve o caso da versão proibida da Canção do Expedicionário, de autoria anônima, que foi vagamente conhecida entre as fileiras da FEB e menos ainda entre a população. Alguns relatos afirmam que os eventuais cidadãos descuidados que foram pegos pelos agentes do famigerado DIP (Departamento de Imprensa e Propaganda) da ditadura Vargas, quando flagrados entoando esta versão difamatória, sentiram a mão pesada da repressão ainda vigente. A letra proibida conseguia ser ainda maior que a original, usando regionalismos, expressões de época e gírias que hoje são quase incompreensíveis para a maioria de quem a ler:

CANÇÃO PROSCRITA DO EXPEDICIONÁRIO (AUTOR DESCONHECIDO)

Você sabe de onde eu venho?
Venho da roça, do engenho,
Dos pastos, dos seringais,
Venho da terra da maninha,
Da terra que não é minha
Como não foi de meus pais.

Venho lá do alto do moro,
Venho do meio do mato,
Venho da beira do rio,
Venho da praia do mar,

Das febres, do carrapato,
De uma vida de cachorro
Venho da chuva, do frio,
Sem casa pra morar.

Eu venho das grupiaras,
Do calorão das coivaras,
Da friagem dos garimpos,
Meus pés não estão mui limpos

Que andei sobre tejucais,
Que caminhei noite e dia
Na areia, nos cipoais.
Que corri muitas estradas,

Que catrepei num gravatá,
Que andei levando topadas

1942

Nas ladeiras da Bahia,
Nas ruas de Sabará.

Venho de Ilhéus, da Laguna,
Das margens do Paraunas,
Das fazendas de café,
Comi bem de manhãzinha,

Rapadura com farinha
E andei dez léguas a pé.
Venho de longa viagem,
Vim da estação de Triagem

Vim da Rua do Bonfim,
Engoli a gororoba,
Bebi por cima a cachaça,
Vim no "Maria Fumaça",

Tomei o bonde taioba
Depois do almoço no China.
Vim do Mangue, das restingas,
Das espinhentas caatingas,

Do cume do Bom Conselho.
Venho de perto do inferno,
Venho do serviço interno
Da mina do morro Velho,

Onde trabalho a porfia,
Tirando ouro pro inglês,
A três desastres por dia,
Duzentos mil réis ao mês.

Vim do Rio de Janeiro,
De uma pensão familiar,

Do calor de fevereiro,
Capaz de fundir estanho,
Sem água pra tomar banho,
Nem camisa pra trocar.

Vim já nem sei mesmo de onde
Tanto lugar que nem sei,
Venho do estribo do bonde,
Do guarda-noite solene,
Na fila do querosene,
Que leite nunca comprei.

Venho das noites de Cana,
Das mãos de um tira bacana,
Dos dez mil do carceragem;
Dos "truques" da malandragem,

Da borracha do agrião.
Venho do xadrez molhado,
Dos berros do delegado,
Dos gritos do prontidão.

Vim do "truque" do boteco,
Do samba, do reco-reco,
Venho da forja e do malho,
Vim da farra e do trabalho,

Do quartel e da prisão,
Vim da oficina e da "zona"
Tive até de pedir carona,
Porque não deu o pavão.

Eu donde venho não minto:
Sou da plebe, sou da arraia,

1942

Venho do Pindura Saia,
Venho do Morro do Pinto,

Venho das farras baratas,
Do cordão das gafieiras,
Vim dos braços das mulatas,
Das crioulas bagageiras.

Venho do Brasil inteiro:
Sou jeca, sou jornalista,
Alfaiate, ascensorista,
Sou bacharel sem dinheiro,

Estudante sem vintém,
Já tive uma padaria,
Não sou pouca porcaria,
Sou chefe: chefe de trem.

Venho do Brasil inteiro.
Sou capiau, sou vaqueiro,
Venho do cabo da enxada,
Dos chacos do Corumbá,

Da maleita, da geada,
E da seca do Ceará.
Mas não venho dos cassinos
Onde os rapazes granfinos
Têm fortunas pra gastar.

Não venho da Quitandinha
Onde a classe igual a minha
Não tem direito de entrar.
Vim do Bangu, do Santana

Do Braz, da Aldeia Campista,
Vim a pé, não vim num "jeep",

Não vim de Copacabana
Nem da Avenida Paulista,

Não vim do D.A.S.P ou do D.I.P.
Não vim pra Quinta Avenida,
Não vim da Coordenação.
Não vim de empregos polpudos,

Vim pra ariscar minha vida,
Vim pra brigar com alemão.
Não venho da "Pátria Amada",
Não venho do "Céu de Anil",

Vim do sertão, da queimada,
Do verdadeiro Brasil.
Vim dos brejos e dos rios.
De cercanias agrestes
Eu venho do casarão
De horrores, misérias, pestes
Que é a casa de Correção.
Venho de dores ingentes,

Seguindo um caminho longo,
Buscando melhores dias.
Sou da Arraia, sou da plebe,
Sou neto de Cunhambebe,

Sou neto de Tiradentes,
Sou neto de Manoel Congo
Não sou neto de Caxias.
É melhor que eu não reclame.
Que acabam por me chamar
De "Quinta-Coluna" infame
Se por acaso eu voltar.

1942

Mesmo pouco conhecida, esta versão proscrita da Canção do Expedicionário traz uma visão muito interessante do Brasil daquela época. Atualmente, passados 70 anos, parece que as velhas mazelas nacionais continuam presentes, como os privilégios dos abastados, os preconceitos sociais e a insatisfação com os rumos da nação. A letra ficou guardada por muito tempo e foi disponibilizada pelo ex-combatente Geraldo Campos Taitson, diretor de cultura da ANVFEB, seção Belo Horizonte.

ACHADOS E SURPRESAS SOBRE A FEB

Algumas descobertas sobre a FEB podem acontecer de surpresa. Foi assim quando o caderno de literatura do jornal *O Globo* me convidou para resenhar o excelente livro *Mina R*, escrito pelo ex-combatente paulista Roberto de Mello e Souza, que depois da guerra se tornou homem de negócios e escritor de certo sucesso. A primeira edição desse livro saiu em 1973, sendo relançado no final de 2013 por uma nova editora. A terrível mina R (R de "rieguel": ferrolho, em alemão) era tão perigosa que os sapadores — soldados especializados em limpar campos minados — eram alertados para explodi-las e nunca tentar desativá-las. A história real do cabo Roberto conta de sua obsessão em desarmar o mortífero artefato. Era um dos poucos livros sobre a FEB em que eu não havia passado os olhos. Fui atrás de informações e achei uma entrevista que o jornalista-escritor Ricardo Bonalume realizou com o autor para um jornal, em 1995. A leitura de *Mina R* foi não menos que surpreendente, pois trata-se de um livro que mesmo hoje em dia segue atual e revelador sobre como é tomar parte numa guerra, ainda mais sob o ponto de vista de um pracinha da FEB. Saber que seu autor faleceu em 2007 me causou uma estranha tristeza por não ter conseguido bater um papo com alguém tão inteligente e conhecedor dos assuntos da guerra, como ficou claro em seu livro. Sua obra deixou uma visão muito interessante sobre como os brasileiros foram capazes de dar conta de uma missão tão exigente como a que foi dada à FEB. Meu texto para o jornal ficou assim:

> *O ser humano deveria se ocupar com ações nobres e pensamentos elevados ao longo de sua vida. Vida é aquilo que os filósofos convencionaram chamar do breve espaço de tempo entre o nascer e morrer. Mas a Humanidade desenvolveu um roteiro muitas vezes bizarro, cheio de surpresas e entrelinhas, que os homens protagonizam no decorrer da busca por essa elevação. Nesse processo, ele não conseguiu se afastar do ato mais primitivo que o acompanha desde o momento em que se reuniu em grupos e sociedades: a guerra. Frente a essa inevitável condição de matar e morrer, o homem passou a encará-la não como algo primitivo, mas sim como parte inerente de seu papel enquanto humano. Isso por muitas*

vezes serviu de salvaguarda para os atos mais cruéis, violentos e sanguinários cometidos por um grupo de homens sobre outro, até o ponto em que a guerra foi elevada à categoria de arte e as nações passaram a ter sua importância medida pelo tamanho e poder de seus exércitos. A História está permeada de momentos em que a guerra simboliza tão somente a regra mais primitiva que rege a vida sobre o planeta: o domínio do forte sobre o fraco. Mas outras tantas lições foram aprendidas através da guerra, como a de que ela pode ser vencida usando a inteligência e melhor preparo do que apenas pela força bruta, o que em teoria difere o homem das bestas- -feras. Para impor esta condição, muitas vezes os homens não medem esforços para convencer seus semelhantes de que a guerra é parte da natureza humana e não um estado de exceção. Mas em que outra circunstância da vida é aceitável um homem ser premiado — condecorado — por matar outro homem, quando o normal seria julgá-lo e condená-lo? Este é apenas um dos muitos dilemas que envolvem o tema. Na guerra, apesar de suas regras estabelecidas, vale tudo. Até mesmo o mandamento fundamental de todas as religiões — não matarás — cai por terra.

A experiência de guerra é um excelente laboratório da condição humana, onde os gestos mais nobres e os atos mais covardes tomam forma. No Brasil, vivemos sob a falsa impressão de que somos um "povo pacífico", amante da paz, uma fachada para dissimular o quanto fomos capazes de conviver e aceitar a imposição da força e o jugo dos fortes sobre os fracos. Na verdade, mostrar os episódios onde estivemos em guerra serviria muito para nos fazer evitar repetir erros agora e no futuro, além de valorizar o sacrifício empenhando por muitos nos momentos em que lutamos por uma boa causa. Mas essas lições se perdem, já que a nossa história oficial parece apagar as incômodas marcas de sangue e pólvora queimada impressas em nosso passado. Assim, para todos os efeitos, o brasileiro é um pacífico, nunca precisou lutar, alguém alguma hora apareceu e fez o que tinha que ser feito.

Sob um olhar mais atento, os conflitos pela via das armas da nossa história, como a expulsão dos franceses, dos holandeses, a chacina dos índios pelos colonizadores, a Guerra do Paraguai, Palmares, Canudos, a Revolução Paulista, a guerrilha do Araguaia e algumas outras insurgências internas, já serviram de pano de fundo ou foram muito bem retratados em nossa literatura. No passado recente, a participação pequena porém preciosa dos brasileiros na Segunda Guerra Mundial pareceu escapar de maiores atenções da nossa literatura, especialmente na ficção e dramaturgia. A maioria dos livros sobre o Brasil na guerra fica na órbita do pragmatismo dos militares, mostrando o ponto de vista mais técnico deste acontecimento. Uma outra parcela mostra crônicas de mestres como Joel Silveira e Rubem Braga, além de outros relatos em primeira pessoa

1942   289

de ex-combatentes. Mas, em matéria de dramaturgia, poucos são os livros que abordam a vivência e se aproveitam da experiência do brasileiro durante o conflito, com raríssimas exceções, como o excelente Guerra em surdina, *do ex-combatente Boris Schnaiderman e o relançamento de* Mina R, *de Roberto de Mello e Souza.*

Não foi à toa que Schnaiderman escreveu a orelha para o livro de Roberto, já que seu ex-companheiro foi e voltou de uma guerra de verdade. Sabia o quanto é importante deixar esse relato para a posteridade. Em Mina R, *a guerra é mostrada em todo seu escopo, sua realidade cruel e muitas vezes engraçada, como a tragédia que está sempre tão perto da comédia, desde os tempos da Grécia Antiga — onde inclusive se fazia muita guerra. É um livro que continua atual, mesmo tendo sua primeira edição lançada em 1973, que reporta o que ia na cabeça de jovens de vinte e poucos anos tendo que pegar em armas para resolver os problemas que não eram deles. Nestes tempos de jovens empunhando armas nas fileiras do tráfico, a analogia é bem oportuna. Mas, naqueles tempos, "tomar o morro do alemão" tinha um significado mais literal. A narrativa é intensa, muitas vezes frenética, em que o autor metralha as descrições dos momentos de loucura que a guerra oferece, digno das melhores HQs atuais, parecendo até mesmo com um cenário realista dos melhores videogames de guerra recém-lançados.*

As descrições de momentos e lugares idílicos também ajuda a compor o quadro de como a guerra pode ficar congelada no breve momento em que um soldado cruza olhares com uma mulher. Nem tudo era apenas desculpa para pilhar e estuprar. O grande trunfo de Mina R *é que, mesmo como ótimo exercício de dramaturgia, é tudo muito convincente e real. O autor consegue transportar o leitor para o campo de batalha sem usar uma linguagem formal. Atualmente, nos videogames, ainda não arranjaram uma forma de incluir o cheiro da pólvora queimada ou o "cheiro doce" de quem morre sangrando ou dilacerado pelos tiros e bombas que o autor relata, ora com espanto, ora com frieza. Mas em* Mina R *é possível sentir esses aromas. Outro mérito da narrativa é acompanhar os esforços do protagonista em não perder a humanidade dentro daquela selvageria, quando procura se distanciar do papel de guerreiro-algoz, uma vez que sua nobre missão alegadamente é a de salvar vidas ao desarmar as terríveis minas terrestres plantadas pelos inimigos, dentre elas, a mortífera mina R — teoricamente impossível de ser desarmada. Mas logo ele se depara com a inevitável realidade da guerra, que nivela todos os seus participantes por baixo. A nobre missão de desarmar minas não o faz diferente de ninguém ao seu redor. Em combate, sob fogo, afloram alguns dos sentimentos mais extremos da alma humana. Quem viveu, sabe.*

(publicado no caderno Prosa e Verso, *O Globo, 28/9/13)*

Certo dia, minha irmã resolveu me entregar alguns objetos que descobriu em meio aos pertences que havia guardado de nosso pai, pois sabia o quanto eu gostaria de tê-los em mãos: nada menos que o distintivo da cobra fumando que ele usava em seu uniforme e a segunda plaqueta de identificação que acreditávamos estar perdida para sempre. O escudo da FEB está em ótima condição, sendo que é um belo exemplar dos muitos que os pracinhas mandaram confeccionar artesanalmente entre as costureiras e alfaiates das cidadezinhas por onde passavam. Quantas das histórias não contadas pelo meu velho estão contidas nestes pequenos e valiosos objetos...

Um comboio histórico pela memória da FEB

Marcando os setenta anos do embarque da FEB para a Itália, houve uma grande mobilização dos entusiastas pelo tema, que se reuniram para um feito inédito: formar um comboio que saiu de Minas e São Paulo em direção ao Rio de Janeiro, durante três dias seguidos, em abril de 2014. Esse evento foi denominado Coluna da Vitória, uma realização da Associação Brasileira de Preservadores de Veículos Militares (ABPVM), que congrega os clubes do gênero no país. Vários clubes de veículos militares antigos de Minas, Paraná, São Paulo, Brasília e Rio de Janeiro, além de vários grupos de reencenação histórica e o Grupo Histórico FEB 6º Escalão, se organizaram e tomaram parte no evento. Os grupos saíram em comboio de São João del Rey, Minas Gerais, onde fica o 11º Regimento de Infantaria — hoje especializado em ações de montanha — e de Caçapava, São Paulo, onde ficava a sede do 6º Regimento de Infantaria. Estas duas unidades integravam a FEB, somadas ao 1º Regimento de Infantaria, sediado no Rio de Janeiro. Cerca de 50 veículos formaram o deslocamento, que terminou na chegada ao conhecido Monumento aos Pracinhas, no Aterro do Flamengo, Rio de Janeiro. Os ex-combatentes Cláudio Soares da Silva, de São Paulo, de 92 anos, e o mineiro João Batista Moreira, com 90 anos, participaram com entusiasmo da jornada. Os grupos, que saíram de São Paulo e Minas Gerais, se encontraram em Petrópolis com um enorme contingente dos clubes de veículos cariocas (Imperial Jeep Club e CVMARJ), para só então chegarem ao Monumento aos Pracinhas, no domingo pela manhã. O evento coincidiu com a cerimônia dos 100 anos de nascimento do celebrado herói da FEB, o capelão Frei Orlando, celebrada ao final da jornada. O sucesso desta reunião serviu para animar os ânimos e mobilizar todos os integrantes para os grandes festejos dos 70 anos do fim da guerra e das vitórias da FEB marcados para acontecer na Itália, em abril de 2015 e no Brasil, em maio do mesmo ano.

Como a data dos 70 anos do embarque da FEB coincidia com o calendário da Copa do Mundo no Brasil, na qual levamos um "varejo" justamente da equipe alemã, em julho de 2014, a Coluna da Vitória foi organizada antecipadamente, no mês de abril. Passada a "ressaca" da participação brasileira no evento futebolístico, tivemos uma sessão solene na Câmara dos Deputados de Brasília, ocorrida em 12 de novembro de 2014, organizada por Marcos Renault e Eloiza Moreira, filha do querido cabo Moreira, para marcar o primeiro embarque e a chegada da FEB ao teatro de operações italiano. Foi a segunda ocasião em que o Congresso Nacional e a Câmara dos Deputados prestou homenagem aos ex-combatentes brasileiros, por iniciativa do nosso Grupo Histórico FEB, sendo que a primeira cerimônia aconteceu em 15 de março de 2010.

Fui convidado para escrever no espaço Opinão, no site UOL, quando discorri sobre a derrota do selecionado brasileiro para a seleção alemã e puxei pela lembrança da nossa participação na Segunda Guerra e as alusões à luta dentro de campo:

DESTA VEZ, BRASIL LEVOU O TROCO DA ALEMANHA

As analogias do futebol com outros assuntos são muitas vezes equivocadas e perigosas. Apesar disso, muita gente insiste em comparar figurativamente a batalha nos gramados com as lutas épicas da História Universal. Para muitos, o enredo não poderia ser mais adequado e segue a todo momento pontuando a crônica esportiva, prato cheio para aqueles torcedores que não conseguem esquecer as rivalidades históricas, mesmo em tempos de paz. Como sabemos, muitos desses arroubos comparativos da luta campal afloram com mais ênfase de quatro em quatro anos, durante a "competição pelo melhor selecionado do futebol mundial". Ao longo de décadas, esse grande evento esportivo foi capaz de mobilizar o nosso povo com as tintas mais patrióticas possíveis. Torcer pelo Brasil virou um fenômeno tão exacerbado, transmutado em amor à pátria, que supera de longe qualquer lembrança dos heróis nacionais ou de algum episódio importante da nossa História. Isso é uma constatação de como os grandes eventos esportivos substituíram as guerras de outrora, dando até uma certa impressão de que a Humanidade está evoluindo rumo à paz e harmonia entre as nações. Mesmo assim, a competição muitas vezes resvala para certas diferenças regionais, onde o tal torcedor mais empolgado não quer saber de eufemismos e acredita numa luta de verdade de seu exército na vitória final sobre o seu adversário. Comparar combates históricos com partidas de futebol pode ser um reflexo da tradição cultural que transborda para a narrativa esportiva, especialmente nos países europeus. Nas muitas resenhas dos cadernos de esporte, volta e meia acontece uma nova Batalha das Termópilas, ou um outro "Dia D" para uma partida decisiva. Um cronista pode fazer paralelos sobre como uma equipe avança sobre outra com a eficiência de uma "blitzkrieg". Uma acachapante vitória vira o "Waterloo" do oponente, e por aí vai. No Brasil, além da rivalidade histórica com os argentinos, pouco ou quase nada existe neste sentido. Prova disso é que, enquanto acontecia a Copa do Mundo, completaram-se os 70 anos do embarque da Força Expedicionária Brasileira, a FEB, rumo aos campos de batalha italianos, na Segunda Guerra. Nossos "pracinhas" formavam um escrete que representou muito bem nosso país e lutou com bravura e coragem sem par, mas numa guerra de verdade, onde muitos literalmente morreram na luta. Nas últimas rodadas do conflito, em abril de 1945, entre as localidades de Fornovo e Collecchio, no Norte da Itália, ocorreu um feito de contornos espetaculares: os brasileiros cercaram e renderam uma divisão alemã inteira, com cerca de 15 mil homens. Foi algo inédito durante a guerra na Europa, quando os alemães pela primeira vez depuseram armas na frente ocidental a uma força aliada, quis o destino, aos soldados da FEB. Nem os americanos acreditaram quando souberam do ocorrido. Durante o cerco, os brasileiros deram a impressão aos alemães que estavam em superioridade numérica. Para isso, entraram e saíram com um comboio de caminhões por várias vezes ao redor da área do cerco. Foi um exemplo em campo de batalha do famoso "jeitinho brasileiro". Depois de dois dias de combates, para impedir um banho de sangue desnecessário, o comando brasileiro enviou um ultimato para que os alemães se rendessem. Até o padre local ajudou nas conversações. Os relatos dos pracinhas que testemunharam tudo contam como os lendários soldados alemães foram capazes de mostrar sua atestada eficiência num campo de batalha, desta vez, durante a rendição. Ordenadamente, marchavam em fila, largavam suas armas em grandes pilhas e rumavam para o campo de prisioneiros, como num ritual ensaiado. Os soldados da FEB assistiam espantados, quase incrédulos, o desenrolar daquele espetáculo solene. Deste episódio, os brasileiros levaram possivelmente a maior lição da guerra: os alemães mostraram como até mesmo na derrota existe honradez. Setenta anos depois, numa batalha campal acontecida em nosso próprio país, foi a vez dos brasileiros "levarem fumo" dos alemães. Antes do fatídico jogo ocorrido em 7 de julho, ninguém na crônica esportiva fez qualquer menção aos nossos triunfos sobre eles na campanha da Itália. Depois do jogo, ninguém lembrou que levamos o troco por nossas vitórias, nem da épica rendição em Fornovo/Collechio. Para os brasileiros, o estrago desta derrota teve dimensões muito maiores que uma batalha real em tempos de guerra. Os alemães nos deram outra lição: uma guerra não se trava

só com patriotismo, mas com estratégias definidas e capacidade de improviso em campo
de batalha. Desta vez, ao contrário de Fornovo e Collecchio, eles nos renderam, foram os
vencedores em tempos de paz. Que sorte a nossa.

(publicado no site UOL, na sessão Opinião, em 24/7/14)

Outro fato marcante nos 70 anos do embarque da FEB foi a exibição em agosto de 2014 do aguardado documentário *O caminho dos heróis*. Depois de muita luta para realizar as filmagens e finalizar os trabalhos de produção, o programa — centrado na lembrança que os italianos guardam até hoje dos nossos pracinhas — foi finalmente exibido na programação do History Channel Brasil. A estreia foi celebrada por toda a tribo de entusiastas no tema, com sua abordagem moderna e produção de qualidade, narrando a participação brasileira na guerra de forma arrojada e bem definida, mostrando a diferença de contar essa história sob a ótica de quem entende do assunto. Eventos do lançamento do programa aconteceram no Museu Conde de Linhares, no Rio de Janeiro e na sede da produtora Orbital, em Florianópolis, com a presença de cada um dos integrantes do Grupo Histórico FEB que participou das filmagens em abril de 2009. Reunir esse grupo de amigos para finalmente assistir ao documentário causou fortes emoções. As lembranças da jornada e as cenas que assistimos juntos nos deram a sensação muito próxima das histórias vividas pelos nossos verdadeiros heróis durante a guerra, acontecidas naqueles lugares por onde passamos, ali onde muitos viveram, morreram e construíram fortes vínculos de amizade, forjada sob combate. Isso nos lembrou algo que os ex-combatentes costumam dizer, de que estavam na guerra lutando para proteger seu camarada ao lado, o que acabava reforçando o elo entre cada um dos soldados, o chamado espírito de corpo. Sem isso, a luta não fazia sentido. Nosso grupo se sentiu assim lá na Itália e depois, na volta, parecia que realmente estivemos em campo de batalha. A única diferença foi que vivenciamos tudo isso em tempos de paz, a paz que os pracinhas foram ajudar a defender e que nos deixaram como legado.

A CURTA FILMOGRAFIA SOBRE A FEB

Pouco ou quase nada foi realizado em termos de explorar a experiência brasileira de combate durante a Segunda Guerra dentro do cinema nacional. Recentemente, foram produzidos alguns filmes sobre a FEB, causando até a suspeita de que o nicho para essa temática, o "filme de guerra brasileiro", poderia existir. Pouco se fez em termos de dramaturgia, sendo que a maior parte dos filmes sobre a FEB são documentários. Os exemplos mais recentes que fogem da regra incluem produções como a web série Heróis (2011), do jovem diretor mineiro Guto Aeraphe, ou o curta-metragem para internet (web movie) *Esperança* (2014), filmado nos Estados Unidos e dirigido por um americano, Nathan Cragun, além do filme *Homens da Pátria* (2013), de Gastão Coimbra. Essas ousadas tentativas de dramaturgia de guerra com os brasileiros, ainda que louváveis, demonstram a dificuldade em abordar o tema de forma convincente, uma vez que tanto os roteiros quanto a produção em si carecem de sofisticação e originalidade, expondo muita fragilidade no resultado final. O documentário *O Brasil na Batalha do Atlântico* (2012), de Erik de Castro, é uma inédita narrativa sobre a Marinha Brasileira durante a guerra. Este trabalho seguiu uma sequência de outros conhecidos registros históricos sobre os brasileiros em combate, que começou com *Senta a Pua* (1999), também dirigido pelo mesmo diretor, somado com *A cobra fumou* (2002), de Vinícius Reis, sobre a FEB, e *O Lapa Azul* (2007), destacando as ações do Regimento Tiradentes (11º RI), dirigido por Durval Júnior. Finalmente, a produção cinematográfica que foi mais além sobre o tema foi o longa metragem *Estrada 47* (2012), do diretor Vicente Ferraz, premiado em vários festivais antes de estrear em circuito em 2015. Baseado nas ações reportadas por pracinhas em campo de batalha, o filme conta as agruras de um grupo de combate da FEB que fica isolado atrás das linhas inimigas e acaba dando abrigo a um soldado alemão desertor. Apesar de ser um filme de guerra, a narrativa aborda mais o drama pessoal dos personagens e poucas cenas de combate são mostradas. O filme tem como trunfo a presença da história da FEB nas telas, que era praticamente inexistente até pouco tempo atrás. Houve uma tentativa de divulgar o filme como o primeiro realizado sobre a FEB em combate, mas faltou alguém levantar o fato de um outro filme já ter sido feito nos anos 1960: chamava-se *Eles não voltaram*, dirigido por Wilson Silva, que tinha como protagonistas os galãs de TV Carlos Alberto, Jair Dantas, Augusto Cesar Vanucci, Paulo Goulart e até o grande comediante Agildo Ribeiro. Pouco se encontra de informação sobre este filme, que deve ter alguma cópia guardada nos arquivos da Cinemateca Brasileira. Quem sabe alguma hora ainda aconteçam mais e melhores produções sobre os brasileiros em combate, sem dúvida, um tema que serve de prato cheio para boa dramaturgia e roteiros de ação.

Velharias, porém, valiosas

Todos os entusiastas sobre a Segunda Guerra têm em comum um olhar cuidadoso sempre que passa por uma feira de antiguidades, destas que acontecem nos sábados ou domingos, nas praças em algum bairro das capitais brasileiras. Ao longo de anos, foi assim que acabei me deparando com alguns objetos que adquiri. Muitos, resultado de pura compulsão, outros, pela oferta irrecusável. Foram vários capacetes americanos M1, alguns em excelente estado. Medalhas, cintos de lona e jaquetas usadas pela FEB, ou sobras de material americano que também era usado pelos pracinhas; a lista é grande. Claro que, sempre que chego em casa, conto para minha mulher que foi outro presente que ganhei de um amigo. Certa vez, numa destas feiras, vislumbrei algo, estava em meio a brinquedos espalhados num quiosque. Olhei de longe aquela cor verde-oliva, fui chegando perto e vi que era um apito, parecia destes usados por juiz de futebol. Ao pegá-lo, observei que trazia a inscrição USN-1944. Era um apito militar americano da Segunda Guerra! Aquele pequeno objeto podia ter chegado aqui juntamente com os muitos equipamentos comprados dos americanos e usados pelas nossas tropas, nos comandos de treinamento de educação física, ou por sentinelas, marinheiros, pela polícia militar, ou nos exercícios de disparos de artilharia... Quem sabe este mesmo apito se perdeu do acervo de um americano que desembarcou em Omaha Beach no Dia D e que depois da guerra veio morar aqui no Brasil? Disfarcei meu interesse pelo achado, perguntei o preço, ofereci metade, o vendedor aceitou e saí feliz com aquele achado de valor inestimável para quem gosta do assunto.

Outra história sobre como certas coisas chegam do nada. Fui até o ponto de encontro de onde sairia uma van para um show no Rio de Janeiro, no caso, um show muito especial: era o Rock in Rio de 2015, que celebrava os 30 anos do consagrado festival e da inesquecível participação que fizemos — Os Paralamas do Sucesso — na sua primeira edição, em 1985. A van sairia da Praça Santos Dumont, na Gávea, onde todos os domingos acontece a tradicional feira de antiguidades no bairro. Chegando cedo, tratei de dar uma olhada nas barraquinhas e ver se achava algo fora do comum. Já estava indo embora sem nenhum capacete na mão ou qualquer coisa da Segunda Guerra quando vi num quiosque alguns jornais antigos que me chamaram a atenção. Ao chegar perto, constatei que eram exemplares do *Globo Expedicionário*, editado especialmente para a FEB na Itália. Ao folhear alguns dos jornais, me deparei com a matéria onde perguntaram aos pracinhas qual seria o fim de Hitler, ou seja, exatamente a mesma em que meu pai deixou seu depoimento! (Eu já sabia desta entrada do meu pai na entrevista, depois que o amigo historiador Rostand Medeiros me entregou esta informação como resultado de suas pesquisas com o nome do meu pai, conforme narrei anteriormente.) Quando quis pagar por aquele exemplar do jornal, o vendedor anunciou que estava vendendo apenas o lote com todos os exemplares. Acabei levando tudo. Não é todo dia que um filho encontra num jornal de 70 anos o depoimento do pai que foi à guerra. Pareceu até que ele colocou aquele jornal ali para que eu o encontrasse. Valeu, pai!

1942 VIROU DOCUMENTÁRIO DE TV

As celebrações previstas para acontecer na Itália alusivas aos 70 anos do fim da Segunda Guerra em 2015 mobilizaram muita gente no Brasil. Mais uma vez, houve um planejamento para levar um grupo enorme de pessoas, entre autoridades civis, militares e entusiastas do tema, para assistir e participar dos eventos programados nas localidades onde os brasileiros marcaram presença durante o conflito. Estes lugares, Monte Castello, Montese e Fornovo, já são conhecidos de muita gente que viajou até lá em ocasiões anteriores e mais uma vez se dispuseram a voltar, numa demonstração de afeto profundo com a História da FEB. Inicialmente, foi prevista uma ação entre patrocinadores e autoridades governamentais e militares para levar até a Itália, por via marítima, um comboio com cerca de 20 jipes com marcações da FEB, que percorreriam os cenários da região onde os brasileiros lutaram. O comboio seria algo realmente grandioso em sua amplitude e esforço para ser realizado. Contou com a disposição de muitos colecionadores que prontamente se apresentaram para cumprir as exigências necessárias e assim obter o privilégio de rodar com seus veículos em campos históricos da Segunda Guerra. A mobilização geral pedia um registro da jornada, e foi assim que o produtor de TV Adolfo Paiva me chamou para apresentar uma proposta de realizar um novo documentário sobre a FEB e o Brasil na Segunda Guerra, tendo o livro *1942* como guia temático da viagem até a Itália, além do enorme comboio e da presença de vários ex-combatentes, o que seria uma ótima oportunidade para registrar suas histórias ao retornarem aos lugares onde lutaram. Depois de um certo esforço em convencer os diretores e produtores que abordamos, houve o OK para realizar as filmagens, o que nos colocou num frenesi completo, uma grande alegria em realizar o projeto e ao mesmo tempo a enorme responsabilidade em sua conclusão.

Além de realizar um registro bastante aguçado da jornada pela Itália, uma das ideias que tive para o roteiro do documentário foi a de entrevistar pessoas conhecidas que tivessem um envolvimento com a Segunda Guerra Mundial, jornalistas, escritores, professores, artistas e mesmo alguns ex-combatentes. Isso visava trazer o assunto para perto do expectador, ao reconhecer pessoas públicas dissertando sobre o tema. Muitas dessas pessoas eram amigas, outras, nem tanto; mas, ao chegar até elas com a proposta da entrevista, fui prontamente atendido. Enquanto a data da viagem do comboio se aproximava, nos preocupávamos em cuidar de todas as etapas preliminares da produção. O roteiro pela Itália previa uma série de deslocamentos, desde a nossa chegada em Milão, até a Emília-Romanha, a Toscana, o litoral da Ligúria e a embaixada brasileira em Roma. Nesse percurso, aconteceriam várias homenagens aos soldados da FEB.

Nas vésperas da aguardada partida do navio que levaria os jipes até a Itália, recebemos um balde de água fria: o patrocinador declarou que as exigências alfandegárias impediriam que os jipes chegassem em tempo de serem liberados e poderem participar do cronograma previsto. Isso depois que os 20 jipes foram enviados para uma unidade militar no porto de Santos, com enormes sacrifícios de seus proprietários. Apesar da grande decepção, os participantes e a equipe de produção do documentário mantiveram os ânimos elevados para seguir adiante com a viagem e realizar os trabalhos.

A viagem aconteceu com grande empolgação, permitindo que as filmagens rendessem excelente material para o documentário. Os dias antes e depois da grande celebração do 25 de abril, data da libertação nacional, foram pontuados de homenagens nos lugares onde havia algum marco ou monumento alusivo aos pracinhas, com a presença de ex-combatentes, autoridades diplomáticas, grupos de reencenação histórica, moradores e alunos de escolas locais. As tomadas feitas por um drone mostraram Monte Castello e a torre medieval de Montese através de ângulos jamais vistos. Para compensar a ausência do comboio de jipes vindo do Brasil, os grupos de veículos militares históricos locais compareceram com suas viaturas e seus integrantes impecavelmente uniformizados, dando um clima de recriação de época perfeito para as filmagens. O que de mais emocionante aconteceu foi poder entrevistar os vários pracinhas que voltavam até os lugares onde lutaram, alguns pela primeira vez desde o fim da guerra. Ao final da viagem, estávamos certos de que obtivemos um riquíssimo acervo documental sobre os brasileiros em combate.

De volta ao Brasil, houve um esforço redobrado para finalizar o documentário em tempo das celebrações de 70 anos do final da Segunda Guerra, algo realmente digno de ser comemorado. Houve muita dificuldade em achar imagens filmadas da FEB que fossem diferentes das tantas já conhecidas, as mesmas que sempre ilustram os documentários e reportagens de TV por tempos e tempos. Outra pesquisa necessária nesse sentido seria a de obter os filmes originais realizados na Itália por uma equipe do DIP, que devem estar guardados em algum canto do Arquivo

Nacional ou da Cinemateca Brasileira, até que alguém os recupere e digitalize, sob risco de se perderem, caso já não estejam perdidos por completo. O desafio seria conseguir utilizar imagens de arquivo coerentes com a narrativa, o que custou um demorado processo de pesquisa de imagens de época que pudessem ilustrar com veracidade e correção a narrativa proposta no roteiro. Nada seria mais monótono do que assistir alguém falando sobre temas históricos sem uma boa cobertura de imagens, um dos compromissos acertados pela produção.

Das muitas imagens que obtivemos dos acervos do NARA, foi muito precioso achar alguns filmes de propaganda americanos pouco vistos que mostravam o Brasil dos anos 40, inclusive alguns onde aparece a base aeronaval de Parnamirim. Outras cenas de guerra mostrando forças inimigas e outras ações de combate foram selecionadas dentro da coerência histórica, mesmo não sendo filmagens das tropas brasileiras em ação. Mas algo de muito surpreendente estava para acontecer. Quando eu pesquisava os extensos arquivos de filmes sobre a Segunda Guerra disponibilizados ao público pelo site do Holocaust Museum (Museu do Holocausto), nos Estados Unidos, tentei achar algumas cenas de filmes coloridos que pudessem entrar no documentário. Como muitos sabem, somente ao final da guerra, em 1945, as filmagens a cores ficaram mais acessíveis e foram realizadas com mais frequência pelos órgãos de propaganda americanos. Quando descobri cenas de um filme onde aparecia o general Clark, comandante do V Exército americano e da FEB, não sabia o que estava escondido neste rolo de dois minutos de imagens sem som. Ao longo de cenas do alto escalão americano em visitas ao *front* italiano, de repente, entra na tela inteira o símbolo do Senta a Pua!, 1º Grupo de Caça da FAB. Levei um susto, pois foi algo que ficou bem chamativo com suas cores sobre o fundo verde-oliva, indicando que era a carenagem de um dos P-47D usados pelos aviadores brasileiros. As imagens seguintes também me derrubaram da cadeira: um aviador do grupo está se preparando para decolar, enquanto conversa com membros da equipe de solo. Em seguida, cenas de três P-47 decolando para alguma missão de ataque, alguns com bombas e outro com lança-foguetes. Um verdadeiro banquete para quem gosta de filmes de guerra. Para terminar, cenas do piloto que foi filmado ao decolar, na volta da missão, a clássica conversa empolgada com a equipe de terra sobre o que aconteceu em voo. Quando me acalmei, pude perceber que o piloto filmado era ninguém menos que o 2º tenente Alberto Martins Torres, que teve mais de cem missões realizadas. A saga do tenente Torres está nas páginas deste livro que recontam as ações do Senta a Pua! nos céus italianos. Depois de ver estas cenas que nunca tinha visto antes, corri até os especialistas no assunto FAB para saber se eles tinham conhecimento destas imagens. Alguns me perguntaram se eram filmes colorizados, outros nunca viram nada igual. Tive a certeza de ter achado algo pouquíssimo visto até então. Pedi e recebi autorização para uso das imagens. O documentário já garantia assim apresentar algumas valiosas imagens absolutamente inéditas de brasileiros em ação na Segunda Guerra.

Das personalidades que foram entrevistadas para o documentário, o jornalista Pedro Bial contou sobre seu pai, judeu, que conseguiu fugir para o Brasil da Alemanha, pouco antes de começar a guerra, tendo a sorte de pegar a cota restrita de vistos que foram emitidos pelo governo brasileiro na época. O escritor Luis Fernando Verissimo contou de sua infância com os pais, que estavam trabalhando nos Estados Unidos durante a guerra, onde tudo era antinipônico. Marcelo Madureira, o conhecido humorista do Caceta e Planeta, contou da importância em valorizar nosso passado. O jornalista William Waack, polêmico por seu livro que foi entendido por muitos como difamador da história da FEB, reafirmou as dificuldades que os brasileiros encontraram para participar da guerra e tentou fazer as pazes com os pracinhas, alegando que nunca desrespeitou o heroico sacrifício de cada um daqueles jovens combatentes. O escritor Marco Lucchesi, eleito presidente da Academia Brasileira de Letras em 2018, contou que, durante a guerra, a casa de seus pais em Massarosa, na Toscana, foi tomada pelos alemães. Quando a FEB libertou a cidade, oficiais brasileiros pediram para alugar a confortável casa que foi usada pelo inimigo. Os donos ofereceram o alojamento aos brasileiros sem nada pedir em troca. E assim seguem os vários depoimentos de veteranos e especialistas no tema. Lá estão Newton La Scaleia e a verdadeira história da cobra fumando, o cabo Moreira e a triste realidade da guerra, Seu Marino e suas angústias sobre viver ou morrer em combate. Todos contam como construíram valores morais tão sólidos num laboratório tão terrível como o campo de batalha. Cada relato explica tudo que envolveu o Brasil e seus soldados-cidadãos no maior conflito bélico da História.

O ÚLTIMO TIRO DA FEB

Um dos convocados para os depoimentos da série foi o coronel Amerino Raposo Filho, que serviu na Artilharia da FEB, comandando como tenente a 2ª Bateria do III Grupo de Obuses de 105mm. Eu sabia que ele poderia contribuir com depoimentos preciosos, pois nos conhecemos na cerimônia onde fui agraciado com uma cadeira na Academia de História Militar Terrestre do Brasil, que reúne historiadores e pesquisadores de todos os níveis e abordagens sobre a História das Forças Armadas nacionais. Coincidentemente, a cadeira que recebi tem o nome do Coronel Amerino. O relato que deixou para o documentário contou de quando ainda era o jovem tenente que recebeu treinamento junto da 10ª Divisão de Montanha, onde aprendeu a esquiar. Sua bateria era conhecida como "a joia da companhia", por estar sempre impecavelmente preparada para entrar em ação. Quando lhe perguntei qual era a receita para chegar aos 90 anos com aquela vivacidade, ele me contou uma história bizarra: certa vez, quando sua companhia expulsou os alemães e ocupou uma propriedade ali pelos caminhos onde a FEB avançava, nela havia um concorrido poço de água potável. Ele e seus homens se abasteceram e tomaram daquela água até que descobriram que dentro do poço estava o corpo de um oficial alemão. "Acho que foi por isso que eu ganhei esse vigor todo", concluiu.

A versão documentário de *1942 — o Brasil e sua guerra quase desconhecida* está disponível no canal de artes e história Philos. Uma versão compacta de uma hora se encontra na plataforma de vídeo Vimeo.

UMA AGREMIAÇÃO VOLTADA PARA A HISTÓRIA MILITAR NACIONAL

Foi uma grande surpresa receber o convite para assumir uma cadeira na Academia de História Militar Terrestre do Brasil, entidade criada em 1996 com o objetivo de fomentar a literatura sobre as forças terrestres do nosso país, desde o descobrimento, até os dias atuais. Na ocasião, houve um foco na Força Expedicionária Brasileira, pelos 70 anos da sua criação, em 1943. A cerimônia foi realizada na Casa da FEB, no Rio de Janeiro, com a presença de ex-combatentes e autoridades militares, especialmente, das secretarias de cultura de cada arma, que dedicam um trabalho na manutenção da memória da participação brasileira na Segunda Guerra Mundial. Aceitei o respeitoso convite e preparei um discurso que teve a FEB como mote principal, reproduzido aqui:

DISCURSO DE POSSE DA CADEIRA CEL AMERINO RAPOSO NA AHMTB/RIO

Muito boa tarde, ilustres integrantes desta mesa, autoridades e demais presentes:

Foi com enorme surpresa que tomei conhecimento de minha indicação para ocupar uma das cadeiras da Academia de História Militar Terrestre do Brasil, entidade

cultural que tem como objetivo fomentar o conhecimento e divulgar o amplo escopo da experiência militar brasileira, tão importante dentro da História do nosso país. Nesse contexto, nos reunimos aqui hoje relembrando os setenta anos de formação da Força Expedicionária Brasileira, um dos maiores símbolos da nossa entidade militar, de nossa gente, de nosso país, que representou tão bem nossa Nação num momento crucial da Humanidade, quando brasileiros encarnaram a Pátria em armas, em resposta a uma ultrajante agressão externa. Poucos episódios na história militar brasileira guardam tanta representatividade quanto a nossa participação na Segunda Guerra Mundial, com todas as suas dificuldades e superações. A dura meta que foi reinventar as Forças Armadas Brasileiras, patrulhar nossos mares, treinar e preparar nossos marinheiros, soldados e pilotos para uma guerra moderna, levar nossos homens e mulheres até os campos de batalha na Europa e trazê-los de volta como vitoriosos, tudo isso carrega um sem número de lições importantes que precisam ser lembradas às gerações de agora e transmitidas às gerações futuras. Como todos nós aqui reunidos sabemos, a história dos brasileiros em combate na Segunda Guerra Mundial está repleta de fatos, números, estatísticas, páginas de bravura, trunfos e revezes. Cabe a nós, conhecedores desta história, o dever de difundi-la, de torná-la cada vez mais conhecida por todos os brasileiros, para sentirem-se donos desta página de valor do nosso povo e verem-se refletidos nela. Neste sentido, sinto-me extremamente honrado pelo reconhecimento que me foi agraciado por esta Academia — o qual considero um gesto desproporcionalmente generoso em retorno aos meus humildes esforços na divulgação da história da FEB. Meu empenho em valorizar este capítulo importante de nossa História é direto e focado, assim como é a missão atribuída ao soldado de Infantaria. Para mim, trata-se tão somente de levar adiante o legado de meu pai, que esteve sob fogo em campo de batalha, na certeza de que os esforços e o sacrifício dele e de seus companheiros não foram em vão e serão sempre lembrados, jamais esquecidos.

O lugar que me foi atribuído nesta Academia é carregado de significado, nomeado em honra ao Coronel Amerino Raposo Filho, que era tenente de Artilharia do 6º Regimento de Infantaria da FEB. O jovem tenente foi protagonista de um dos episódios mais valiosos da campanha da FEB, quando do cerco e rendição dos mais de 15 mil homens da 148ª Divisão de Infantaria alemã e o restante das tropas fascistas italianas, ao deporem suas armas aos pés dos pracinhas brasileiros. Dentre as muitas passagens de sua vivência em combate, o Coronel Amerino foi protagonista do momento quase poético e mais angustiosamente esperado numa guerra: disparou o último tiro, a última salva da artilharia brasileira nos *campos de batalha italianos. Ele e os mais de 25 mil homens que cruzaram o oceano para lutar pela liberdade do mundo em terras distantes atestam que o brasileiro soube lutar com brio e coragem. E é por esse legado que estamos aqui reunidos hoje.*

Espero conseguir honrar as atribuições que me forem designadas por esta Academia, com a grande responsabilidade que me foi imposta ao ocupar a cadeira do Coronel Amerino Raposo, herói expedicionário aqui presente, e assim levar adiante a saga de valor da nossa FEB. Nos próximos 2 anos, teremos afortunadamente a chance de relembrar e celebrar os 70 anos do embarque do contingente brasileiro para o front, assim como das grandes vitórias da FEB — Monte Castello, Montese e Collecchio, culminando com as merecidas comemorações pelos 70 anos do fim da Segunda Guerra Mundial. Teremos uma oportunidade ímpar de inserir o Brasil nestes acontecimentos e fazer ecoar o esforço que realizamos em prol da democracia e pela liberdade mundial. Agradeço uma vez mais ao Presidente da Federação das Academias de História Militar Terrestre do Brasil, Coronel Bento, aos presidentes de honra empossados, ao Presidente desta Academia no Rio de Janeiro, Israel Blajberg e parabenizo meu irmão João Henrique pela preciosa homenagem que esta Academia também lhe reservou. Tenho certeza que somaremos esforços para aprofundar cada vez mais os estudos da FEB em alto nível acadêmico, além de propagar a mensagem de valor deixada pelos brasileiros em combate. Nesse esforço se integra também o Grupo Histórico FEB, criado para promover ações culturais, de divulgação e revitalização das associações de ex-combatentes, o Clube de Veículos Militares Antigos do Rio de Janeiro e a Associação Brasileira de Preservadores de Viaturas Militares. No que depender de nós, a cobra continuará sempre fumando! Muito obrigado.

Encruzilhadas na guerra e na paz

As matérias que saíram em jornais ao redor do país sobre os 70 anos do fim da Segunda Guerra me proporcionaram um reencontro muito oportuno com um grande personagem defensor da memória dos brasileiros em combate: o escritor Boris Schnaiderman. Nosso primeiro e rápido encontro foi num seminário sobre o Brasil na guerra realizado na UERJ, em 2013. Depois, seu livro *Guerra em surdina* foi relançado, com ótimas resenhas nos cadernos literários. Passados mais alguns anos, seu diário de guerra foi lançado, intitulado *Caderno italiano*, bem a tempo dos 70 anos do fim da guerra. Numa entrevista ao jornalista Marcelo Godoy, Boris mencionou que estudava agronomia, na época em que o curso era ministrado na

Praia Vermelha, mais conhecida por abrigar as instalações do IME (Instituto Militar de Engenharia), aos pés do conhecido Pão de Açúcar, na capital carioca. Depois da guerra, Boris terminou seu curso já no campus da Universidade Rural, mesmo lugar onde, anos depois, minha família se estabeleceu e eu nasci e cresci. Tentei retomar contato com o escritor e consegui falar com sua esposa, depois que o jornalista me ajudou com alguns contatos. Depois de trocarmos e-mails com a ajuda de sua esposa, Jerusa Pires Ferreira, em mais alguns meses conseguimos combinar um encontro em sua residência em São Paulo. Além de presenteá-lo com meus livros, tratei de levar os livros dele para que os autografasse nessa oportunidade. Foi um privilégio poder conversar com um ex-combatente que se tornou o maior tradutor da língua russa para o português. Mesmo com 98 anos, mostrava grande vivacidade. Me lembrou muito o simpático Pierre Clostermann, que também tinha uma memória afiada e falava sobre tudo com um vigor jovial. Elogiei muito a nova publicação dele, uma vez que eu já havia lido o *Caderno italiano*. Conversamos muito sobre a monótona rotina da guerra, muito bem narrada no seu recém-lançado livro. Nos despedimos ainda com vontade de estender a conversa e combinamos outros encontros para breve, em minhas muitas passagens pela capital paulista.

Depois de algumas semanas, fui surpreendido por um e-mail do Boris em que ele contou que adorou meu livro e até se animou a escrever uma resenha para um jornal. Fiquei muito honrado quando mais tarde o texto foi publicado:

'1942 — O Brasil e Sua Guerra Quase Desconhecida', do baterista dos Paralamas do Sucesso, traça histórico dos brasileiros no conflito

O livro 1942: O Brasil e sua guerra quase desconhecida *nos surge particularmente oportuno, pois trata do Brasil na Segunda Guerra Mundial e expressa um protesto contra a ignorância generalizada no País em relação à participação de uma força expedicionária brasileira. O contato que mantenho com estudantes confirma estas afirmações do autor. Ainda recentemente, um rapaz, em vias de ingressar na Universidade Católica de São Paulo, me dizia: "É verdade, eu soube que vocês chegaram a desembarcar na Itália, mas não entraram em combate, não é mesmo?"*

Tudo isto parecia ainda mais estranho, ao lembrarmos que nossa imprensa tem registrado com destaque as datas correspondentes aos feitos da FEB. Será que não se lêem jornais ou mesmo os resumos na tela do computador?

O livro inicia com uma evocação do pai do autor, o soldado João Lavor Reis e Silva, que lutou nas fileiras do Regimento Sampaio, do Rio de Janeiro, quando este já se tor-

nara o Primeiro Regimento de Infantaria da FEB. João Barone se lembra do pai calado e reticente quanto à sua participação na guerra. Este livro surge, pois, como uma homenagem comovida e reconstituição das histórias que ele deixara de contar.

O autor é baterista do Paralamas do Sucesso, mas aquela vontade de reconstituir o que seu pai havia silenciado levou-o a empenhar-se a fundo no tema da Segunda Guerra Mundial. Assim, além de elaborar este livro, realizou um documentário sobre o ás brasileiro da aviação, Pierre Clostermann, que participou da cobertura do desembarque aliado na Normandia, o tão esperado Dia D, e escreveu sobre esta e outras vivências na guerra no livro O Grande Circo. Além disso, Barone fez outro filme, Um Brasileiro no Dia D, com a última entrevista de Clostermann, pouco antes de sua morte em março de 2006. Esta obsessão com o tema levou-o também a descobrir outro brasileiro entre os participantes do Dia D, Arthur Scheibel, que se engajou na marinha mercante norte-americana e, depois, no exército ianque, sendo morto na operação de desembarque.

O livro dá o devido destaque à perplexidade dos brasileiros diante da devastação e penúria que encontraram na Itália e lembra que eles repartiam sua comida com a população.

Tendo visitado a região dos combates num grupo de entusiastas da história da FEB, pôde constatar o carinho com que a população lembrava ali o convívio com os brasileiros. Ocorre, pois, uma situação paradoxal: enquanto no Brasil bem poucos lembram a atuação da FEB, os habitantes da região em que se travaram os combates recordam com afeto a passagem dos brasileiros por ali. Claro que nada disso deve resultar numa idealização e que as duras contingências daqueles dias deixaram sua marca tanto em nós como na população, mas, feito o balanço, as lembranças positivas são muito mais fortes.

O livro traça um histórico dos brasileiros na guerra e, neste sentido, constitui um documento valioso. Além de tratar da FEB, aborda com o devido destaque a ação de nossa esquadrilha aérea e a da marinha de guerra. Neste sentido, detém-se particularmente no episódio do cruzador Bahia, que afundou depois de se chocar em mina, pouco após o término da guerra. (Leia-se sobre este episódio o romance escrito por um dos sobreviventes, Moacyr C. Lopes, Maria de cada porto, que teve grande repercussão quando saiu, mas está bastante esquecido.) Lendo esta parte do livro, estranhei a falta de uma constatação: nossa marinha de guerra teve quase o dobro de mortes em relação à FEB, conforme se verifica numa visita ao monumento-mausoléu no Rio de Janeiro.

O livro contém ainda um bom material iconográfico. Duas das fotos documentam o embarque da tropa brasileira no transporte norte-americano General Mann, que partiria em 2 de julho de 1944. São bem expressivos ali os rostos preocupados de nossos soldados, vergados sob o peso do Saco A, que reunia os objetos de uso imediato. Pois bem, um dos soldados aparece com o enorme saco na cabeça e segurando na mão direita seu violão. Isso acabou constituindo uma característica de nossos homens, nos momentos mais difíceis, em meio à neve e o gelo, eles carregavam um pouco do Brasil quando entoavam sambas (é verdade que isto se tornava impossível nos abrigos da infantaria, onde se procurava não revelar a posição da tropa).

Aliás, uma das lembranças boas que me ficaram da guerra é a de uma jovem italiana entoando com sotaque inevitável a Aquarela do Brasil.

Ainda em relação ao material iconográfico do volume, deve-se destacar a foto do monumento erguido na Base do Monte Castello, nos arredores de Gaggio Montano, em homenagem à FEB. De autoria de Mary Vieira, inaugurou-se em junho de 2001, mas a escultora já havia falecido. (Quando visitei a região, em 1965, havia ali um monumento provisório.)

Um dos méritos do livro está em lembrar o sacrifício de tantos brasileiros na assim chamada "Batalha da Borracha". Na época, os Aliados se defrontaram com a escassez de borracha, devido ao avanço japonês no Sudeste asiático, e recorreram ao Brasil, que se encarregou de produzi-la em quantidade suficiente. Segundo o autor, cerca de 57.000 nordestinos foram então transportados para a Amazônia, onde trabalharam em condições deploráveis de exploração pelos donos dos seringais. No entanto, devido à retirada dos japoneses, o Sudeste asiático voltou a produzir borracha para os Aliados e o preço desse produto caiu drasticamente, situação agravada ainda pelo início da produção de borracha sintética.

Nossos homens e suas famílias ficaram então reduzidos à miséria, morrendo cerca de 31.000. Enfim, recordando triunfos e misérias, este livro se constitui em documento indispensável para o conhecimento do Brasil na Segunda Guerra Mundial.

(Texto publicado originalmente no jornal O Estado de S. Paulo, *em 9 de maio de 2016)*

Receber uma resenha tão positiva de um conceituado escritor e intelectual foi um dos maiores trunfos alcançados com os esforços empreendidos em prol da memória dos combatentes brasileiros na Segunda Guerra Mundial, ainda mais vindo de um ex-combatente que se firmou de maneira tão destacada no meio editorial brasileiro.

Logo depois de ler a resenha do Boris e receber de todos os lados outros tantos elogios — muito por conta da divulgação exponencial da crítica do livro através das redes sociais, tentei falar com ele pelo telefone de sua esposa, Jerusa. Estranhei que, depois de vários dias, não conseguia retorno. Sem deixar de insistir, consegui falar com Jerusa, que me deu uma notícia muito preocupante: depois de um tombo em casa, Boris estava internado e havia passado por uma operação para receber uma prótese de fêmur. Sua idade avançada exigia cuidados redobrados na recuperação. Infelizmente, em mais alguns dias, os jornais noticiavam o falecimento do ex-combatente escritor, depois de complicações no pós-operatório. Falei com Jerusa da minha profunda tristeza com a perda do Boris. Depois, pensei na maneira honrosa como aquele veterano levou sua vida depois da guerra, algo que eleva o espírito. Todos os soldados que voltavam marcados pela guerra desejavam tão somente esquecer aquelas passagens traumáticas vivenciadas nos campos de batalha. Era o caso de meu pai, que aparentemente guardou num lugar bem longe as lembranças de seus dias sob fogo. Para muitos, a guerra foi um acidente, um desvio da normalidade. Quando acabou, era o caso de retomarem suas vidas do ponto de onde ela havia parado, simples assim. Muitos não conseguiram. Alguns poucos, como Boris Schnaiderman, tiveram a capacidade de deixar suas impressões sobre a guerra como um legado, um alerta, um sinal para as gerações futuras. Lembrar da guerra é uma das mais importantes mensagens antibelicistas que seus participantes possam transmitir. Aqueles que retornam do horror bélico jamais querem voltar ao campo de batalha, não desejam que seus filhos e netos tenham a mesma sina. Quem dera se todos os combatentes tivessem sorte igual à de Boris ou do meu pai.

Um empreendedor patriota

Uma história muito interessante na época da guerra aconteceu com um vulto importante do governo Vargas: o filho do chanceler Oswaldo Aranha se alistou no Exército escondido do pai. Oswaldo Aranha Filho, apelidado de "Vavau", era o filho mais velho de dois irmãos e duas irmãs da família Aranha. Foi um dos muitos voluntários que prontamente se apresentaram para compor os quadros da FEB. Num belo dia, ele e seu primo acordaram cedo e foram até a junta de alistamento na Vila Militar, na então capital federal, e se efetivaram nas forças terrestres. Só depois avisaram aos familiares sobre o feito. Na contramão do que fez o filho do chanceler, aconteceram muitos casos de convocados que usavam de algum recurso para escapar do serviço militar, o famoso "pistolão", quando conseguiam alguma assinatura de político influente ou falsificavam algum atestado médico. Eram os chamados "costas quentes". Mas foi surpreendente constatar que o filho de um dos maiores vultos da política do país, que poderia escapar facilmente da convocação, se alistou por vontade própria para lutar na FEB.

O filho mais velho de Vargas, Lutero, também se apresentou como médico e foi enviado para servir num hospital que atendia ao 1º Grupo de Aviação de Caça da FAB. Oswaldo Aranha Filho não tinha nenhuma especialização, pois, ao abandonar sua turma na Escola Preparatória de Oficiais da Reserva, seria apenas um soldado nas fileiras das tropas terrestres, o que deixou seu pai muito preocupado. Sem conseguir dissuadi-lo, só restou ao chanceler brasileiro se resignar com o gesto patriótico do filho, que embarcou no 1º Escalão da FEB, em julho de 44. As influências do pai ao menos garantiram a Vavau um posto no *staff* do comandante da Artilharia da FEB, general Cordeiro de Farias, onde serviu como seu motorista, além de ajudar nas ligações com os americanos, já que falava inglês fluente. Apesar de ficar a maior parte do tempo na retaguarda, Vavau chegou até o *front*, participando de algumas ações na ofensiva da primavera e foi promovido a cabo ali pelo final da guerra. Quando retornou ao Brasil, foi recebido com grande emoção pela família. Pouco tempo depois, Vavau decidiu pôr em prática um plano que teve enquanto ainda no *front*: surpreso com a incrível performance ao dirigir aquele veículo denominado "jeep" — que era capaz de subir qualquer morro, passar por qualquer estrada de lama, neve, terra e pedra com total desenvoltura — vislumbrou o uso daquele valente carrinho na vida civil, em tempos de paz. Foi assim que Vavau abriu a primeira revenda do jipe no Brasil, aproveitando as conexões que seu pai tinha com os setores comerciais americanos. O negócio prosperou: naquela época, os jipes chegavam aqui desmontados, vindos da fábrica americana, e eram então preparados para venda. Em pouco tempo, o bravo veículo criado para a guerra seria um dos maiores sucessos comerciais tanto aqui como ao redor do mundo. Vavau seguiu com sua concessionária pioneira até os anos 90. Essa jornada começou com a demonstração mais explícita de patriotismo e terminou com um ótimo exemplo de empreendedorismo que um ex-combatente trouxe da sua vivência em combate.

"Arte degenerada" brasileira contra o Eixo

Mais um achado interessante emergiu faz pouco tempo desde as névoas da Segunda Guerra: uma exibição de obras de arte moderna de renomados brasileiros foi realizada em Londres, enquanto as bombas V-1 e V-2 caiam sobre a cidade, ainda em novembro de 1944. Planejada pelo governo brasileiro, a exposição teve apoio fundamental do chanceler Oswaldo Aranha, que compareceu em sua abertura, mesmo depois de entregar o cargo em decorrência das "intrigas palacianas" do gabinete de Vargas. As obras chegaram a Londres de navio, o que prova que a ameaça dos U-boots havia diminuído muito. Desde 2014, o diplomata Hayle Gadelha se dedicou a pesquisar tudo sobre a exposição, quando esteve a cargo do setor cultural da Embaixada do Brasil em Londres. Um verdadeiro trabalho de detetive foi realizado para reeditar a exposição, reavendo todas, ou pelo menos a maioria das obras da época. Alguns dos maiores e mais consagrados nomes das artes nacionais doaram suas obras para a exposição, como Candido Portinari, Lasar Segall, Roberto Burle Max, Di Cavalcanti, Tarsila do Amaral, Iberê Camargo, Djanira, entre outros. As 168 pinturas e desenhos dos 70 artistas foram expostos na Academia Real de Artes e percorreram cidades inglesas num tour de 15 dias. Os nazistas execravam as obras modernistas, que rotulavam pejorativamente como "arte degenerada". Já os ingleses, que também tinham um certo conservadorismo artístico, acabaram por abrir espaço para aqueles ousados artistas brasileiros, ainda mais com o prospecto de receber integralmente o valor das obras vendidas, que seria revertido em prol da RAF - Força Aérea Real. A modesta quantia de 800 libras - obtida com a vendagem dos quadros brasileiros - teve um valor simbólico muito maior na luta pela liberdade artística, mesmo se renderam algumas poucas bombas lançadas sobre as cabeças dos famigerados nazistas, reconhecidos como ladrões contumazes de obras de arte.

Até o último pracinha de pé

Estamos chegando ao ocaso de uma era: dentro de alguns anos, não haverá mais nenhum ex-combatente brasileiro testemunha dos combates da FEB, da FAB e da nossa Marinha no maior conflito da História Moderna. Fica difícil comparar o Brasil — seja na qualidade e na quantidade — com outros países que enviaram seus cidadãos para lutar na Segunda Guerra. Nestes, os ex-combatentes são até hoje respeitados e considerados heróis nacionais. Nos Estados Unidos, onde cerca de 16 milhões de tropas foram enviadas para lutar, ainda resta quase um milhão de veteranos. Pela Inglaterra e suas colônias na época, lutaram outros tantos milhões e milhares deles ainda vivem. França, Itália e Polônia contabilizam milhares de ex-combatentes e membros da resistência que lutaram contra a ocupação nazista. Atualmente, a Rússia resgatou a participação de seus quase 30 milhões de combatentes da Grande Guerra Patriótica como parte da política de valorização dos grandes feitos da antiga União Soviética, empreendida pelo polêmico presidente Vladmir Putin. Em todos estes países, os ex-combatentes são saudados como heróis, não só em datas comemorativas, mas em qualquer circunstância da vida cotidiana. É comum ver senhores com seus noventa e poucos anos serem saudados nas ruas, no metrô, nos restaurantes e aeroportos pelos cidadãos mais jovens, que reconhecem neles um veterano que lutou em algum *front* da Segunda Guerra. Aproveitam o momento e prestam reverências, agradecem pelo seu sacrifício e cumprimentam respeitosamente o ancião. É corriqueiro ver em eventos esportivos o instante solene onde um toque de corneta homenageia os caídos em combate e um veterano realiza o hasteamento da bandeira nacional, contando com o respeito da plateia. Na parada pelo Dia da Vitória em Moscou, milhares de pessoas levando fotos de seus pais ou avôs ou outros parentes que lutaram, assim como os ex-combatentes ainda ativos, desfilam pela Praça Vermelha todo ano.

Aqui no Brasil — onde alguns milhares de veteranos ainda vivem — ressalvando as poucas iniciativas oficiais e monumentos erguidos em memória dos ex-combatentes, perdemos a chance de incluir no panteão dos heróis nacionais os milhares de Joãos da Silva que foram além-mar combater pela democracia e pela liberdade do mundo. É muito difícil lutar contra o esquecimento num país sem a tradição de manter viva e valorizar sua própria História. Quem sabe chegará o dia em que a lembrança de todos estes 25 mil brasileiros que foram para a guerra aflore de maneira espontânea entre nossa gente, que ainda há de se vangloriar desses heróis esquecidos. Talvez seja mesmo inevitável que não haja mais nenhum pracinha entre nós, para só então nos darmos conta da grande injustiça que foi não prestar-lhes honras e agradecimentos enquanto ainda estavam vivos. Afinal, não cabe aos heróis cantar suas próprias glórias, mas sim, ao seu povo. Vivemos um momento conturbado com a desconstrução de conceitos e questionamento de ideias que contribuem para afastar a criação de uma identidade nacional coerente, onde patriotismo e heroísmo são ideais mais associados ao conservadorismo piegas ou a apologias políticas oportunistas. Deixamos assim de valorizar as tantas páginas importantes da nossa História por conta de embates ideológicos e do modismo do "politicamente incorreto". Face a esse quadro, a constatação é inevitável: pobre do país que não sabe cantar as glórias de seus heróis.

Agradecimentos

À Ediouro [primeira editora do livro], a Cristiane Costa, a Rodrigo Almeida, a Roberta Campassi e a Marianna Teixeira Soares;

a minha família, que me apoiou em meus esforços para mais esse desafio;

a meu irmão João Henrique, pelo suporte "técnico-afetivo";

a Jorge Ribeiro, por franquear sua extensa biblioteca sobre a Segunda Guerra Mundial;

a Patrícia Ferreira e a José Fortes, pelo "suporte profissional";

a todos os veteranos da FEB, FAB e Marinha do Brasil, que sempre nos inspiram com suas lições de vida;

a Ivo Kretzer, da ANVFEB de Jaraguá do Sul, pelos contatos com a família Scheibel;

à família Scheibel e a Vitor Warken Filho, pelo relato das incríveis histórias de Arhtur e Bruno;

a Sérgio Luis dos Santos, pelas informações sobre os aviadores brasileiros desconhecidos;

a Paulo Pinotti, pelas informações sobre a Fellowship of the Bellows;

a Marcos Renault Moretzsohn, pelas preciosas informações de seu tio, o general José Moretzsohn;

aos "irmãos de armas" do Grupo Histórico FEB: eternos heróis! FEB! FEB! FEB!

a Giovanni Sulla, o nosso Irmão da Montanha em Montese;

a Mario Pereira, guardião do monumento Votivo de Pistoia;

ao jornalista e pesquisador Cristiano Bastos;

a Márcio Neumann, por compartilhar as memórias de seu pai, soldado Izino Neumann;

a todas as associações de ex-combatentes da FEB no Brasil, da ANVFEB e da Casa da FEB;

a Frederico Nicolau, a Leonardo Dantas, a todos da Fundação Rampa, ao veterano capitão Souza e a Rostand Medeiros, em Natal;

ao Departamento de Patrimônio Histórico e Cultural do Exército, DPHCEx;

ao Centro de Estudos e Pesquisas de História Militar do Exército, CEPHiMEx;

a todos os pesquisadores, historiadores e seus valiosos trabalhos sobre a FEB;

a todos que mantêm viva a história do Brasil na Segunda Guerra Mundial.

Referências

ACOSTA, Daniel; LEICHT, Lara Federico. *Graf Spee — De Wilhelmshaven al Río de la Plata 1939-2009*. Ediciones de la Plata, 2009.

ALVES, Vágner Camilo. *O Brasil e a Segunda Guerra Mundial*: história de um envolvimento forçado. Rio de Janeiro: Editora PUC Rio / Edições Loyola, 2002.

_____. *Da Itália à Coréia*; decisões sobre ir ou não ir à guerra. Belo Horizonte: Editora UFMG, Rio de Janeiro: IUPERJ, 2007.

ARAÚJO, Geraldo Batista de. *Caçando espiões*: atividade de serviço de contraespionagem da FEB. 2. ed. Borsoi, 1963.

ARTESTAMP. *Guerra e Resistenza Sulla Linea Gotica Tra Modena e Bologna 1943-1945*. Artestampa, 2006.

ATKINSON, Rick. *The Day of Battle*: The war in Sicily and Italy, 1943-1944, v. 2. Henry Holt, 2007.

BARROS, Jayme de. *A política exterior do Brasil*. Livraria-Editora Zelio Valverde, 1941.

BEEVOR, Antony. *D-Day*: The Battle for Normandy, 2009.

BEST, Nicholas. *O maior dia da história*: como a Primeira Guerra Mundial realmente terminou. Rio de Janeiro: Paz & Terra, 2008.

BIBLIOTECA DO EXÉRCITO. *Segunda Guerra Mundial*: as grandes decisões estratégicas. Editora Biblioteca do Exército, 2004.

BLAJBERG, Israel. *Soldados que vieram de longe*: os 42 heróis Brasileiros Judeus da 2ª Guerra Mundial. Resende: AHIMTB, 2008.

BODLEIAN. *Instructions for British Servicemen in France 1944*. Bodleian Library University of Oxford, 2005.

BONALUME NETO, Ricardo. *A nossa Segunda Guerra*: os brasileiros em combate, 1942-1945. São Paulo: Expressão e Cultura, 1995.

BORGES, Kepler A. *O Brasil na guerra*. A. Coelho Branco F., 1947.

BOUCSEIN, Heinrich. *Bombardeiros, Caças, Guerrilheiros — Finale furioso na Itália*: a história da 232ª Divisão de Infantaria, a última divisão alemã a ser deslocada para a Itália (1944-45). Biblioteca do Exército Editora, 2002.

BRAGA, José Henrique de Almeida. *Salto sobre o lago*: e a guerra chegou ao Ceará. Fortaleza: Premius, 2017.

BRAGA, Pablo de Rezende Saturnino. Correspondência diplomática da Embaixada Brasileira em Londres no período pré-guerra [em itálico]. Cadernos do CHDD (Centro de História e Documentação Diplomática) Número 30, FUNAG (Fundação Alexandre de Gusmão), Ministério das Relações Exteriores.

BRAYNER, Floriano de Lima. *A verdade sobre a FEB*: memórias de um chefe de Estado-Maior na campanha da Itália 1943-1945. Rio de Janeiro: Civilização Brasileira, 1968.

BRINKLEY, Douglas. *World War II*: The Allied Counteroffensive, 1942-1945. New York: Times Books, 2003.

_____. *World War II*: The Axis Assault, 1939-1942. New York: Times Books, 2003.

BROWDER, George C. *Foundations of the Nazi Police State*: The Formation of SIPO and SD. Kentucky: The University Press of Kentucky, 1990.

BUENO, Eduardo. TAITELBAUM, Paula. *Avenida Presidente Vargas*: um desfile pela história do Brasil. Ed. limitada. Vários, 2010.

BUENO, Eduardo. *Brasil, uma história*: a incrível saga de um país. Rio de Janeiro: Ática, 2003.

CALDAS, Mirandolino. *O posto avançado de neuropsiquiatria da FEB*. 2. ed. Rio de Janeiro: Laemmert, 1950.

CAMPESTRINI, Carlos Augusto. *São Bento do Sul na Segunda Guerra Mundial*. São Bento do Sul: Prefeitura Municipal de São Bento do Sul, 2008.

CARVER, Lord. *The Imperial War Museum Book of the War in Italy 1943-1945*. PAN Books, 2002.

CLARCK, Mark W. *Risco calculado*. Biblioteca do Exército Editora, 1970.

COBRACI. *Depoimento de Oficiais da Reserva sobre a FEB*. 2. ed. Cobraci Publicações, 1949.

COSTA, Otávio. *Trinta anos depois da volta*. São Paulo: Expressão e Cultura, 1975.

COSTA, Sérgio Corrêa da. *Crônicas de uma guerra secreta — Nazismo na América*: a conexão Argentina. Rio de Janeiro: Record, 2004.

CRUZ, Vicente Pedroso da. *Os caminhos de um pracinha*. São Paulo: Thyl Produção Gráfica, 2008.

DAVIES, Norman. *Europa na Guerra 1939-1945*: uma vitória nada simples. Rio de Janeiro: Record, 2009.

DELSANTE, Ubaldo. *La guerra a Collecchio*: Popolazione, partigiani ed eserciti di occupazione nel secondo conflitto mondiale. Amministrazione Comunale di Collecchio, 1995.

DUARTE, Paulo de Q. *Dias de guerra no Atlântico Sul*. Biblioteca do Exército Editora, 1968.

FELICIANO, Hector. *O museu desaparecido*: a conspiração nazista para roubar as obras-primas da arte mundial. São Paulo: Editora WMF Martins Fontes, 2013.

FELTON, Mark. *Os últimos nazistas*: a caçada aos seguidores de Hitler. São Paulo: Madras, 2012.

FERNANDES, Fernando Lourenço. *A estrada para Fornovo*. Rio de Janeiro: Nova Fronteira, 2009.

FERNANDES, Mário. *Xavantes na Itália*: crônicas de pracinhas da FEB. 2. ed. Porto Alegre: Rígel, 2001.

FONSECA, Ruy de Oliveira. *Uma face da glória*: reminiscências e diário de campanha. Ágora da Ilha, 2002.

GABAGLIA, A.C. Raja. *Poder marítimo nas duas guerras mundiais*: 1914-1918 — 1939-1945. Rio de Janeiro: Imprensa Naval, 1953.

GILBERT, Martin. *The Second World War*. OWL Books, 1989.

GOLDENSOHN, Leon. *As entrevistas de Nuremberg*. São Paulo: Cia das Letras, 2005.

GONÇALVES, José; MAXIMIANO, Cesar Campiani. *Irmãos de Armas*: Um pelotão da FEB na Segunda Guerra Mindial. Códex, Ministério da Cultura e Vitae Ars, 2005.

HIBBERT, Christopher. *Mussolini*. Rio de Janeiro: Renes, 1974.

HILTON, Stanley E. *Hitler's Secret War in South America 1939-1945*: German Military Espionage and Allied Counterespionage in Brazil. Louisiana: Louisiana State University Press, 1981.

INFANTE, Eduardo. Alemanha 1938: um militar brasileiro e sua família na Alemanha nazista. São Paulo: Prata Editora, 2012.

JONES, Vincent. *Operação "Tocha"*: a invasão da África. Rio de Janeiro: Renes, 1975.

KLAS, Alfredo Bertoldo. *A verdade sobre Abetaia*. Sesquicentenário, 2005.

KOIFMANN, Fábio. *Quixote nas trevas*: o embaixador Souza Dantas e os refugiados do nazismo. Nova Cultura, 2002.

LAGO, Pedro Corrêa do. *Oswaldo Aranha, uma fotobiografia*. Capivara Editora, 2017.

LAMB, Richard. *War in Italy, 1943-1945*: A Brutal Story. Nova York: Da Capo, 1993.

MASON, David. *Salerno*: invasão da Itália. Rio de Janeiro: Renes, 1977.

MASON, David. *Submarinos alemães*: a arma oculta. Rio de Janeiro: Renes, 1975.

MONTANARI, G.; BARBIERI, M. *Dal Brasile a Montese... Storia, Memoria e Amicizia 1943-2008*. ETA Edizioni Vignola, 2008.

MONTEIRO, Marcelo. *U-507*: O submarino que afundou o Brasil na Segunda Guerra Mundial. Salto: Schoba, 2012.

MORAES, (Marechal) Mascarenhas de. *Memórias*, v. 1 e 2. Rio de Janeiro: Livraria José Olympio Editora / Coleção Documentos Brasileiros, 1969.

MOSELEY, Ray. *O conde Ciano, sombra de Mussolini*. São Paulo: Globo Livros, 2012.

MULLIGAN, Timothy P. *Neither Sharks nor Wolves*: The Men of Nazi Germany's U-Bost Arm 1939-1945. Naval Institute Press, 1999.

MUNHOZ, Sidnei J.; SILVA, Francisco Carlos Teixeira da. *Relação Brasil-Estados Unidos*: séculos XX e XXI. Maringá: Editora da Universidade Estadual de Maringá, 2011.

O CRUZEIRO DO SUL. *Coleção completa do Órgão Especial da FEB na Itália*, 34 edições. Leo Christiano Editorial, Fundação Getúlio Vargas, Biblioteca do Exército, 2010.

OLIVEIRA, Dennison de. *Os soldados brasileiros de Hitler*. Curitiba: Juruá, 2008.

_____. *Extermine o inimigo*: blindados brasileiros na Segunda Guerra Mundial. Curitiba: Editora Juruá, 2015.

_____. *Aliança Brasil-EUA, nova história do Brasil na Segunda Guerra Mundial*. Curitiba: Editora Juruá, 2015.

PEREIRA, Durval Lourenço. *Operação Brasil*: o ataque alemão que mudou o curso da Segunda Guerra Mundial. São Paulo: Editora Contexto, 2015.

RAMOS, José de Oliveira Ramos. *A epopeia dos Apeninos*. Rio de Janeiro: Laemmert, 1967.

REES, Laurence. *Stalin, os nazistas e o Ocidente*: a Segunda Guerra Mundial entre quarto poderes. Larousse, 2009.

ROOSEVELT, Franklin D. *Remarks made by the President, in reply to the address of the President of Brazil, at the banquet given in his honor at the Brazilian Foreign Office*. Rio de Janeiro: 27 de novembro de 1936. Franklin D. Roosevelt Library. Speech Files, Box 30, File 1021-A.

ROTTMAN, Gordon. *German Combat Equipments 1939-45*. Osprey, 1991.

SANDER, Roberto. *Anos 40*: viagem à década sem Copa. Bom Texto, 2004.

_____. *O Brasil na mira de Hitler*: a história do afundamento de navios brasileiros pelos nazistas. Rio de Janeiro: Objetiva, 2007.

SCHNAIDERMAN, Boris. *Guerra em surdina*. 2. ed. São Paulo: Cosac Naify, 2004.

_____. *Caderno italiano*. São Paulo: Perspectiva, 2015.

SEITENFUS, Ricardo. *A entrada do Brasil na Segunda Guerra Mundial*. Porto Alegre: EDIPUCRS, 2000.

SILVA, Francisco Carlos Teixeira da; SCHURSTER, Karl; LAPSKY, Igor; CABRAL, Ricardo Cabral; FERRER, Jorge. *O Brasil e a Segunda Guerra Mundial*. Rio de Janeiro: Multifoco, 2010.

SILVA, Helio. *1944: O Brasil na guerra*. Rio de Janeiro: Civilização Brasileira,1974.

SILVEIRA, Joaquim Xavier da. *A FEB por um soldado*. Rio de Janeiro: Nova Fronteira, 1989.

SILVEIRA, Joel. *O inverno na guerra*. Rio de Janeiro: Objetiva, 2005.

SILVEIRA, Joel; MITKE, Thassilo. *A luta dos pracinhas*: a Força Expedicionária Brasileira — FEB na Segunda Guerra Mundial. Rio de Janeiro: Record,1983.

SPEE, Graf. *De la política al drama*. Cruz del Sur, 2009.

SULLA, Giovanni. *Gli Eroi Venuti dal Brasile*: Storia fotografica del Corpo di Spedizione brasiliano in Italia (1944-45). Edizioni Il Fiorino, 2005.

UDIHARA, Massaki. *Um médico brasileiro no front*. Oficial de SP, 2002.

VALENÇA, Antonio Rolim. *A Força Expedicionária Brasileira na Itália*: relatos de Febianos da AVEFEB. Petrópolis: Netuno Ltda, 1996.

VARGAS, Getúlio. *Diário 1937/1942*, v. 2. Rio de Janeiro: FGV/Siciliano, 1995.

VIDAL, Paulo. *Heróis esquecidos*. GRD, 1960.

WAACK, William. *As duas faces da glória*: a FEB vista pelos seus aliados e inimigos. Rio de Janeiro: Nova Fronteira, 1985.

WAR DEPARTMENT. *Basic Field Manual*. US War Department: 1941.

ZUFFARDI, Giulio; BONARDI, Pietro. *Fornovo di Taro Immagini e Ricordi Frammenti si Storia dalla Raccolta Zuffardi*. Comune di Fornovo di Taro: Edizioni Studio Guidotti, 2006.

FONTES NA INTERNET

"La Forza di Spedizione Brasiliana" (FEB) — Memória e história: marcos na monumentalística italiana: http://dspace.c3sl.ufpr.br/dspace/bitstream/

handle/1884/25061/D%20-%20RIGONI,%20CARMEN%20LUCIA.pdf;jsessio-nid=EE038CA85EC318C3DB8BF4783ED4048A?sequence=1

BENTO, Cel Cláudio Moreira. "Os 68 sargentos heróis da FEB mortos em opera-ções de guerra": http://www.ahimtb.org.br/OS%2068%20SARGENTOS%20HER%C3%93IS%20DA%20%20FEB%20MORTOS%20EM%20OPERA%-C3%87%C3%95ES%20DE%20GUERRA%20(2).pdf

Blog "O Lapa Azul", sobre o III Batalhão do 11º RI Tiradentes: http://olapaazul.com

Blog "A vida no *Front*", de Daniel Moratori: http://avidanofront.blogspot.com.br/

Blog "Sala de Guerra" (historiador Julio Cesar G. Augusto): http://saladeguerra.blogspot.com/

Blog "Tok de História", de Rostand Medeiros: http://tokdehistoria.wordpress.com

Campos de concentração brasileiros: matéria no Jornal *Gazeta do Povo*, Curitiba, 1/5/2010, Polianna Milan.

Dados sobre o Liberty Ship SS Paul Hamilton, onde servia Arthur Scheibel: http://en.wikipedia.org/wiki/SS_Paul_Hamilton

Documentário *1942 - O Brasil e sua guerra quase desconhecida* na plataforma Vimeo: https://vimeo.com/215077936

Enfermeiras na FEB: http://www.essex.ensino.eb.br/doc/PDF/TCC_PDF_2010/2010/TCC%201%20TEN%20AL%20ALINE%20GOULART.pdf

Expedito Carlos Stephani Bastos: http://www.ecsbdefesa.com.br/defesa/

Fundação Getúlio Vargas e a guerra no Brasil: http://cpdoc.fgv.br/producao/dos-sies/AEraVargas1/anos37-45/AGuerraNoBrasil

Fundação Rampa, Natal, Rio Grande do Norte: http://www.fundacaorampa.com.br

Futebol durante a Segunda Guerra: http://guiadoscuriosos.com.br/blog/tag/corinthians/

Hitler e a nazificação do Brasil: http://www.dw-world.de/dw/article/0,,1450461,00.html

Hitler's Secrets (Documentário da BBC, "Segredos de Hitler", em que especialistas descobrem suas falas em filmes encontrados em sua residência no Berghoff, o "Ninho das Águias");

Imprensa brasileira na guerra: http://www.facha.edu.br/publicacoes/rev_comum/33/Artigo2.pdf

Londres vai rever exposição usada como "arma" diplomática pelo Brasil em plena 2ª Guerra. BBC Brasil, 19 nov. 2017. Disponível em: <http://www.bbc.com/portu-guese/geral-42010289>. Acesso em 8 mar. 2018.

Memórias do *front* (relatos de guerra de veteranos da FEB): http://www.ffch.ufba.br/IMG/pdf/2009luciano_bastos_meron.pdf

Músicas da FEB: http://www.anvfeb.com.br/musicas_da_feb.htm

Naufrágios na Costa Brasileira: navios afundados e submarinos alemães: http://www.naufragios.com.br/subbra.htm

PEREIRA, Maria Elisa. "Você sabe de onde eu venho? O Brasil dos cantos de guerra (1942-1945)" (Ver capítulo sobre "aspectos da música usufruída por brasileiros na Itália durante a Campanha da FEB"): http://www.teses.usp.br/teses/disponiveis/8/8138/tde-02022010-135105/fr.php

Portal do Senta a Pua!: http://www.sentandoapua.com.br/portal/

Resistenza (lista de massacres na Itália durante a ocupação alemã): http://www.resistenza.de/content/view/67/82/

RIBEIRO, Patricia da Silva. "Em luto e luta: construindo a memória da FEB": https://bibliotecadigital.fgv.br/dspace/bitstream/handle/10438/11296/Tese%20completa_REV4.pdf

Sítio da Marinha Mercante Americana, com a lista onde está Arthur Scheibel: http://www.usmm.org/killed/s.html

Sítio sobre a ANVFEB: http://www.anvfeb.com.br/

Sítio sobre a Segunda Guerra no Atlântico Sul, com muitas referências sobre o Brasil (em inglês): http://sixtant.net/site/

Sítio sobre Cosme Gomm, brasileiro comandante da RAF: http://www.spmodelismo.com.br/howto/am/personalidades/gomm.php

Sítio sobre o ás brasileiro na *Luftwaffe*, Egon Albrecht Lemke: http://www.luftwaffe39-45.historia.nom.br/ases/albrecht.htm

Souza Dantas (o Schindler brasileiro [em inglês]): http://www.macleans.ca/article.jsp?content=20050515_126868_126868

Wolfgang Ortmann, aviador brasileiro na *Luftwaffe*: http://www.spmodelismo.com.br/howto/am/personalidades/wolfgang.php

Pesquisa da historiadora Daniella Thompson sobre a música brasileira dos anos 40: http://daniellathompson.com/Texts/Stokowski/Stokowski_Cacado.htm

Este livro foi impresso pela Vozes
em 2022 para a HarperCollins Brasil.
O papel do miolo é pólen natural 80g/m²,
e o da capa é cartão 250g/m².